幼儿园教师教育丛书

幼儿园

科学教育与活动设计

许卓娅/主编　　袁宗金/编著

长春出版社

全国百佳图书出版单位

图书在版编目(CIP)数据

幼儿园科学教育与活动设计 / 许卓娅主编. —长春:长春出版社,2013.8
(2018.8 重印)
(幼儿园教师教育丛书 / 许卓娅主编)
ISBN 978-7-5445-3018-7

Ⅰ.①幼…　Ⅱ.①许…　Ⅲ.①科学知识–学前教育–教学参考资料　Ⅳ.①G613.3

中国版本图书馆 CIP 数据核字(2013)第 178255 号

幼儿园科学教育与活动设计

编　　著:袁宗金
责任编辑:王　莹
封面设计:庄宝仁

出版发行:**长春出版社**　　　　　　　　　　　　总编室电话:0431-88563443
　　　　　发行部电话:0431-88561180　　　　　邮购零售电话:0431-88628787
地　址:吉林省长春市建设街 1377 号
邮　编:130061
网　址:www.cccbs.net
制　版:渲彩工作室
印　刷:吉林东曼印务有限责任公司
经　销:新华书店

开　本:787 毫米×1092 毫米　1/16
字　数:210 千字
印　张:16.75
版　次:2013 年 8 月第 1 版
印　次:2013 年 8 月第 1 次印刷
　　　　2018 年 8 月第 2 次印刷
定　价:33.50 元

前　言

　　本套教材的宗旨在于力争将这些年来幼儿园教育教学改革的一些理论理想落实到教师的具体教育教学的行为中，将这些年来幼儿园教育教学改革的一些实际经验与理论理想相互衔接成为一体。

　　在本教材中，我们重点要体现的理论理想有：

　　1. 将学科或领域教学全面整合于促进幼儿学科或领域知识技能、社会情感和学习品质全面发展的核心目标之下。

　　2. 将以上全面发展的教育贯穿渗透于幼儿园的一日生活之中。

　　3. 用"学以致用"的原则统领学科或领域之间的自然整合，并使学科或领域的知识技能自然应用于幼儿的真实生活。

　　4. 将观察模仿学习、探究创造学习、问题解决学习和反思批判学习和谐结合，形成相互支持相互促进的关系。

　　5. 将说理和案例自然结合，帮助在职学习者更好地学以致用。

　　我们的教育信念和相关的实践经验，都已经体现在这套教材的整体结构以及其中的说理和案例之中，希望学习者不但能够反复对照理论和案例来理解教材中的观点，而且还同时能够通过自己的亲身体验和独立思考来验证和进一步完善自己的教育教学实践。

目　录

第一章　幼儿科学的基本概念

第一节　科学与幼儿科学

一、科学的本质

科学是什么？一提起这个词，人们头脑中常涌现出这样的想法：科学是真理，科学是神圣而神秘的。美国人阿西莫夫在他以这个问题为章名的书中首先谈到的就是：好奇心。科学是一种很普遍的现象。自然界中处处存在着科学探索的对象，比如山川河流、日月星辰、风雨雷电。早在远古时期，人类为了生存，需要认识大自然，这便是最早的科学。随着人类社会的发展，人类对自然认识的广度和深度都在发展，科学的内容也越来越丰富。发展到今天，科学在我们的生活中无处不在。我们直接享用着科学发明的种种成果，如手机、电脑、电子商务、磁悬浮列车等。那么，究竟什么是科学呢？高度概括地讲，科学是人类探究周围世界客观规律的活动。

（一）科学是知识体系

科学（science）源于拉丁语 scio（知道），后演化为 scientia（知识），又演变为science。词语的变化演绎着认知观的变化。给科学下一个严谨的定义是很难的，我们从有关科学教育的书中可以看到如下的表述：科学是知识；科学是系统组织起来的知识；科学是世世代代积累起来的知识体系；科学是有用的知识；科学是一个加工过程。《辞海》将科学定义为"运用范畴、定理、定律等思维形式反映现实世界各种现象的本质和规律的知识体系"。《大英百科全书》对科学的定义是有关物质世界及其现象，并需要用到客观观察和系统实验的知识体系。从定义来看，科学是知识，更是一种经验，是前人在探索世界的过程中不断摸索、认识、体会并反复验证过的正确的东西。

科学是人类探究周围世界客观规律的活动。什么是规律呢？人类在生产生活中发现事物之间有千丝万缕的内在的联系，这种联系就是规律。如"月晕而风，础润而雨"，人们发觉了"月晕"将要刮风，"础润"将要下雨这些联系。这种反映客

观事实之间的联系的准确判断就是发现了客观规律。这种规律就是知识，就是学问，也就是科学了。

科学是反映客观事实和规律的知识体系。20世纪初，人们认识到科学是由很多知识门类交织组成的知识体系。科学不是事实或规律的知识单元，而是由这些知识单元组成学科，学科又组成学科群，形成一个多层次的体系。科学家不仅是知识的发现者，更重要的还是知识的综合者。古今中外的大学问家们都是在发现中综合知识，并加以创新，才成为科学家的。在综合过程中，按照内在的逻辑关系把已知知识（或定理）条理化、系统化，发现矛盾或空白，通过观察、试验、论证，得出新的原理，补充和完善知识体系，这是一种科学过程。因此，大部分辞书给科学下的定义都强调"科学是知识体系"，认为"科学是关于自然、社会和思维的知识体系"，科学是反映事实和规律的知识体系。

（二）科学是探索过程

科学是人类探究周围世界客观规律的活动。既然是活动，就必然有过程、有方法。所以，从动态层面来看，科学是一种过程，是一种方法，即获取知识的过程和方法。爱因斯坦曾经把科学定义为一种"探求意义的经历"。这就提示我们：科学不仅仅是已经获得的知识体系，它更是一种通过亲身经历去探求自然事物的意义，进而理解这个世界的过程。英国学者曾从词义学角度提出："科学经常与'研究'几乎等同起来，主要意味着一个过程，而不是一堆静态的学说。"

观察、假设、实验、求证等都是科学最常用到的典型的方法。事实也是如此，一提到科学，人们自然而然想到了高倍显微镜、理化实验室、考古、地质勘探等工具或手段。采用这些工具或手段的结果，就是积累起一定数量的数据和证据。数据越是精密，证据越是确凿，那么据此而做出的对于周围世界客观规律的阐述也就越正确，越接近事物的本来面目。而数据是否精密，证据是否确凿，取决于人类在科学这种探究活动过程中所使用的方法是否恰当。在此意义上，科学也是人类认识和解释周围世界客观规律的过程和方法体系。

（三）科学是一种态度

科学是人类探究周围世界客观规律的活动。既然是活动，就必然有动机、有目标。所以，当代有许多学者认为，科学不仅是知识和过程，它还是一种对世界（包括科学活动和科学知识本身）的基本看法和态度。科学活动起源于人类的生产实践和生活实践。而从根本上说，科学活动源于人类对周围世界的好奇心和求知欲。好奇心是科学活动最伟大的动机。因此，从这个意义上说，科学是一种态度。

科学的内涵包括科学知识、科学过程和方法、科学态度三个基本要素。科学的本质在于探究，科学过程的核心在于探究，科学态度的核心也在于探究精神。科学知识正是科学探究的具体结果。随着人类的进步，人们对于科学的核心特征或者说所谓科学精神有不同的观点。目前一般认为科学具有四个特征：

1. 理性客观。从事科学研究一般不以"神""鬼""上帝"为前提(一些科学家仍会信仰宗教,但是科学本身是理性思维的结果),一切以客观事实的观察为基础。通常科学家会通过设计实验并控制各种变量来保证实验的准确性,以及从客观的角度来解释理论的能力。

2. 可证伪。这是来自卡尔·波普尔的观点。人类其实无法知道一门学问里的理论是否一定正确,但若这门学问有部分是错误的,人们可以严谨明确地证明这部分的错误的确是存在的,那这门学问就算是合乎科学的学问。

3. 存在一定适用范围。任何理论都有适用的范围,任何理论的预测结果都只在一定的范围内是正确的。例如:牛顿万有引力定律在一定范围内是正确的。广义相对论和量子理论在极小引力情况下失效,也就是说,在这种情况下适用无限扩大,无法得出有意义的结论。尽管科学家们仍然在努力寻找与探索是否有某种理论可以囊括所有自然现象,但哥德尔定理否定了公理系统实现这一目标的可能性。

4. 普遍必然性。科学理论来自于实践,也必然回到实践,它必须能够解释其适用范围内的已知的所有事实。

二、什么是技术

在我们的日常语言中,"科学技术"常常是作为一个概念使用的。那么,技术是什么? 它何以和科学相提并论?《辞海》中对技术的解释是:"第一,泛指根据生产实践经验和自然科学原理而发展成的各种工艺操作方法及技能。第二,除操作技能外,从广义来讲,还包括相应的生产工具和其他物资设备,以及生产的工艺过程或作业程序、方法。"

技术是人类为实现社会需要而创造和发展起来的手段、方法及技能的总和。作为社会生产力的社会总体技术力量,包括工艺技巧、劳动经验、信息知识和实体工具装备,也就是整个社会的技术人才、技术设备和技术资料。

科学和技术是辩证统一的整体。科学中有技术,如物理中有实验技术;技术中也有科学,如杠杆、滑轮等有力学。技术产生科学,如射电望远镜的发明与使用,产生了射电天文学;科学也产生技术,著名例证如下:

> 1831 年发现电磁感应原理;1832 年生产出发电机。
>
> 1862 年发现内燃机原理;1876 年生产出内燃机。
>
> 1925 年发现雷达原理;1935 年制造出雷达。
>
> 1928 年发现青霉素;1941 年生产出青霉素。
>
> 1938 年发现核裂变;1945 年制造出原子弹。
>
> 1948 年发现半导体;1954 年生产出半导体收音机。

一般地说,技术的发明是科学知识和经验知识的物化,使可供应用的理论和知识变成现实。现代技术的发展,离不开科学理论的指导,在很大程度上已经变成了"科学的应用"。然而,现代科学的发展同样离不开技术,技术的需要往往成为科学研究的目的,而技术的发展又为科学研究提供了必要的技术手段。它们之间是一种相互联系、相互促进、相互制约的关系。可以预见,它们的联系还会更加密切,界限也会变得模糊起来。

但是,科学与技术毕竟是两种性质不尽相同的社会文化,二者的区别也是十分明显的。科学的基本任务是认识世界,有所发现,从而增加人类的知识财富;技术的基本任务是发现世界,有所发明,以创造人类的物质财富,丰富人类的精神文化生活。科学要回答"是什么"和"为什么"的问题;技术则回答"做什么"和"怎么做"的问题。

举例来说,人们观察到降雨这一自然现象,从而产生"天上为什么会下雨"这一问题。对这个问题的研究就属于科学活动的范畴。通过研究人们发现,雨是由天空中的水蒸气遇冷凝结而形成的。在获得这一认识的基础上,人们继而又想,既然雨是这样形成的,能不能用某种人工的方法,促使水蒸气凝结,而让某个干旱的地区下雨呢?于是人们想出了一种方法,把干冰(固态的二氧化碳)播撒在云层上,由于干冰升华要吸收很多热量,便会促使云层中的水蒸气凝结成雨,这就是"人工降雨"的技术,它属于技术的范畴。

从这个例子中我们可以知道科学和技术的区别。对自然现象的研究、探索和解释是科学,科学解决的是"为什么"的问题。而人工降雨的方法,则是一种技术。它解决的是"怎样做"的问题。科学和技术有着不同的目的和任务,如下表所示:

科　学	技　术
·以认识自然为目的	·以改造自然为目的
·回答"是什么""为什么"的问题	·回答"做什么""怎么做"的问题
·获得新知识(发现)	·创造新产品(发明)
·从实践上升到理论	·将理论应用到实践中
·从个别现象上升到一般原理	·从一般原理应用于个别问题

科学提供物化的可能,技术提供物化的实现;科学是发现,技术是发明;科学是创造知识的研究,技术是综合利用知识于需要的研究。区别科学与技术的目的,不是将它们分开,而是辩证统一地加以理解。注重技术时要想到科学,注重科学时要想到技术。对于科学来说,技术是科学的延伸;对于技术来说,科学是技术的基础。

三、幼儿对科学的认识

什么是幼儿阶段的科学教育?在许多人的心目中,"科学"是很高深的学问,比如物理、化学、生物、天文、地理等等,都属于科学的范畴。于是在很多家长甚至在一些幼儿教师的眼里,幼儿的科学教育要么是不可能的,要么就是教一些抽象的"科学概念"与"原理",超出了处于前运算阶段学前期儿童的思维水平与操作能力。有一位教师设计了一个科学活动,要教幼儿"地球引力"的概念。可想而知,如果教师不考虑孩子们过去的生活经验和现有的思维水平而教三四岁的孩子"地球引力"等抽象概念,教学是不会成功的,顶多是让孩子们学会了几个他们尚不能理解的词语而已。这样的教学远远无法实现对幼儿进行科学教育的初衷。

如此说来,在幼儿园进行科学教育是不是违背了"适合儿童发展水平的教学"这一幼儿教育的基本原则呢?完全不是。其实,如果我们仔细观察就会发现,幼儿每天都会接触到科学现象,每天都在自发地从事科学探索,在不知不觉中进行着科学学习,只不过他们的科学学习与成人的科学学习在内容和形式上有所不同,具有儿童的特点而已。教师为幼儿提供科学学习机会的一个主要目的,是把幼儿自发的探索与学习系统化,使他们的学习目标更明确,学习效率更高,效果更好。

(一)对世界本原的认识

"本原"的本义就是指根本,事物的最重要部分。所谓"本原"或"始基",按亚里士多德的解释,是指这样一种东西:万物都由它构成,最初都从它产生出来,最后又归于它,那就是他们所说的万物的本原了。本原就是作为世界万物的基础、来源和归宿的东西。世界的本原、宇宙的生成是哲学家思考的首要问题。儿童就像先民和古代哲学家那样,喜欢追寻事物的起源。哲学的本质问题,有许多是天真而又素朴的,也可能是最有哲理性的问题。有些事情在成人(或少年)学了第一本哲学书受到启发后,才能提出的问题,而对儿童来说,会自然地提出。我们可以这样大致地想象原子的形态:

形状:原子是一些有着各种各样形状的小颗粒,方的、圆的、扁的、长的都有。

硬度:它们是不可分的,它们内部没有一点空隙,无论用多锋利的刀也休想砍开。

数目:原子的数目比撒哈拉沙漠中的沙子还要多,数都数不清。

种类:与数目一样,原子的种类也无限多。

在儿童的眼中,任何现象的发生都是有直接原因的,所以他们常常喜欢刨根问底,这其中会有一些涉及哲学问题的深刻发问。儿童对世界的追问有时像古希腊的原子论者,认为世界上许多东西是由原子组成的。苗苗说:"我知道原子,原子就是古时候的一种石头,圆圆的,各种颜色。"苗苗是幼儿园的"自然哲学家"。

让我们来听听她的"原子论"。

幼儿眼中的"原子"

幼儿:"爸爸,什么叫原子?"

爸爸:"原子是一种很小的东西,世界上的物质都是由原子组成的。"

幼儿:"那火有火的原子,水有水的原子,墙有墙的原子。是不是原子都是看
不见的?"(这里的"火的原子""水的原子""墙的原子"完全是孩子自己
想出来的。这个想法在科学史、哲学史上曾出现过。)她说完后,又问:
"爸爸,地球是由什么原子做的呀?"

爸爸:"土的原子。墙也是由土的原子做成的。你看,工人把地下的土挖出
来,一烧,不就成了砖头了吗?"

这段对话表明,孩子关于原子论已提出下列思想:原子是一种圆形的有各种
颜色的小石头,它古时候就有,它很小,我们看不见,万物皆由原子组成,不同的物
体有不同的原子。她的哲学思维即将进入古希腊的阶段。她的这些言论若放进
古希腊哲学资料中,恐怕又是一个德谟克利特。她显然是听爸爸说过原子,但爸
爸不可能向他系统介绍原子论,可以肯定,她的这些想法基本上是自己的创造。
苗苗的这些问题表明,在儿童的思维里可以找到古代原子论的雏形。

(二)对地球科学的认识

儿童就像先民和古代科学家那样,喜欢追寻事物的起源。问题的探索性一方
面表现于问题是对未知知识的目标寻求,这与问题的待解性相一致,另一方面表
现于问题在认识链条上体现出来的线性发展特征。我们人类的认识总是倾向于
使未解之谜不断地进入认识主体的认知领域,不断地拓展知识的空间和范围。这
种认识的扩展由认识随着时间的迁移而不断进一步显现出来,同时时间的坐标点
又以不同的认识层次来标识。对自然界的认识,宏观上是地球——太阳系——银
河系——星系团——总星系的逐次扩大;微观上则是由宏观物体——分子——原
子——基本粒子日益深入。人类的好奇心理决定了我们选择具有挑战性的问题
作为认识探索的创造性起点。苗苗5岁时就问过天、地球和星星从何而来的问
题。我们来看看她的问题:

幼儿眼中的"宇宙"

幼儿:"爸爸,星星是从哪里来的?"

爸爸:"是宇宙本来就有的。"

幼儿:"什么叫宇宙?"

爸爸:"就是天呀,星星呀,等等。"

> 幼儿:"那星星是从哪里来的?"
>
> 爸爸:"星云物质变来的。"
>
> 幼儿:"什么是星云物质?"
>
> 爸爸:"星云物质就是这一点一点的东西,后来吸引成星星。"
>
> 幼儿:"那很早很早……(一连说了9个很早)以前又是什么呢?"

她相信万物都有最初的起源,否则她就会感到困惑。这样追问下去,就会涉及进化论,涉及自然观。哲学的本质问题,有许多是天真而又素朴的,也可能是最有哲理性的问题。有些事情在成人,包括大儿童,在他们学了第一本哲学书后,受到启发才能提出的问题,而这种事,对儿童来说,会顺乎自然地产生。

在原始人类的认知中,宇宙便是天和地,原始的宇宙观便是天地观,所以天地的形状及其相互关系的问题,是人类最早提出的又一个问题。在我国少数民族的神话和史诗中可以找到我国古代哲学家与天文学家提出的"盖天说"与"浑天说"的萌芽,表明这些学说的提出与流行是符合认识发展规律的。许多民族的先民都思考过天为何不掉下来的问题,苗苗也有过这种杞人之忧。一次去科技馆参观,她看天文馆的星星,就问:

> **幼儿眼中的"星星"**
>
> 幼儿:"星星是什么做的?"
>
> 爸爸:"是泥巴和石头做的。"
>
> 幼儿:"爸爸,为什么星星是石头做的,它不掉下来?"
>
> 爸爸:"是吸引力吸的。"
>
> 幼儿:"是不是地球把它弄上去的?"
>
> 爸爸:"我说不出来。"
>
> 幼儿:"星星是地球吸的,慢慢地把泥巴石头吸到天上,就掉不下来了。"

儿童的想象离不开直观的形象。既然地球是由泥土构成的,那为什么我们挖土时却看不到地球呢?这个问题对儿童是说不清楚的。1900多年前的张衡曾这样叙述"浑天说":"浑天如鸡子。天体圆如弹丸,地如鸡子中黄……天之包地,犹壳之裹黄。"6岁的苗苗也有同样的想象,只是她不恰当地把宇宙模型称作"地球模型"。给他穿衣服时,他说:"爸爸,鸡蛋是个地球,蛋黄是地球,蛋白是天。""那蛋壳呢?""是全世界。"

如果我们愿意谦虚而认真地接近未成年的孩子,我们就能够从他们那里学到智慧。尼采甚至认为在倾听真理方面,我们不如孩子,"理性的人,存在着孩子看见而他看不见的事,存在着孩童听到而他听不到的事,而这些事恰好是最重要的"。当儿童们用他们的"慧眼"看世界时,就像我们用万花筒看纸片儿一样,简简单单的几个小纸片

儿一下子变幻莫测起来,成了万千朵绚丽多姿的花。那些我们看来很简单的,每天都切身体味着的种种现象,一到儿童那儿,便幻化出了各式各样的"科学"之花,它们像形而上学问题一样,跟我们玩起"深沉"来。

(三)对实证主义的认识

什么是认识论? 认识论就是有关认识的理论。那么什么是认识呢? 认识当然是对这个世界的认识,例如对星星月亮、动物植物的认识,这些认识可以用一个词来概括,这个词就是知识。例如我们对星星月亮、动物植物的认识,当然也就是有关星星月亮、动物植物的知识,就是天文学、动物学与植物学知识。认识论就是有关知识的理论。从"有关知识的理论"中也可以看出它不是具体的知识,而是有关所有这些知识本身的理论。它是将所有这些知识都当作自己的研究对象,犹如动物学将动物、植物学将植物作为自己的研究对象一般,认识论则将知识作为自己的研究对象。

将知识的整体作为自己的研究对象的认识论到底研究它的哪些问题呢? 认识论所研究的有关知识的问题当然是很多很多的。例如,知识的界限问题,即人类到底能认识什么并使之成为我们的知识,还有有关知识的可靠性的问题,包括我们如何才能获得可靠的知识,以及用一种什么样的方法才能检验这些知识的可靠与否,等等。下面我们看看儿童的朴素"认识论"。

幼儿眼中的"梦"

小虎在幼儿园得到了小红花的奖励,按照家庭奖励条例,我必须满足他的要求,他这次想要一个火车侠。于是中午下班的时候,我给他买了一个火车侠,收到礼物,他很高兴,迫不及待地玩起了火车侠。玩了一会儿他突然问我:"爸爸,我怎么能知道这不是做梦呢?"

对于小虎来说,他也知道自己正在玩火车侠,但是他想,如果是做梦,在梦里应该也是这样。在现实中玩火车侠和梦里玩火车侠,差别在哪里呢? 可能仅仅在于:如果是做梦,是要等到醒来之后,才知道这不过是一场梦。是否有差别,或者说,应该有什么差别可以使小虎识别是梦还是真实的呢? 小虎的疑问好像是"我怎么知道我现在不是在做梦呢?"当然不是这样的问题,而是"我们怎么能确实知道这一切不是梦"。

小虎的困惑含有典型的哲理,小虎提出的问题,给一个极其平常的概念带来了疑问。我们怎么能确切知道我们是处于清醒状态? 假设一切都是梦,都是我的梦境,那么可能是在部分梦境中似乎是清醒着的,而在部分梦境中是睡着的。就如我现在所认为的真实生活里,既有清醒的时候,也有做梦的时候,又如一场终生长梦,在梦里似乎有时会觉醒,有时会有这样或那样的梦境,两者究竟有什么差别

呢？界限可能就和梦境中出现的幻觉一样难辨真假。小虎的哲学思索很周密：如果万事都是梦，人们就不会追问那是不是梦。因为人们会追问，那就不是梦。所以并非一切都是梦。这个论证相当生动！

"我一定是在做梦。"小虎闭上眼睛并拧一下自己的胳膊，然后慢慢地睁开眼睛，再看一下周围，心爱的火车侠还在那里躺着，这不是梦，是真实情境。小虎的惊讶，很容易理解，谁能不吃惊？不过小虎做出他是否仍在做梦的判断过程是难以当真的。虽然很难，但并非不可能，至少有个哲学家纳尔逊曾经论证说，小虎的方法是有效的。不过这个方法实际上并不可靠。假使小虎不知道自己是否清醒，那他什么也不可能知道，他是否真的拧了一下自己或者是仅仅梦见自己这么做了，只能推测。以前的认识基础是什么，是什么使现在的认识基础变成了问题？我们每个人对我们平时所说的和所想的，对事物的认识究竟有多少基本的认识呢？

维特根斯坦认为，哲学问题的表现方式是"我不知道该怎么办"。困惑和怀疑是紧密联系的。亚里士多德说过："哲学起源于怀疑。"哲学即使不能解答我们所希望解答的许多问题，至少有提出问题的能力，使我们增加对宇宙的兴趣，甚至在日常生活中最平凡事物的表面现象下，看到事物的新奇与值得怀疑之处。

幼儿眼中的"时钟"

小虎："如果我八点钟睡觉，明天早上八点钟起床，我怎么能知道时钟的短针只走了一圈呢？"

小虎的困惑，是由于他感到了一种不安，因为没有充分的证据，或者类似的证据足以引出一个常识性的结论，那就是从一个晚上到第二天早晨，时钟的短针只走了一圈。

爸爸："难道你真的就没有什么好的办法吗？"

小虎："我是不是要整个晚上不睡，一直看着时钟呢？可是我在看其他东西的时候，短针也可能偷偷走了三圈呢。"

人们通常只是偶尔看一下时钟。小虎可以在白天时刻不停地盯着时钟看，但当他走出房间吃饭、看电视、做游戏、上幼儿园的时候就做不到了。在原则上，小虎可以花一整天的时间专心观察，把时钟置于他的严密监视之下。不管小虎花了多少时间严密注视时钟，他仍然担心怎么才能将观察到的时刻合理地推到没有观察到的时刻。小虎可能在幼儿园看到一位小朋友，在教师转过身去的时候就做鬼脸，教师转过身来就不做了，我们怎么知道时钟不会像他的同伴那样呢？

观察到的状态和行动对于未曾观察到的状态和行动是否是一个可靠的指南呢？我们怎么知道时钟不会像小虎的同伴那样呢？我们是否能确定时钟不会偷偷多走几圈呢？归纳推理所依据的假定，也有可能和相信小虎的同伴在教师的目

光注视下的行为,对教师转过身去的行为是一个可靠的指南,是同样错误的。

儿童智力发展同古代人从原始状态中逐步挣脱出来、摸索着曲折发展,当然大不相同。但是这里确实有相似之处,有一些从根本上说来是共同的特点与规律,这是因为个体的智力也必须有一个发生发展过程:它以凝缩的形式进行,以便在较短的时间里走过人类在漫长历史中走过的路,使儿童到成年时在智力上达到与现实生活相一致的水平。这是有必然性的,其情形很像胚胎的发育,必然要再现千百万年中生物演化的进程。所以,胚胎学和古生物学的规律有惊人的类似,而研究儿童智力的发育就是人的精神的胚胎学,研究古代人类的思想发展形态就是精神的生物学,这两方面的研究是可以相互启发与印证的。

儿童最初的认识总是非常可爱和有趣的,因为它记录了儿童求知的生动创造过程。成人常常嘲笑孩子的天真幼稚,儿童"科学家"的观点和结论许多是错误的,思想是充满稚气的,但是在稚气里包含着最有生气的活动和精神,包含着智慧的种子萌芽,那总是能给我们以启示和力量。我们之所以是我们,是因为我们有历史,而首先是指我们都是从童年过来的。儿童的认识,正像他们的智力一样,无非是漫长发展中的人类社会时间和认识的一种浓缩化或简约化的形式,也就是说,是摹本对于原本的关系。这是儿童解释动因的最初表现,当然我们也不宜把萌芽说成是一棵大树。对于儿童"科学家"的"思想"而言,因为它们极其素朴,所以我们要多分析,分析时要注意分寸,不宜说得过分。

第二节 幼儿科学的关键经验

一、关键经验的定义

关键经验是美国 HIGH/SCOPE 学前教育课程①内容的重要部分,它是对幼儿一系列社会的、认知的和身体发展情况的描述。关键经验也是幼儿在他们真实生活中应该出现的东西,换句话说,关键经验就是幼儿正在做的事情。关键经验是对幼儿的长远发展具有重要作用的经验,是由主动学习的幼儿通过活动自己建构起来的经验。就科学领域而言,关键经验既可以表现为领域性或综合性的关键概念,也可以表现为一系列关键的学习过程、行为方式与技能、策略。

因此,熟悉了关键经验,我们就能将关键经验作为观察、描述儿童行为的工具,更好地理解某阶段儿童正在做的事,理解他们的想法,理解他们的兴趣和需要,并以关键经验来指导对儿童的教育,更好地促进儿童的发展。

---

① HIGH/SCOPE 课程是美国现代幼儿教育课程的一个重要流派。

HIGH/SCOPE 课程中的关键经验（部分）

探究

- 通过看、听、触摸、尝、闻来认识物体。
- 把模型、图片和真实场景及事物联系起来。
- 用所有感官主动地探究。
- 通过直接经验发现事物之间的联系。
- 操作、转换和组合各种材料。
- 掌握工具和设备的使用方法。

分类

- 探索和描述事物的特征。
- 注意并描述事物的异同，进行分类和匹配。
- 用不同的方式描述和使用物体。
- 同时注意事物一个以上的特征。
- 区分"部分"和"整体"。
- 描述某些事物不具有的特征和不归属的类别。

幼儿园的科学活动有不同的形式。生活中的科学活动，如依托值日生工作进行的天气预报活动；以区域为背景的科学活动，包括孩子们在科学发现区或称认知区、自然角、户外种植园中的活动；集体（全班或小组）科学活动或称正规的科学活动等。就集体科学活动来说可以有不同的组织形式：一种是包含在综合主题活动之中的，作为其中一部分的科学活动；另一种是以科学领域的关键经验为基本目标的探究式科学活动。

以科学领域的关键经验为基本目标的探究式科学活动既不同于生活中的科学活动和以区域为背景的科学活动，也不同于包含在综合主题活动之中的科学活动。它是高结构化的科学活动，可以说是在教师精心设计的框架下幼儿进行的探究活动。它包含围绕着某一重要的核心科学概念展开探究、经历探究过程的基本阶段和环节，集趣味性与实效性、过程和结果为一体等主要特点。

二、关键经验的内容

科学领域的教育中，我们从科学的情感态度与价值观、科学探究、生物、材料及其性质、自然现象与天气、工具及设计技术六个方面，确立了本领域的关键经验。[①]

1. 情感态度与价值观：有好奇心、探究的兴趣和愿望，乐于参与科学探究活动；有初步的科学精神和态度；尊重事实和他人的观点，乐于合作、分享与交流；关爱自然和生命，有初步的资源和环境意识。

2. 科学探究：认识科学探究；经历科学探究的过程，如提出问题、猜想与假设，

---

① 刘占兰.学前儿童科学教育［M］.北京：北京师范大学出版社，2008：107－109.

观察、实验与制作，收集、记录信息，思考、解释与得出结论，表达、分享与交流。

3. 生物：感受和了解生物的多样性；探究和发现生物的基本特性，生物与环境的相互作用和依存关系。关于动物：认识动物的身体结构与功能，动物的食性、生长变化与繁殖。关于植物：植物的多样性，植物的生长变化及需要的条件，植物与环境。

4. 材料及其性质：探究各种材料的物理特性；探究材料相互作用时发生的变化，相互关系及规律。

5. 自然现象与天气：体验天气的不断变化和多样性；了解常见的自然现象；建立初步的时间概念。

6. 工具及设计技术：探究各种工具的特性及其功能；经历技术设计的过程，体验技术设计的关键步骤；发现不同结构与特性的物体及其不同的运动形式。

表 1-1　各年龄班幼儿的关键经验

		小　班	中　班	大　班
情感态度与价值观		有好奇心，能在教师的带领下积极参与探究活动，乐于动手操作；能在教师的鼓励支持下与同伴分享与交流自己的发现；关爱身边的动植物。	有好奇心和探究的积极性；能主动发起一些探究活动，重视自己收集到的事实和证据；乐于倾听和分享他人的观点；能进行一些简单的合作探究活动；关爱身边的动植物，做自己力所能及的环保活动。	有好奇心，乐于参与并能主动发起探究活动；能进行合作探究，乐于分享和交流自己的探究和发现；积极进行力所能及的关爱自然和生命、保护资源和环境的活动。
科学探究		敢于提出问题；能在教师的引导下进行大胆的猜想和细致的观察；能用简单形象的方式记录自己的发现，敢于用简单的语言表达自己的疑问和发现。	1. 初步意识到通过探究能找到问题的答案或解决问题的方法。 2. 敢于提出问题，能围绕简单的问题和探究的任务运用自己的已有经验进行猜想和假设；尝试运用观察和简单实验的方法解决问题，并用不同的简单易懂的方式进行记录；能初步得出自己的结论，乐于与同伴交流和分享。	1. 知道通过探究能找到问题的答案或解决问题，懂得事实证据的重要。 2. 能提出有探究意义的问题，充分调动自己的已有经验进行猜想和假设；尝试制定简单的观察和实验方案，能收集和用适宜的方式记录数据和事实，并在此基础上得出自己或小组的解释和结论；乐于与同伴分享交流探究的过程和结果，敢于提出疑问。
生物	动物	喜欢观察并爱护动物，愿意饲养小动物，关注动物的成长变化。	饲养小动物，探究其外形特征、身体结构与功能、食性、繁殖、居住的环境；感知小动物的成长变化过程，对小动物有亲近感。	1. 主动饲养小动物、爱护动物，珍惜生命。 2. 感知动物的多样性，体会动物与人之间的依存关系，探究动物生存、成长及繁殖、繁衍的方式。
	植物	1. 对植物的突出变化感兴趣，感知植物季节变化的典型特征。 2. 爱护植物，在种植过程中感受植物的生长。	喜欢观察和种植植物，感知其生长中的渐变过程，再比较认识植物的多样性。	在对比观察和实验种植中，探究植物的生长条件；初步了解植物与人类的依存关系。

表 1-1(续)

	小　班	中　班	大　班
材料及其性质	喜欢摆弄玩具材料,感知常见材料(沙、水、泥等)的突出特性。	1. 运用多种感官探究材料的特性,比较几种常见材料的异同并进行分类。 2. 观察了解材料在特定情况下发生的变化,通过简单实验等方法发现材料之间简单、直观的相互关系。	了解探究材料相互作用时的基本特点,以及改变外界条件(如加热、冷冻等)情况下材料发生的变化。初步了解材料在人类生活中的作用。
自然现象与天气	喜欢观察天气,能感知天气的明显变化,以及这种变化与自身的关系。	感知四季的明显特征,发现与之相关的天气现象(晴、阴、雨、雪等)。	感知四季对动植物生长变化及人们生活的影响,观察、发现它们与四季的关系,主动适应天气变化。
工具及设计技术		初步学习运用废旧物品设计、制作简单玩具。	运用常见工具设计、制作玩具,体验成功。

关键经验对幼儿的学习和发展是至关重要的,具有基础性和可持续发展的价值与作用。由于年龄特点的不同,同一个科学教育内容,对不同年龄幼儿的发展目标与关键经验的确立是有所不同的。

从前面的表格中可以看出,任何一个方面的关键经验,都具有渐进性和层次化。例如,认识植物的生长与变化,小班的教育目标与关键经验是从典型特征到渐变过程再到变化与环境的关系,由浅入深、由表及里、由现象到本质之间的关系的认识,这符合幼儿的年龄特点和认知规律,确保了科学教育的科学性与有效性。

三、关键经验的运用

(一)关键经验是什么

关键经验是幼儿发展必须获得的经验,这些经验在幼儿的经验系统或经验结构中起节点和支撑作用,有利于幼儿经验的建构、迁移以及对知识的深层理解。一方面,关键经验具有经验的特征,主张关键经验的课程仍然强调经验和活动的价值,尊重幼儿的天性,具有"儿童立场的课程"的基本特点;另一方面,关键经验具有教育目标的特性,体现了教育者对幼儿生活的理解和追求,反映了"教师立场的课程"的部分特征。关键经验的提出旨在更好地发挥教师和幼儿的双主体作用,通过心理和逻辑的双向融通更好地实现教育目标。其特点主要包括五个方面[1]:

第一,关键经验是幼儿发展必不可少的,具有发展性。其发展性具体反映在两方面:一是永恒性。关键经验不会随着时间的改变而改变,如变化、观察、分类等这些经验就具有永恒性,虽然在不同的时期其内涵有所改变但不可缺少,是构

13

幼儿科学的基本概念

---

[1] 叶平枝.在幼儿教育课程改革背景下重新审视关键经验的意义、内涵与特征[J].学前教育研究,2008(1).

建和保持知识系统稳定的基础,时过境迁的经验是不能被称之为关键经验的。二是普遍性和非普遍性的结合。所谓普遍性是指经验的普遍性,同一关键经验在世界范围内可以得到公认,不会因为文化和地域的差别而引起歧义。皮亚杰的儿童发展理论中的关键经验就具有这一特征。但是,根据弗尔德曼的非普遍发展理论,儿童的发展还会受到环境和教育的影响,在不同领域表现出发展的独特性。因此,关键经验也会表现出地区和文化的差异,体现非普遍性发展的一面。第二,关键经验是连续的,其发展必须经历一定的过程,不是一蹴而就的,它可以分成不同层次和领域的关键经验。第三,关键经验的获得和发展有赖于幼儿与环境(人和物)的互动,有赖于经验的积累。第四,关键经验既指经验的过程也指经验的结果,既是学习经验的结果也是学习经验的过程。最后,关键经验是具体的教育目标,它对于课程的制定、实施和评价具有重要的指向作用。

如在大班"滚动"科学活动中,关键经验包括探究过程、科学概念、记录方式和语言表达等几个方面。

大班科学活动"滚动"的关键经验

1. 乐于探究,初步发现不同形状的物体有不同的滚动路线。

　　(探究过程) 　　　　　　(科学概念)

2. 能清楚地描述物体滚动的路线并用适宜的符号表示。

　　(语言表达) 　　　　　　(记录方式与技能)

(二)如何表述关键经验

在确定和描述关键经验时,教师们感到最困难的是关键概念。在科学探究活动中,关键概念应该被准确而清晰地描述为儿童能够探究的具体概念。这是一项十分复杂和困难的工作,它具有很强的专业性和技术性,需要我们对学科特点和幼儿的水平深入了解和把握。

"滚动"这一活动属于物体的运动范畴。物体的运动受到外部和自身因素的影响,从外部因素来说,主要包括对物体施加力的大小、方向、作用点等;从物体自身因素来说,主要包括物体自身的质量和物体的形状。其中,作为物体自身因素的形状,影响着物体运动的方向和轨迹的形状,"滚动"探究的正是这个问题。在"滚动"这一活动中,关键概念被描述为"不同形状的物体具有不同的滚动路线",这里将物体运动的方向和轨迹的形状具体化为"滚动路线",还可以更具体地描述为:圆柱、圆锥、圆台三种不同形状的物体有不同的滚动路线。

(三)关键经验与材料有什么关系

材料应该是关键概念的物化,是幼儿获得关键经验的中介和桥梁。教师在案例研究过程中的五次尝试和调整材料,事实上也是教师逐步确定适宜的关键经验

(尤其是关键概念)并将其物化在具有适宜结构的材料之中的过程。这一过程是一个从笼统到具体、从模糊到准确的过程。

大班科学活动"滚动"的材料与关键经验

各种能滚动的物品——各种材料的三种物体——相同材料的三种物体——不确定的路线——大部分能够看出基本路线——物体形状与滚动路线关系清晰——同底同高、同材料的三种物体(积木)。

通过这样的分析,物体形状与滚动路线关系清晰且具有可比性。在活动中把目标表述为关键经验具有重要的意义。首先,能够使活动富有成效。关键经验能够激发起幼儿学习的热情和积极性,保证幼儿通过活动有一定的发展。其次,关键经验能够保证教师指导的方向性,避免盲目性。

(四)如何具体运用关键经验指导科学活动

1. 将关键经验作为对儿童评价的一个基本指标。确定关键经验后,选择能支持这些关键经验的材料,将材料放入各个活动区中,让儿童从事各种区域活动,操作这些材料。一段时间以后,教师就能对儿童的能力有一个较系统的评价。

2. 用关键经验对儿童的行为进行观察并分析。在每天和儿童的相互交往中,教师可以做一些简单、快速的观察记录(用小纸片作记录),将儿童活动时的所说、所做记下来。在与同班教师相互交流和备课时,将记下的儿童的行为归类(归入相应的关键经验)并说明,以了解儿童的情况。

3. 在对儿童行为进行观察的基础上安排每天的活动。根据观察记录和教师之间的交流讨论,我们就可以确定儿童的兴趣所在,并了解对于哪些儿童应该强调哪些具体的关键经验,从而确定主要安排的活动应是什么等等。

4. 以关键经验为基础安排分组和集体活动时间。根据儿童的兴趣以及对儿童行为的观察,我们可以给分组或给集体安排一些特殊的活动,以使儿童掌握一些具体的关键经验(如在观察小虫以后,让儿童画下他们观察到的小虫的各种样子)。

5. 以关键经验来指导与儿童的交往。在正常情况下,只要有适当的环境条件,儿童的关键经验是应当能正常出现的。因此我们在与儿童一起学习时,一定要记住不要干预儿童的活动。我们所要做的是提供适当的条件,安排适当的活动,当他们求助时给予适当的帮助。

测量活动中的儿童关键经验

· 开始,发现甘蔗长高了,用手指比画高度。(感知测量的必要,模仿测量行为)

· 用吸管、树枝等物测量。(探索非标准化测量工具,体验等长复制、测量的方法)

· 用连环扣测量。(非标准化单位的发现)

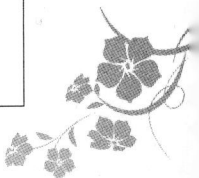

- 在实际测量之前根据被测物的长度调整连环扣的长短。(估计、目测)
- 用连环扣测量楼房的高度后,告诉别人楼房的高度并让别人明白。(引发对标准化测量工具必要性的关注)
- 尝试用尺测量楼房。(探索使用标准化工具进行直接测量)
- 用尺测与楼房等长的连环扣的长度。(间接测量)

案例　滚动(大班)

活动目标

1. 初步发现不同形状的物体具有不同的滚动路线。
2. 能清楚地描述物体滚动的路线并用适宜的符号表示。
3. 乐于探究事物之间的关系。

活动准备

1. 经验准备:让幼儿对生活中能滚动的物体和物体滚动的现象有所了解,具有一定的让物体滚动起来的经验。

2. 物质准备:材质、重量基本相同且等底等高的圆柱体、圆锥体、圆台体若干个,木制小山洞6个(用绿纸装饰起来),自制"压路机"(含有三种基本形体)或其他用具,纸盒7个,在黑板上画好代表3种形体的符号,记录表格(集体、个人),铅笔,橡皮,即时贴等。

3. 活动最好分小组进行,每组6人。

活动过程

一、初步感知三种形体的特征。

1. 教师出示"神秘袋"并提出要求。

师:今天,老师给大家带来了几个"神秘袋",现在每组请一位小朋友去取一只"神秘袋"和一个纸盒,放在每组小朋友们的面前。

2. 师:请每个小朋友把手伸进袋子里摸一摸,想一想袋子里的东西可能是什么样子的,然后拿出来,看一看和你猜想的是不是一样。还可以和伙伴说一说它是什么,说完后就把它放在面前的纸盒里。

3. 教师引导幼儿逐一观察三种形体的特征。

师:谁手中的物体和我手里的一样,请把它举起来。大家说一说它是什么样子的,叫什么名字。

4. 教师逐一指着黑板上三种形体符号提问。

师：这个符号代表哪个物体？

引导幼儿感知形体和符号之间的关系。

二、猜想和验证三种形体的滚动路线。

1. 教师创设"打敌人"的游戏情境，引导幼儿猜想和验证三种"武器"的滚动路线。

（1）教师向幼儿介绍游戏玩法及规则。

师：现在，我们要拿这几样物体当武器玩"打敌人"的游戏。这边是营地，这条线是战壕，前方就是敌人，装武器的小盒子就是我们的弹药库。大家想一想如果我们要滚动这三种武器去打击敌人，它们可能会走什么样的路线？

幼：圆柱体的武器可能会走直线。

幼：圆台体和圆锥体武器可能会走弯线。

师：大家都说了自己的想法，这三种武器滚动起来到底会走什么样的路线呢？我们可以轻轻地滚动它们来试一试，并把实验结果记录下来。

（2）教师出示记录表，引导幼儿认识三种形体符号及其在表上的位置，了解记录方法。

师：这是一张记录表，上面有三种武器的符号。你们把姓名先写上，然后轻轻滚动武器，仔细观察每种武器的滚动路线，并把看到的路线画在符号的旁边。

幼儿尝试，教师进行有针对性的指导。如，有的小组急于填写记录表，教师提醒他们"一定要先试一试，然后把看到的路线画在表上"。有的小组出现了争议，教师就提议"没关系，我们可以再试一试"。有的小组任务分配不均，幼儿要么抢着记录，要么抢着试"武器"，教师就提醒他们："你们是一个小组，只有特别团结才能打败敌人，我觉得你们可以轮流来做，你们觉得呢？"有的小组记错了，教师就随时提供橡皮。

（3）交流实验结果。教师把每组的记录表都贴在展示板上，幼儿自由观察交流。然后师幼一起把几种武器的滚动路线画在黑板上的形体符号下面并作介绍。

幼：我们发现圆柱体武器轻轻一滚就会向前走直线，圆台体武器会拐弯走，圆锥体武器会在原地打转儿，走成一个圆圈。

幼：我们发现圆台体武器开始走弯线，后来还能走成一个大大的圆圈。

2. 教师与幼儿共同比较分析哪种"武器"最好用。

（1）教师布置好山洞。

师：敌人就藏在山洞里，我们需要一些轻轻一碰就能滚进山洞的武器。大家说一说，哪种武器最容易滚进山洞？为什么？

幼：圆柱体武器最容易滚进山洞。因为它是走直线的。

（2）教师请幼儿试一试、比一比。

在尝试过程中，幼儿发现虽然圆柱体武器比较好用，但由于山洞较小，他们需要反复尝试并且对准山洞，武器才能滚进去。

3. 教师引导幼儿再讨论尝试另外两种"武器"能不能打到敌人。

（1）师：通过尝试，我们发现圆柱体武器最容易滚进山洞，那么圆台体和圆锥体武器能轻轻滚进山洞吗？为什么？

幼：圆台体武器大概可以滚进去，因为它是向前拐弯的。圆锥体武器是滚不进去的，因为它只会在原地打转儿。

（2）教师支持幼儿进一步探究。

师：请大家去试一试，如果武器不够，弹药库里还有一些，大家可以来取。

（3）幼儿尝试，教师进行有针对性的指导。当幼儿不能将圆台体武器滚进山洞而又想不出好办法时，教师引导幼儿大胆尝试。

师：武器的形状变了，它走的路线一样吗？试试从战壕的其他地方滚过去，能不能钻进山洞。

（4）当幼儿终于将圆台体武器滚进山洞时，教师提示幼儿关注滚动路线。

师：你用了什么办法？武器走的是什么样的路线？

（5）当幼儿尝试让圆锥体武器滚进山洞而未获得成功时，教师引导幼儿思考：为什么它进不去？它走的是什么样的路线？

三、分享交流，总结提升。

教师引导幼儿交流不同形体的"武器"滚动路线的特点。

幼：圆柱体的武器走的是直线。

幼：圆台体武器滚动起来会拐弯儿。

幼：圆锥体武器滚动起来只会原地转圈。

四、萌发运用经验制作的愿望。

1. 教师出示用这三种形体绘制的图画。

师：这幅画是用什么形状（确切的说法应该是"形体"，但考虑到幼儿的年龄特点，我们在与幼儿交谈时用"形状"一词）的工具画出来的？

2. 教师介绍用圆柱体做成的"压路机"。

师：这个形状的物体可以做什么用？我们生活中有没有像这些形状的东西？我们能不能用这些东西来制作玩具呢？

活动延伸

教师提供各种圆柱体、圆台体、圆锥体材料及其他辅助材料，让幼儿自制玩具，迁移运用相关经验。

（案例提供：北京市北海幼儿园　梁燕京）

第三节　幼儿科学的核心概念

一、科学概念

(一)什么是科学概念

从心理学的观点来看,概念是将物体、人物、事件或观念在人脑中加以抽象或归类,一般用相对固定的词或符号来表示。它是指人脑对客观现实中某类事物的本质属性的反映。

每一个概念都有一定的内涵和外延。概念的内涵反映某类事物的本质属性,即某类事物具有哪些共同的、本质的属性;概念的外延则反映了具有这一本质属性的概念"成员"的数量。具体来说,一个完整的概念结构应包括概念的名称、属性(或称关键特征或本质属性)、概念的定义及该概念的例证。

科学概念指的是人脑对自然界中某一类事物的本质属性的反映。例如"任何物体都有保持静止或匀速直线运动状态的属性",在物理学中我们把这种物体保持运动状态不变的属性叫作物体的惯性。惯性就是一个科学概念,这个概念就是用来反映和表述一切物体都具有保持运动状态不变这样一个属性的一个量。由此我们可以看出,科学概念是反映某种科学现象和过程的本质属性的思维形式。

(二)学习科学概念的方式

概念学习能否成功的关键是看学习者是否知晓其关键特征或本质属性,一般可以通过两种方式获得概念:一种是通过直接下定义的方式;另一种是通过观察、分析、总结等方式挖掘多个事物或现象的共同属性。作为教师,在进行科学概念的"教"的过程中,应该依据儿童概念学习的这两种方式进行组织。

概念学习是一个复杂的认知过程。儿童在概念学习过程中,必须在一定的外部环境影响下,经由复杂的生理心理刺激、强化、转换方可习得,这一过程可用图简单表达儿童概念的形成过程(如右图所示)。以"水果"为例,起初幼儿往往会认为"水果"是具体的物体,但在反复多次地吃过或接触过苹果、雪梨、香蕉、

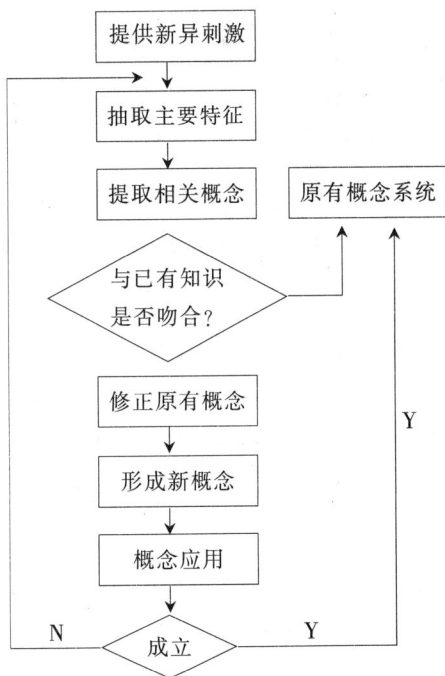

图 1-1　概念的形成过程(N:No,Y:Yes)

橙子以后,才会在大脑里逐渐形成"水果"的概念,并由此懂得这些东西虽是能食用的果实,但并不是"水果"本身。"水果"实际上是苹果、雪梨、香蕉、橙子等果类的总称。当幼儿掌握了"水果"这一概念之后,即可知道这一类植物多果汁、味甘甜、可以直接食用,并由此及彼,推测出其他具有这样一些特征的果实也就是"水果"。

幼儿对概念的掌握并不是简单地、原封不动地接受,而是要把成人传授的现成概念纳入自己的经验系统中,按照自己的方式加以改造。所以幼儿掌握的概念与社会形成的概念之间往往有一定的差距。随着幼儿经验的丰富和理解的加深,二者之间的差距逐渐缩小。儿童掌握概念的方式大致有两种类型:

1. 通过实例获得概念

幼儿获得的概念几乎都是这种学习方式的结果。儿童在日常生活中经常接触各种事物,其中有些被成人作为概念的实例(变式)而特别加以介绍,同时用词来称呼它。比如,带孩子到花园散步,指给他"树""花"等。成人在教给儿童概念时,也同样会通过列举实例进行,如指着图片上的物品告诉他"这是牛,这是马"等。儿童就是这样通过词(概念的名称)和各种实例(概念的外延)的结合,逐渐理解和掌握概念的。

2. 通过语言理解获得概念

语言是幼儿掌握概念的重要工具。幼儿在没有任何概念之前,其对特定具体事物的感知,往往是从听和模仿成人言语的发音中获得。这时候的言语能引起幼儿产生与具体事物的感知所具有的同样的反应。由于语言能表征具体事物,对事物能起到抽象概括的作用,因此在幼儿园的概念学习中,教师要注意多使用语言来促进幼儿学习,化抽象为形象并运用深入浅出的语言来帮助幼儿理解概念、掌握概念。如在向幼儿传授一些比较抽象的自然概念:雨、冰、风、雾、雷、闪电等时,我们可以通过讲童话故事,使用多媒体手段(边听边看幻灯、投影、录像等)来帮助幼儿理解。为了帮助幼儿更好地使用语言进行概念学习,在日常活动中,应鼓励幼儿积极地运用语言来表达自己的发现,交流自己的认识及对事物探索的过程和方法。同时,教师还要注意鼓励幼儿用自己的语言对事物探索的结果进行概括,并给予正确的语言指导,促进幼儿抽象化概念的形成和认知的发展。

二、前科学概念

(一)前科学的定义

前科学概念指的是儿童在接受正规的科学教育之前形成的概念,是其对周围的世界所感知到的现象、生活中的常识与经验进行总结加工而得出的认识和理解。这些前科学概念中有些是关于客观世界的朴素观念,与科学概念一致,有些则完全与科学概念相悖,被称为错误概念,也称迷思概念。

早在 20 世纪 20 年代,皮亚杰就在对儿童的思维研究中证明了前概念的存在。20 世纪 30 年代,苏联心理学家维果茨基把概念划分为"科学概念"与"日常概念"。科学概念是在教学过程中通过揭示概念的内涵而形成的概念,它代表了人类在某一阶段对某类事物的认知水平;而日常概念是指没有经过专门的教学而在日常生活中通过辨别学习和个人经验积累而获得的概念,也被称为"前科学概念",简称"前概念"。

儿童的科学概念以他们自发的日常生活概念为基础而产生。儿童在生活中,会对世界产生许多自发的认识(即日常生活概念),这些自发概念与经教学过程获得的科学概念是相互联系、相互补充和相互依赖的。一方面,日常概念的发展取决于科学概念,它是通过科学概念向上发展而成的;另一方面,科学概念也要依赖于日常概念的发展,为其完善和延伸开拓道路。儿童从出生起便开始孜孜不倦地探寻周围世界,他们用眼看、手摸、耳听、舌尝等一系列手段进行了解,逐渐感悟到周围的世界是什么样子的、有什么规律,并把这些样子和规律在头脑中组织起来,成为他们基础的"科学概念"。在家长和其他信息来源的合力作用下,这些基础的"科学概念"又与外来的信息相融合成为"日常概念"。儿童原有的基础"科学概念"越丰富和深入,越能吸纳进更多的信息,组合成更大规模的"日常概念"。在儿童再次进入学习活动时,这些"日常概念"便又成为"科学概念"的基础,基础越厚实越能融会进新的知识和难度更大的知识。简言之,"前概念"是"后概念"的基础,"更新的后概念"又是"新概念"的基础,依此循环往复。

例如,一个孩子坐在汽车后排的座位上,他看见前面挡风玻璃上的雨刮器在来回摆动,他看见父亲正把着方向盘。这个孩子会想:是什么使雨刮器来回摆动的呢?是父亲把着方向盘使它动的。一会儿,雨刮器停了,可是父亲的手仍然在方向盘上。这个孩子又会想:这时父亲肯定没有握住方向盘,所以雨刮器不动了。

一个孩子正在看一本连环画,突然响起了雷声,房间似乎都晃动了。他不再看书了,因为"看书会引起雷声"。

通过同时性的感觉把偶然的事件联系起来称之为混合思维。这是思维的第一步,常常表现在上幼儿园和上小学的孩子身上。这是他们试图解释周围世界的那种反射式思维的主要方式。

一个四岁的孩子在儿童博物馆里看见笼子里的一只灰兔子。"兔子是从哪儿来的?"他问。"你说它是从哪儿来的呢?"和他一起的成人反问他。孩子看了看整个屋子,屋子里有好多笼子,关着各种动物。他的目光转来转去,在一只有毛的臭鼬身上停了一会儿,然后又转过去,看到了一只灰鸽子。"你知道吗?"他好像在自言自语,"臭鼬吃掉一只灰鸽子,就变成了一只灰兔子。"

即使在幼儿园和小学的年龄段,孩子们也已开始一种较高水平层次上的思维。刚才那个小孩也许看出了灰色和有毛这两个共同的特征,这不能被认为是混

合思维。但是他讲的灰兔子形成的过程却完全是混合思维的。大一些的孩子,甚至成人,有时也会表现出混合思维,如果他们遇到一个完全陌生的概念,有时他们也会从混合思维的水平层次开始思考。

(二)前科学的特点

儿童在日常生活中,凭直观感觉形成了许多前科学概念。如个体从小就被告知"天上飞的是鸟",由此认为"鸡、鸭、鹅不是鸟,蝙蝠是鸟"等前科学概念。日常生活经验还使儿童认为"糖是甜的、动物会跑、细菌对人有害"等。儿童通过对词语的理解来理解科学概念,由此形成了许多前科学概念。如儿童认为"无花果没有花,但是能够结果","鲸鱼是鱼"等。儿童前科学概念的特点有:

1. 表象性。儿童的认识比较肤浅、直观,还停留在表象的水平上。

2. 缺乏概括性。前概念往往是因为晕轮效应任意扩大等因素形成的,缺乏严密的逻辑推演和实践的证明。

3. 顽固性。前概念一旦形成,就会在人的思维中形成定势,在儿童头脑中根深蒂固,印象深刻,也有学者称其具有"稳定性"或"牢固性"。这些概念如果用传统的教学方法予以更正,则显得格外顽固不化。

4. 负迁移性。已有的知识结构对新的知识结构的建立有时会产生一些负面的影响。

5. 反复性。儿童学习科学概念后,前概念还会对儿童产生作用,使其产生糊涂的认识,而且前概念很难在一个有限的学习时间里彻底消除,即使在学习中被纠正过,也很容易形成反复,过一段时间或毕业后又会忘记科学概念,前概念继续潜伏在人的思维中。

例如儿童通常认为"水是白色的、透光的、会晃动的,加进其他物体会变色",这就是他们的"日常概念"。他们在教师的指导下,通过观察和实验,发现了"水其实是没有颜色、没有气味、没有味道的透明的液体"。这个水的特征就成了他们新获得的"科学概念"。在此以后,儿童对水发生了兴趣或是还在进一步了解水,他们又感受到往水中放进物体,物体会在水中消失,甚至造成水的颜色、气味、透明度的变化。不在水中消失的物体,有的"贴"着水面,有的浮在水上,有的悬在水中,有的沉在水底,有的物体接触水以后还会让水"爬"上去。这些都是"日常概念",显然,其内容相对零散,未经有效的整理、归纳以及建构。在进一步研究水的性质的活动中,儿童又以此为基础,懂得了水有能溶解其他一些物体的性质、水有浮力现象。接下来,儿童又在生活中去感受和发现,形成"日常概念",直到以后的教学活动中,儿童还会认识到液体的其他性质和浮力大小,这又是"科学概念"。

三、科学核心概念

从幼儿概念形成的特点来看,我们可以说在绝大部分情况下,幼儿是没有真正意义上的科学概念的,因此,幼儿科学教育不应追求科学概念的建立。但是,作为教师,不能不了解和把握各领域范畴的核心概念。只有把握了核心概念,教师才能为幼儿选择居于核心概念轨道上的、与核心概念发展的方向一致的具有典型意义的事实和主题。同时,幼儿的探究才能不流于形式,不被事实所湮没,幼儿才能通过事实对主题作深刻的思考,并向概念迈进。最后,使幼儿对主题的探究和对事实的积累过程成为(小学阶段)建立核心概念和积累感性经验的过程。

(一)科学核心概念

1. 概念性知识与事实性知识

根据人们对知识的抽象程度及组织方式的不同,可以将科学知识分为以下两类:一类是事实性知识,一类是概念性知识(我们通常称之为概念、原理或模型)。前者是对可观察到的物体和事件的客观、确定的陈述,但又不是对现象进行单纯的描述,而是根据已有的知识和假设,判断哪些事实有价值,哪些事实没有价值,然后进行选择性的收集。它来自于人类(感官)观察世界时的感觉经验。后者则来源于人们在感觉经验中形成的观点,一种对事实知识更为抽象的逻辑组合。而这种概念性知识,我们又可以将其分为几类:一类是概念,一类是原理,一类是理论。

通常来说,概念来自于经验,是人们在已有经验基础上将新的经验进行组织形成的一定的观点,是将许多观察到的事物、现象进行分类,形成较少的几种类型,这样能使人们对世界的理解更清晰、更简洁,如磁铁、光、力、物质等。原理则是对概念间关系的概括,是通过观察和研究部分事件和情况,概括出一般性的结论,用来解释其他相似的事件或情况,如在没有物体挡住之前光是沿着直线传播的。理论则是对概念更高层次的抽象与组织,是用于解释事实、概念、原理、假说等的系统结论。这些不同层次的科学解释,具有不同的分析综合和概括程度。在幼儿科学教育实践中,主题活动在实质上仍是事实性知识,只是对事实性知识的一种再度概括,但仍脱离不掉事实的特质,有典型意义的主题便是形成概念的基础。

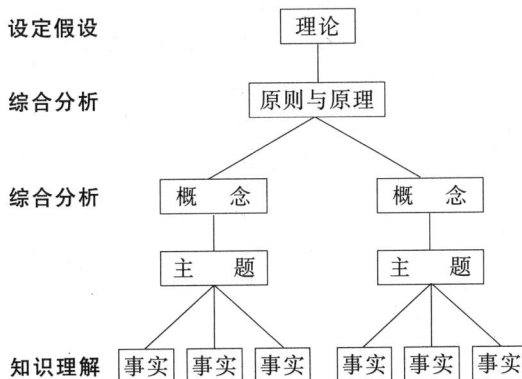

图 1-2　知识结构图

知识结构图①显示,人类对知识的学习及理解的接触源自于下位概念的事实性知识,而对这些丰富多样的事实性知识的理解与掌握则在于人类能在一个更高的上位层次上进行概括与归纳,在不同的情境中迁移知识,建立起事实之间的联系,提炼出一个概括性的概念或原理。在科学教育实践中需要寻找的便是这些概括性的概念与原理,这也要求儿童的科学教育实践应指向那些核心的概念及原理。

2. 科学核心概念的定义与标准

美国著名教育学家费德恩等人认为:核心概念是一种教师希望儿童理解并能在忘记其非本质信息或周边信息之后,仍然能应用的概念性知识,并且他们认为核心概念必须清楚地呈现给儿童。美国课程专家埃里克森认为:核心概念是指居于学科中心,具有超越课堂之外的持久价值和迁移价值的关键性概念、原理或方法。这些核心概念具有广阔的解释空间,源于学科中的各种概念、理论、原理和解释体系,为领域的发展提供了深入的视角,还为学科之间提供了联系。总而言之,核心概念是位于学科中心的概念性知识,包括对重要概念、原理、理论等的基本理解和解释,这些内容能够展现当代学科图景,是学科结构的主干部分。

综上所述,尽管不同学者对核心概念有不同的表述,但是可以从这些表述中找到一些共同的要素:第一,核心概念处于学科的中心位置,是学科的主干部分。第二,核心概念具有极强的解释和预测能力。那么如何选择核心概念呢?赫德给出的确定核心概念的标准②如下:

(1)展现了当代科学的主要观点和思维结构。

(2)足以能够组织和解释大量的现象和数据。

(3)包含了大量的逻辑内容,有足够的空间用于解释、概括、推论等。

(4)在教学中可以用上各类情境下的例子,并可用于日常生活中常见的情况和环境。

(5)可以提供许多机会,用以发展与本学科特色相关的认知技能和逻辑思维过程。

(6)可以用于组建更高阶的概念,而且有望与其他学科的概念结构建立联系。

(7)表达了科学在人类智力成果中所占有的地位。

核心概念以越少越精为原则,涉及物质科学、生命科学、地球与空间科学、材料科学等领域。它的筛选标准是:其一,在多个学科或工程学科中意义显著,或是组织某个学科的关键概念。其二,为理解或研究某些复杂想法和解决问题提供了

---

① 艾里克森.概念为本的课程与教学[M].北京:中国轻工业出版社,2003:7.

② Paul Dehart Hurd. New Directions in Teaching Secondary School[M]. Chicago:Rand Mc;Nally&Company,1971:25. 转引自张颖之,刘恩山.核心概念在理科教学中的地位和作用[J].教育学报.2010(2).

关键工具。其三,能与儿童的兴趣和生活经历相关联,或能与社会及个人关注焦点所需要的科学技术知识相关联。其四,可在多个年龄段教学,随着年龄段递增,逐步复杂化,逐渐深入。

(二)幼儿科学核心概念

1.什么是幼儿科学核心概念

在幼儿园科学教育的过程中,怎样才能更好地做到幼儿探究的深层性,预设与生成内容之间价值的平衡性以及内容组织的关联性? 对这些问题的思考,要求我们的研究更多地去关注幼儿科学教育内容中最核心、最基本的东西是什么,这些核心内容之间存在怎样的关联性。幼儿在学习这些最核心、最基本的东西时表现出怎样的年龄特点等问题。

核心概念本身概括化、解释性等的特征,所辐射出的基本科学概念及原理,可以让儿童更加熟知科学知识组织的原则及结构,儿童在深刻理解的基础上对科学知识进行重组,在重组的过程中不断拓展科学领域的知识。儿童通过对知识组织原则的掌握,从而能更加有效地学习新的相关知识,也更加有能力运用这些知识去解决新的问题。科学核心概念的高度概括化则与众多的具体事实性知识有着密切的联系,在儿童的具体经验学习中,发挥着枢纽的功能。从科学核心概念入手进行科学学习,才能从整体上把握知识的形成与发展,做到在学习过程中不局限于事实而又高于事实。

儿童的探究必须围绕着核心概念展开。那么,概念与以往教给儿童的知识有什么不同呢? 我们来看在解释自然现象时以下两种不同的陈述方式:概念性陈述和非概念性陈述。例如,当我们设计让儿童认识植物的活动时,把目标描述为:能指认植物的主要组成部分,说出各部分的名称,这是知识性的表述,不是概念。如果我们把目标描述为:植物由不同的部分组成,这些部分在植物的生长过程中发挥着不同的功能,说明了植物的组成结构要实现的特定功能,即植物的各个部分可以帮助植物满足其需要,这是概念性的表述。也就是说,儿童说出植物每一部分的名称并不重要(因为这是事实性的知识),重要的是了解每一部分由于其结构不同而起到了不同的作用和功能(这是概念的核心部分)。具体来说,"花朵有花瓣、柱头、萼片和花蕊等部分",这是事实信息;"花朵是由不同的部分组成的,每一个部分都发挥着独特的作用",这是概念。再比如关于消化器官的主题,儿童知道消化器官的名称并不重要,重要的是了解不同消化器官的结构与功能,这是概念的核心部分。实际上,我们在许多情况下的描述是事实,是知识,而不是科学概念,是短语而不是用完整的反映事物之间关系的语句表述的概念。当代科学教育强调儿童概念的完善和拓展,而不是记住事实性信息、知识和定义。我们可以说,概念是有组织的、有不同覆盖程度的、用抽象语言表达的、超越主题和事实的一些观念和思想。

表 1-2　幼儿物理科学中的核心概念：温度与热

核心概念	基本科学概念或原理	具体的事实性知识	科学活动示例
温度、热	生活中任何物体都是有温度的，有的物体温度高，有的物体温度低。	烫手的水杯、凉凉的冰块、洗脸的温水。	看看谁更热
	有许多物体能够产生热。	阳光照在身上，不一会儿就暖和了；电视机一直开着，会发热。	会发热的毛衣
	热可以由许多方式产生，如摩擦、燃烧等。	冬天里使劲地搓手，手就暖和了；用布块用力擦小塑料棒，能感觉到布块和塑料棒都热热的。	热从哪里来
	热能够改变物体的温度。	水壶里的凉水经过加热后很烫。	如何使杯子里的水变热
	不同温度的物体间可以发生热传导现象。	在沸水里倒入大量凉水，沸水就不烫了。	谁把它变凉了

2.幼儿科学核心概念的作用

（1）有助于幼儿探究活动

概念的发展是与人的一生并行前进的过程，如果一个概念对于学习者十分重要且必须掌握，那么这个概念应该尽可能介绍给不同认知水平的学习者。虽然已有研究表明，幼儿还不能掌握真正的科学概念，受幼儿思维水平和原有经验的限制，幼儿阶段的概念常常显得"天真幼稚、不够科学"，幼儿学会的概念主要是前科学概念。但是，儿童早期获得的对自己和周围世界的一些非正式的"理论"，是他们解释新环境的基础结构和知识框架。也就是说，幼儿获得的前科学概念以及他们积累的关于核心概念的经验是他们在今后的学习阶段真正掌握核心概念的出发点和基础。

比如儿童运动后很渴，打开满满的一瓶汽水仰头便喝，或者快速地将汽水瓶倒转倾倒，他会发觉汽水的流速并不因为瓶口完全冲下而加快。这时旁人就会告诉他瓶身不要竖直，要让空气进入瓶内。儿童有时自己调节瓶身倾角也会发现当有大气泡进入瓶中时，汽水流速加快。至此关于瓶中水流出快慢的生活概念基本形成了，其中包含了儿童经验和事实根据。如果教师适时组织空气的主题科学活动，通过多次的事实性知识的连接，不断地进行概念的重组，这样，幼儿就会在以后的学习中逐步掌握"空气占据空间"与"大气有压力"的相关概念。概念学习的作用有两个方面：

第一，概念学习可以简化幼儿的认知过程。

在概念学习中，幼儿学会根据事物的本质特性对事物进行分类，使事物系统化和便于贮存。一旦碰到新问题时，能迅速准确地提取和应用。我们还是以"水果"的认知活动为例，当幼儿掌握了"水果"这一概念之后，即可知道这一类果实多汁、味甘甜，可以直接食用，并由此及彼，推测出其他具有这样一些特征的果实就是"水果"。

第二,概念学习可以扩充幼儿的认知范畴。

概念不仅可以简化幼儿的认知过程,方便学习,而且还可以扩充幼儿认知的范畴,促进学习。由于一个概念可以包含多个事物的共同属性,所以在幼儿的认知过程中,只要知道了其中任何一种或几种,便可触类旁通,推知出其他具有类似性质的事物。例如,幼儿在认识了公共汽车、电车的表面特征和本质特征以后,只要成人引导得当,幼儿是可以通过自己的观察找出和说出,除了公共汽车、电车之外,同样能在马路上行驶的各种车辆。所以说,幼儿只要掌握了给概念下定义的特征和法则,就可以把概念广泛地应用于未知的事物和认知学习中。

在基于核心概念展开的科学活动中,教师通过带领幼儿对居于核心概念轨道上、与核心概念发展的方向一致的具有典型意义的探究事实和主题活动的探究,激发他们对主题以及核心概念深入地思考,为幼儿今后在小学、中学等阶段真正理解并形成核心概念积累丰富的感性经验。值得注意的是,基于核心概念的科学教学活动不仅能够丰富幼儿指向核心概念的感性经验,还有利于幼儿情感态度和科学探究技能的培养。

(2)有助于教师组织活动

新的儿童科学教育理念,强调要以探究为核心,因此,理论与实践工作者们都极力倡导"经历探究要比学习科学知识更重要","知识的掌握可以退而居其次"。这是一种对探究式科学教育的误解,在这一点上,罗威尔曾有过提示:儿童对探究式科学认知过程的掌握,不会也不能脱离科学内容。而科学内容则由众多的科学概念组成,它是构成一门学科的核心元素。然而,为了不再重蹈知识点堆积之患,应该从众多的科学概念中找寻出一些核心的概念。因此,对科学核心概念的强调就成为科学教育的必要,一方面,在组织教学的过程中,教师可以有理可依(掌握核心概念,设计活动内容);另一方面,在围绕这些科学核心概念开展教学的过程中,教师也可以有法可依(设计关键问题,推动探究活动)。

目前许多科学课程都是由一些无关的主题来组织,并且给予各主题以同等的关注,对于儿童对一个概念是如何随年龄增长而建立、理解的则关注得太少。这些核心概念能够为学习提供新的事实、活动以及解释,也能为儿童在今后的学习中做好对科学实践更进一步理解的准备,并在研究中对同一内容主题设计了面向不同年龄段儿童的活动,在活动中围绕少数几个核心概念展开。

核心概念是居于学科中心地位的关键概念性知识,包括对现象具有广泛解释和预测能力的重要概念、原理、理论等的基本理解和解释。具体概念指通过直接观察获得的概念。具体概念针对具体的事物,是教师通过设计和实施教学活动促进儿童通过探究获得的概念。事实指一些事实性知识。事实性知识主要是一些零散性的、细枝末节的知识。事实是儿童探究的对象,通过对事实的探究,逐步获得具体概念或者建立与具体概念相关的经验。从三者的定义可以看出三者的

关系。

一方面,核心概念、具体概念、事实一起组成主题活动中的知识体系。核心概念是较上位的概念,在主题活动中,核心概念聚合众多的较下位的具体概念;具体概念统领着众多的事实,并通过对这些事实的探究最终导致具体概念的形成。另一方面,核心概念、具体概念、事实相互配合,促进幼儿获得指向核心概念的丰富经验。人类主要有两种获得概念的方式,概念的同化和概念的形成。概念的同化是一种自上而下的过程,它主要通过定义的方式向学习者揭示概念的关键性特征,儿童利用认知结构中原有的有关概念来同化新知识概念,从而获得科学概念的过程。概念的形成是一个自下而上的过程,通过对各种例证的学习上升到概念的获得。幼儿常常是利用直接的经验来认识事物,他们在与事物相互作用中逐渐发现事物的共同特征,由浅入深、从简单到复杂逐步建构概念。因此幼儿主要是通过概念形成的方式来学习和获得概念的。现代科学教育强调学习核心概念,也就是说强调幼儿通过对事实的学习逐渐获得核心概念的相关经验。

有一点值得说明的是,并非所有的核心概念都可以直接通过探究事实获得,由于核心概念是较上位的概念,它超越事实,因此幼儿很难通过对事实的学习直接获得核心概念的相关经验。而具体概念既接近于事实,又接近于核心概念,是连接核心概念和事实之间的重要桥梁。所以,在教学活动中经常要将核心概念分解成一个个具体概念,幼儿在获得具体概念相关经验的基础上获得核心概念的相关经验。

3.幼儿科学核心概念的运用

(1)确定的原则

幼儿园的科学探究应该是灵活多样的,在生活中随机渗透,在游戏中生动学习,在区域活动中自主探究,也可以在其他各领域的学习中获得科学经验。但在教师组织的小组或集体的科学探究活动中,教师必须为幼儿选择指向核心概念的具有典型意义和价值的主题和内容。

核心概念的选择不是随意的,而是一定要展现学科的逻辑结构,即这些核心概念能够有效地组织起大量的事实和其他概念。不仅如此,这些核心概念应具有一定的基础性,因为这些内容将延续在学习者以后的生活中,并且极有可能会影响学习者对新知识的探索和获取。如何选择和判断呢?基本的要求就是必须深刻了解和准确把握与主题相应的核心概念及核心概念之上的原则与原理,乃至更上位的理论。在这个前提下,总体来说可以有两个途径或者说思考问题的方向:

一是预设性的,确定核心概念→寻找具有典型意义的主题(一个或多个)→选择具有典型意义的多个内容和事实。

二是生成性的,收集幼儿关注的诸多事物或提出的问题→进行价值判断(判断出哪些内容和事实与核心概念有关)→将问题、内容进行分类,构成有意义的指向核心概念的不同主题。

对于幼儿教师来说,只有能够识别和把握事实与主题背后所隐含的核心概念,才能把活动中的目标设定得更有意义,更有价值,使材料的选择和提供更适宜和富有建设性,在指导中的每一个提问和互动更有促进和成效性。

(2)具体的运用

核心概念又是什么呢?通俗地说,核心概念是反映某一学科领域本质特点的关键概念。例如,有关生物的概念有很多,但核心概念是那些能区分生物与非生物本质特征的一系列重要概念。生命体的主要特征包括:能生长发育、能新陈代谢、能繁殖并有周期性、能够进化并具有多样性。由这些基本特征派生出来的核心概念包括:1. 生物具有不同身体结构、特征,它们在植物生长发育的过程中发挥着不同的功能;2. 所有的生物都有基本的需求,以满足它们的生存、生长发育(绝大部分动物需要食物、水、空气以及安全的住所,绝大部分植物需要光、空气和水);3. 动物通过生活在特定的场所,通过特定的行为方式,来满足其需要;4. 所有的生物都随着时间的推移而发生周期性变化,每种生物都能繁殖后代,延续各自的物种;5. 生物有很多种类,不同的生物在与其生存环境的相互作用中逐渐发生变化。当然,物质与材料等其他领域也都有自身的本质特征和核心概念体系。以探究蜗牛的科学主题活动为例,当蜗牛来到幼儿面前时,幼儿提出一系列的问题:

蜗牛长什么样?蜗牛喜欢吃什么?蜗牛吃什么颜色的食物就拉什么颜色的粪便吗?蜗牛喜欢住在什么地方?蜗牛身上的黏液有什么用?蜗牛的长触角是干什么的?蜗牛的短触角是干什么的?蜗牛能听见声音吗?蜗牛有很多看不见的腿吗?

根据反映生物本质特征的五个核心概念,可以确定以下五个幼儿能够自己探究的并指向不同核心概念的内容、主题。

表 1-3 幼儿探究的问题及方式

幼儿要探究的问题表述	核心概念的范畴	幼儿探究的方式
1. 蜗牛能听见声音吗?	蜗牛的外形特征与功能	实验
2. 蜗牛喜欢吃什么?	进食与代谢:蜗牛的食性	实验
3. 蜗牛吃什么颜色的食物就拉什么颜色的粪便吗?	新陈代谢的特性	实验
4. 蜗牛喜欢住在什么地方?	适应环境	实验
5. 白色的粒粒是什么?	繁殖后代	观察

第二章　幼儿科学教学目标

第一节　幼儿科学教学目标概述

一、幼儿科学教学目标的概念

(一)幼儿科学教学目标的内涵

科学教学目标是教育主体对科学教学预期的结果,是具体体现在科学教学设计中的教育价值。科学教学目标是为实现培养目标而安排的科学教育内容进程及要求幼儿达到的程度,是培养目标的分解,是师幼行动的依据。它可以分为教学目标、单元教学目标、活动教学目标。

科学教学目标的内涵有两个基本点,一是教育主体的一种预期,体现了幼儿园科学教育是一种有组织、有计划的活动,尽管并非所有的教学目标都是预设的,但在教学中预设仍然要占有突出的位置。二是这种教育主体的预期蕴含的是一种教育价值。科学教学目标的确定实际上是教育主体的一种价值选择。

(二)科学教育目标和教育目的的关系

教育目的是教育主体对于其所希望达成的结果的设定,具体说来就是教育活动所要培养人才的总的质量标准和规格要求。由于教育目的要回答的是教育要培养什么样的人这样一个根本问题,所以教育目的是整个教育工作的核心,也是教育活动的依据、评判标准、出发点和归宿。它所体现的是一个国家普遍的、总体的、终极的教育价值。

第一,目标和目的都指向未来,而不是现实,是人们所期望的一种事物的结果,而不是事物的过程或内容。教学是教师培养幼儿的活动,教学结果就是教师所期望的通过教学活动而实现的幼儿的身心变化。所以,教学目标和教学目的都是指幼儿的身心变化,它不是教师的变化,更不是教师的活动,也不是幼儿的活动。换言之,教学目标或教学目的只涉及幼儿,只涉及作为教学活动结果的幼儿的变化。因此,如果把教学目标或教学目的表述为"教师做什么或幼儿干什么(而不是幼儿能干什么)",就说明对教学目标或教学目的内涵的认识存在着误区。

第二,目的比目标更体现人的主观愿望,更理想化,标准偏高,因为目的更强调"想要或希望"。目的也更概括化,不够具体,因为目的指向某种"境地",这种境地或是物质层面的"地方"(如国家、城市、村庄等),或是精神层面的"境界"(如儒家所推崇的"仁"),即使物质层面的"地方",我们也往往只做或只能做粗略的表述,至于精神层面的"境界",就更难以具体表述了。而目标则不然,它更具体、明确并具有可检测性。因为目标所指向的射击的靶子要比目的所指向的"境地"要具体明确得多。因此,虽然教学目的和教学目标所界定的都是幼儿的身心变化,但是,教学目的界定得抽象、概括,较理想化,难以评价和检测,正如有学者所言:"教学目的是教师和教育工作者为完成教学任务所提出的概括性的要求。"而教学目标则界定得具体、明确,较现实,可以检测和评估。如果教师把教学目标表述得很抽象,难以检测或评估,则表明他在教学目标内涵的理解上存在误区。

《幼儿园教育指导纲要(试行)》的科学教育的总目标

(1)对周围的事物、现象感兴趣,有好奇心和求知欲。

(2)能运用各种感官,动手动脑,探究问题。

(3)能用适当的方式表达、交流探索的过程和结果。

(4)能从生活和游戏中感受事物的数量关系并体验到数学的重要和有趣。

(5)爱护动植物,关心周围环境,亲近大自然,珍惜自然资源,有初步的环保意识。

对学前儿童科学教育活动总目标进行概括,它包括了与科学内涵三要素相一致的三个方面:科学情感和态度、科学方法和策略、科学知识和能力。

二、幼儿科学教学目标的价值取向

幼儿科学教学目标的价值取向是课程开发与教学活动的预期结果,它在一定意义上制约课程开发与教学设计的方向,对课程开发和教学过程起着指引作用,使教学中的师幼科学活动有明确的共同指向。科学教学内容的确定、教学过程、教学的评价、教学方法的选择、教学手段与媒体的使用、教学时数的安排等等,都要依据教学目标来确定。

(一)行为主义取向①

"行为目标"是以具体的、可操作的行为的形式陈述的课程与教学目标,它指

---

① 韩影.幼儿园有效教学研究[D].哈尔滨:哈尔滨师范大学,2011:8—10.

明课程与教学过程结束后幼儿身上所发生的行为变化。"行为目标"的基本特点是：目标的精确性、具体性、可操作性。用泰勒的话说，"行为目标的作用是有助于选择学习经验和指导教学"。"行为目标"是随着课程研究领域的独立而出现并逐步发展、完善起来的，这种目标取向一度在课程与教学领域占据主导地位。

"行为目标"取向克服了"普遍性目标"取向模糊性的缺陷，在课程与教学领域科学化的历程中做出了积极的贡献。由于"行为目标"具有精确性、具体性、可操作性的特点，当教师将其教学内容以"行为目标"的形式陈述的时候，他们对教学任务会更加清楚明了，便于有效控制教学过程。而且"行为目标"便于教师就教学内容准确地与教育督导、幼儿家长、幼儿展开交流。更重要的是，"行为目标"便于准确评价，因为"行为目标"是以具体行为的形式呈现的，所以很容易判断目标是否达成。总之，"行为目标"对于基础知识和技能的熟练掌握，对于保证一些相对简单的教育目标的达成是有益的。

(二)认知主义取向

认知主义在批判行为主义"刺激—反应"的基础上，认为学习的发生是个体作用于环境的结果，而不是环境引起人的学习行为；环境只是提供潜在刺激，至于这些刺激是否受到注意或被加工，这取决于学习者内部的心理结构，当新的经验改变了学习者现有的心理结构时，学习就发生了。因此，学习的基础是学习者内部心理结构的形成和改组，而不是"刺激—反应"联结的形成或行为习惯的加强或改变，教学就是促进学习者内部心理结构的形成或改组。因此在课堂教学目标设计中，要强调培养幼儿的智力即观察技能、操作技能、符号运算技能等的培养。

(三)人本主义取向

人本主义认为，行为与学习都是知觉的产物，一个人的行为是他对自己看法的结果。真正的学习涉及整个人，而不仅仅是为学习者提供事实。真正的学习经验能够使学习者发现他自己的独特品质，发现自己作为一个人的特征。从这个意义上说，学习即成为，教学即促进，促进幼儿成为一个完善的人。因此，课堂教学目标的设计不仅要关注幼儿的行为变化，还要关注其情感、态度和价值观的发展需要；在目标中贯穿让幼儿成为自主学习者的内容，教幼儿学会理智地选择自己的发展方向，正确地评价他人，有效地与他人合作，最终达到自我完善等等。因此，此取向的课堂教学目标设计倾向于不事先提出具体的目标，而是让目标从幼儿的经验中逐渐发展形成。如罗杰斯的非指导性教学理论指导下的课堂教学目标设计。

(四)建构主义取向

建构主义是认知结构学习理论在当代的发展，它认为世界是客观存在的，但是对于世界的理解和赋予意义却是由每个人自己决定的。人们是以自己的经验为基础来建构现实的。因此,建构主义强调发挥幼儿的巨大潜能,主张教学要把幼儿现有的知识经验作为新知识的生长点,引导他们从原有的知识经验中"生长"出新的知识经验。维果茨基认为学习是在社会文化背景下,通过人际间的协作活动而实现的意义建构的过程,即幼儿获取知识的过程,不是通过教师传授得到的,而是学习者在一定的情境中即社会文化背景下,借助其他人(包括教师和学习伙伴)的帮助,利用必要的学习资料,通过意义建构的方式而获得,情境、协作、会话、意义建构是教学环境中的四大要素。如交互式教学、支架式教学、情境式教学、随机进入式教学理论指导下的课堂教学目标设计。

(五)表现性取向

"表现性目标"是指每一个幼儿在与具体教育情境的种种"际遇"中所产生的个性化表现。当幼儿的主体性充分发挥、个性充分发展的时候,他在具体教育情境中的具体行为表现及所学到的东西是无法准确预知的。因此,"表现性目标"所追求的不是幼儿反应的同质性,而是反应的多元性。这是美国课程学者艾斯纳提出的一种目标取向。

艾斯纳区分了教育的两种目的,一个是使幼儿掌握现成的文化工具,另一个是培养幼儿的创造性反应。表现性目标旨在成为一个主题,幼儿围绕它可以运用原来学到的技能和理解到的意义,通过它扩展和拓深那些技能与理解,并使其具有个人特点。应用一种表现性目标,人们期望的不是幼儿反应的一致性,而是反应的多样性。艾斯纳基于自己从事的艺术教育领域,批判了行为目标的僵化,提出表现性目标作为补充。它强调幼儿的个性发展和创造性表现,强调幼儿的自主性和主体性,尊重幼儿的个性差异,教学活动中教师和幼儿都可以摆脱行为目标的束缚,教师可鼓励幼儿有机会探索、发现他们感兴趣的问题。表现性目标就是明确安排幼儿各种各样的表现机会,所采用的行为动词通常是与幼儿表现什么有关的或者结果是开放性的。

(六)多元价值取向

总的来说,行为主义和认知主义是科学取向的价值观,采用自然科学的经验归纳和描述性方法,重视实验、数据以及研究结果的客观性和精确性。而人本主义和建构主义是人文取向的价值观,注重人的主观和内部经验的存在,采用质化的研究方式,即用文字来描述人的心理和行为,而不是用数字加以度量;在自然情景中以复杂的、独特的细致叙述理解社会和人的过程。各价值取向下的课堂教学目标设计各有优点,也各有弊端,但是课堂教学中要完成的教学任务并不是一类取向的目标设计就可以解决的。因此,人们逐渐采用多种取向的目标设计于一节课的课堂教学目标中,既考虑幼儿知识、技能的获得,又考虑其情感、态度和价值观方面的变化,并且更加关注幼儿内在的生成。

课堂是一种生态，教学目标是课堂中各要素的联结点和灵魂，能把各种要素聚合起来，形成和谐的课堂状态，从而发挥出最佳的课程与教学整体效能。教学过程是由教师、幼儿、教学内容、教学环境、教学方法、教学评价等众多因素组成的，这些因素在教学过程中都发挥了各自的作用。但是，如果它们之间不能形成合力，就很难产生综合效应。那么，在这些因素中，能把各因素凝聚起来的只有课程与教学目标。教学目标是"统帅"，也是"灵魂"。

第二节　幼儿科学教学目标的分类

一、幼儿科学教育总目标

幼儿思维最大的特点是具体形象。他们通过直接感知来接纳信息，逐渐学习用符号来代替实物，并把外在的操作行为逐步内化为在头脑中进行的认知运算。那么在这个阶段教师该如何对幼儿进行科学教育呢？我们先来分析一下科学教育应该包含哪几个方面的因素。美国著名幼儿教育专家莉莲曾经讲过，全面的幼儿教育应该包括学习知识、获得能力以及培养态度。延伸到科学教育领域，全面的幼儿科学教育应包括科学知识、科学能力以及科学态度。综合来看，一般的科学教学目标是这样的：

1. 知识与技能目标。了解生活中的自然现象、科学常识，了解并能正确使用简单的工具。

2. 过程与方法目标。学会用观察、比较、实验等方法进行简单的探究活动，能总结、提出问题；具有一定的应用能力，善于采取独立思考与合作的方法进行学习。

3. 情感与态度目标。有好奇心，喜欢提问；有探究兴趣，能够发现问题并且主动地探究问题；乐于尝试一物多用，废物利用；主动与人合作交流，尝试合作解决问题。

这些目标若能达成，无疑会对幼儿的终生发展打下良好的基础。"动脑筋，有创意地生活"反映了现代科学教育的精髓。幼儿通过科学教育能逐步建构现代社会公民所需要的科学素养。所谓的科学素养，指的是人们身上与科学活动有关的综合素养。它包括科学知识与技能、科学方法与能力、科学行为与习惯，以及科学态度与精神等。其中科学知识与技能是科学素养形成的基础，科学方法与能力是科学素养的核心，科学行为与习惯是科学素养外在的行为表现，科学态度与精神是科学素养的灵魂。因而，幼儿科学教育的活动目标同样包括三个方面：科学情感和态度、科学方法和策略、科学知识和能力。

(一)科学情感和态度

情感目标主要是指培养幼儿的科学态度与情操,包括好奇、会发问与喜欢探究,对自然环境与科学的爱护,欣赏自然科学的益处,以及客观、审慎、坚毅等的正向科学探究态度。在幼儿科学教育中最重要,但又常常被忽视的是"科学态度"。科学态度包括好奇心、探究意识、执着的精神,还有敢于与众不同的勇气。假如没有科学态度,牛顿不会从苹果树上掉下的一个苹果出发而发现地心引力;富兰克林也不会用风筝上的钥匙来感知雷电。这个世界上的许许多多的科学发明和创造也无法成为可能。培养幼儿的科学态度,并在此基础上为幼儿提供丰富的生活经验,鼓励幼儿掌握适宜的科学技能,是幼儿阶段科学教育的主要任务。

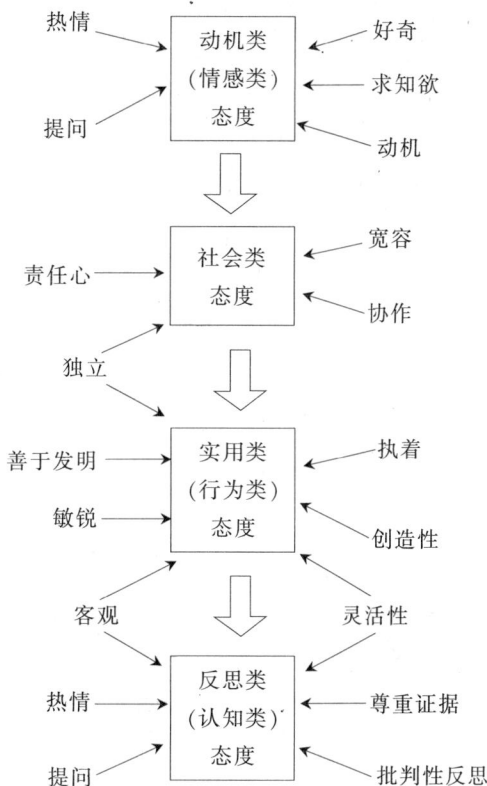

图 2-1 幼儿科学情感目标结构图

在这些态度中,有的属于一般性的态度,它们在整个教育过程中以及在幼儿今后一生的社交和工作中都是需要的(例如合作、执着);有的在科学活动中尤为重要(例如尊重证据、结论是暂时性的),需要在正式和非正式学习的全过程中加以发展;有些是情感类的(例如热情、好奇、尊重证据、考虑周全、善于反思、善于提问);有些是社会类的或者行为类的(如协作、宽容、灵活性、独立性、执着、领导、责任、坚持不懈)。为了便于进行科学教育,我们可以把这些态度分为几大类,其中有些是相互重叠的。[①]

1. 动机类态度

这类态度在一项探究的起始阶段和整个探究过程中都是必需的。为了使幼儿能够得到发展并了解他们周围的世界和各种科学现象,他们需要有驱动力。动机类态度影响着幼儿的感受和行为方式,因此属于情感类态度。我们从那些正热心探究周围世界的好奇心强、爱提问的幼儿身上,可以看到动机类态度的效果。我们常常听到他们情不自禁地发问:"啊,这是什么?""这是××吗?""我们能不能……"甚至"我们怎么办?""它会怎么样?"不仅如此,许多幼儿都跃跃欲试地要

① [英]简·约翰斯顿.儿童早期的科学探究[M].上海:上海科技教育出版社,2008:52—56.

去探究。不过,并不是所有的幼儿都这么踊跃,总有几个幼儿显得不那么感兴趣或者不愿意去探究。

2. 社会类态度

在小组活动的情况下,幼儿应该对小组的其他成员有宽容的态度。他们应该考虑整个小组的需要,尊重他人的想法。这可能意味着在一开始时就要挑选能够互相协作的小组成员。这些小组不应是固定不变的,小组的成员及其角色(协调全组、记录做出的决定等)应该不断地加以调整,以便幼儿学会在各种不同的情况下展现科学的态度。负责是另一种重要的态度,无论对于个人还是集体来说,都是如此。在学习中,有责任心的幼儿能够独立地活动,不需要总是有人在一边督促。他们会在没有教师的情况下,试着克服所遇到的困难。了解这些并不意味着我们可以期望幼儿的责任心能自然而然地养成,我们需要为幼儿提供一个他们能够自己负起责任的框架,同时要给他们提供自己做出决定和解决困难的时间。他们还需要有好的榜样去模仿,以形成他们自己对责任的认识。

3. 实用类态度

在探究和考察时,幼儿要有执着的精神。他们不应该一遇到挫折就放弃努力。幼儿早期的执着精神可以描述为"某个活动或某项任务一旦开始,不管出现什么困难或不能马上取得成功,都要有继续做下去的精神"。我们见过还没有下功夫去做就说"我做不了"的幼儿。随着幼儿逐渐成长,活动只要有可能成功,不管付出多大的努力,他们都有可能会坚持下去。为了取得成功,他们更有可能去尝试其他方法。我们让幼儿参加活动的类型和我们规划的方式可能帮助幼儿培养执着的精神。活动的难度不应该过大,以免幼儿看不到成功的希望而放弃努力。应该让幼儿能够有一定程度的成功感和成就感,以激励他们前进,也就是说要培养积极好学的态度。当他们在探究中确实遇到困难的时候,教师要帮助他们找到克服困难的方法,鼓励他们坚持下去。

4. 反思类态度

反思类态度主要属于认识性的,涉及幼儿思维技能的发展,能够促进幼儿认识和理解能力的发展。幼儿在进行探究或调查的时候,需要培养反思类态度。这类态度能够帮助他们客观地考虑数据,对证据做出解释,提出暂时性的假设,但如果这些假设与证据不符,幼儿要学会改变主意。当有证据证实或者否定自己的看法以后,幼儿就应该尊重证据。尊重证据是科学活动的核心。尊重证据就是要幼儿不能按照既定的看法偏执于自己的解释。他们应该知道,如果证据同他们的看法和预期不相符,不能视而不见,他们可以质疑这个证据。他们还要尊重观察到的证据,即使这个证据与他们的看法和预期不符。这对幼儿来说比较困难,但随着幼儿的成长,他们批判思维的能力在教师的帮助下逐渐增强,更加有条理,更具有合理性、创造性和批判性。

　　培养科学活动中的各种态度是一个长期的过程。就像培养技能和概念一样，幼儿将随着能力的提高而不断进步。这就好像砌墙一样，我们的目标是把墙砌好，尽管我们只是砌几块砖，但我们需要了解整个墙的图纸，用怎样混合的水泥，用哪一号砖。对于幼儿的培养，我们所做的只是砌几块砖，但这几块砖是这面墙的坚实基础。我们必须对幼儿成长的需要以及他们怎样才能成长有清晰的认识。我们应该知道幼儿成长需要什么样的科学态度，以及怎样培养这些态度，了解这些将会使我们更有效地帮助幼儿成长。

情感和态度目标：

· 乐于并能较长时间地参加科学活动。

· 对周围世界有浓厚的兴趣，愿意动手动脑进行探索活动，喜欢观察、提出问题、寻求有关信息和答案。

· 了解一些著名科学家的故事，培养尊重科学劳动和对科学家崇敬的情感。

· 爱护动植物，关心周围环境，亲近大自然，珍惜自然资源，有初步的环保意识。

· 了解常见科技产品与人们生活的关系，感受科学技术对生活的影响，培养幼儿对科学的兴趣和热爱。

· 能表达、交流、分享科学活动中的快乐，初步具有交流、合作意识。

(二)科学方法和策略

　　当今时代，每个人都必须终身学习。"授人以鱼，不如授人以渔。"在幼儿科学教育中，为了使幼儿在当今和未来的社会中能够很好地生存，就必须使他们掌握学习和获得知识的方法。只有掌握了科学方法，他们才可能运用这些方法去寻找自己尚未知晓的知识，探求各种问题的答案，才能真正成为自主、自动的科学探索者。

　　科学的方法指的是一系列广泛的、可转移的能力，适合于许多科学规律，是科学家行为的反映。通过培养幼儿探究技能，使他们能像科学家那样探讨问题。适合幼儿探究的过程方法主要包括：

　　1. 观察——用感官(视觉、听觉、味觉、嗅觉和触觉)近距离地接触事物。幼儿观察技能的目标包括：(1)学会运用多种感官感知物体的外部特征；(2)学会比较观察不同物体或同类物体的特征；(3)学会观察物体的运动和变化，即对自然现象的观察。

　　2. 分类——从相似的物体中抽取共同特征后，把不同事物分成不同的群或

组。幼儿分类技能的目标包括：学习按物体的外部特征（如按颜色、形状、大小等）或用途分类；对某些熟悉的物体可学习按本质的属性（如按物体在水中的浮沉状况、按动物的行为方式等）分类。

3. 测量——对物体量的测定，如长度、重量或质量、温度、时间、体积等。幼儿测量技能的目标包括：（1）学习使用不同的简单工具进行测量的方法；（2）学习比较或测量物体的长短、大小、多少、轻重等特征的简单方法；（3）初步知道通过测量获取量化的信息（如通过测量了解植物的生长情况）。

4. 交流——主体间信息的沟通，包括语言和非语言行为。表达作为一种技能，在科学活动中是必不可少的信息交流的手段，它既可以总结，又可以传达、交流科学过程和结论。幼儿表达技能的目标主要包括：（1）学习用准确、有效的语言表达、交流自己在科学活动中的做法、想法和发现；（2）学会用适当的方式表达自己在科学活动中的情绪体验，如体态、动作、表情等；（3）学会用各种手段（如图表、绘画、作品展览等）展示自己的科学活动结果。

5. 实验是一种重要的科学方法。它通过控制变量来观测发生的现象，能够揭示现象之间的因果关系。幼儿的实验可以是一种简单的操作活动，即以行动、操作或其他方式验证其发现、推论或预测是否正确的活动，都可称为实验，而不用涉及复杂的形成假设、控制变量等要素。幼儿实验技能的目标主要包括：（1）知道自己在实验中的行动或操作和实验现象之间的联系；（2）学习在实验中尝试不同的操作方法以得到不同的实验结果。

另外，艾里森和詹金斯还将"记录"列为科学的过程技能。记录是幼儿园科学探究活动的重要步骤，这有助于幼儿将原有的认识与探究结果相比较，在调整原有认识的基础上促进新经验的主动建构。

科学方法在幼儿很小的时候就已经开始使用了。比如当幼儿看蚂蚁打架时，他是在观察；当幼儿把一块小石头放在蚂蚁的必经之路上来看蚂蚁如何攀爬时，他是在实验；当幼儿经过用不同大小和形状的石头实验而得知蚂蚁在什么条件下就会放弃攀爬时，他是在归纳实验的结果；当幼儿把自己的实验结果用图像或语言表达出来时，他是在与人交流自己的发现。幼儿所做的这一切都是在自发地应用科学方法。而幼儿教师的责任就是通过不断的鼓励、提示与重复把这种自发与随机的行为转变成幼儿有意识的、有目的的行为。幼儿科学教育的重要目标之一，就是培养幼儿观察、推论、预测、沟通等科学探究的方法。幼儿在科学探究方面应该懂得什么、理解什么、能够做什么。幼儿要能够将探究过程与科学知识结合起来，利用科学的推理及批判性思维来提高自己对科学的理解，并参与对科学知识的评价。

> **方法和策略目标：**
>
> - 能够通过感官进行观察、操作、实验来认识周围事物及其关系，并开始对使用工具感兴趣，乐于使用工具进行探究。
> - 学会从一组物体中根据某些特征挑选出物体归入一类，学习用词汇或简单的句子描述事物的特征或自己的发现。
> - 会运用简单的非正式测量工具（如绳子、棍子等）和正式测量工具（如尺子、温度计等）进行测量，并学会正确的测量方法和简单的记录方法。
> - 有动手操作的习惯，能在教师的指导下使用工具操作，进行科技小制作。
> - 能用语言与成人或同伴交流自己的发现、探索过程和方法，表达存在的问题和自己的愿望。
> - 能大胆地提出问题，发表不同意见，学会尊重别人的观点和经验。

（三）科学知识和能力

幼儿科学是引导幼儿获取周围物质世界的广泛的科学、技术经验，并在经验的基础上，建立表象水平的初级科学概念。教师对于每一个概念主题应提供各种各样有趣的学习经验，让幼儿亲身探究，从各个方面来理解该概念，为日后的小学的结构式学习奠定深厚基础。例如，在认识植物的叶子主题中，幼儿捡拾落叶，拓印叶脉、叶缘，用钢刷刷除叶肉以观察叶脉，分类各种叶片（有或无绒毛，平行或网状脉），用叶片做乐器，用叶片做造型或编织，用叶片包东西烹饪，用不同叶子当钱币玩买卖游戏等。而在主题探索过程中教师以各种问题引导幼儿思考、探究，告之以正确的名词，如"叶脉""平行脉""网状脉"等，并做出适当的解说，这些丰富、多元的经验深入幼儿的心中，使幼儿日后的学习有较好的经验作为参照，易于理解。

《3—6岁儿童学习与发展指南》中的科学知识目标，可以从以下方面来理解：

第一，教师对幼儿应该掌握哪些科学知识在实践活动中应该因地制宜灵活安排。因为幼儿科学教育活动具有内容的生成性和组织方式的多样性和灵活性的特性。

第二，幼儿在探究活动中获得的科学经验能否进一步概括上升为抽象的知识，教师可以灵活掌握。

第三，因为幼儿科学教育活动具有探究性的特性，在教育活动中，能否让幼儿获得一个准确的科学结论，教师应灵活掌握。

如果幼儿的某个科学探究活动不能获得准确结论，教师也不要去追求一个准确结论。幼儿科学教育活动重在通过探究活动培养幼儿的科学情感和态度，让幼儿掌握科学方法。

第四，教师要尽力纠正以往科学教育中"重知识"的错误观念，避免幼儿科学

教育片面追求知识化倾向。在幼儿科学教育活动中,尽管知识是幼儿探究活动的必然结果,但不应成为教师追求的主要对象。幼儿形成科学情感和态度,掌握科学方法和策略比掌握科学知识更重要。

在华盛顿的公立学校中,5—6岁儿童的科学教育课程主要包括科学思维与探究能力、地球科学、物理科学以及生命科学这几个方面的内容。在一个学年中,5岁儿童通过系统的学习要达到以下几个方面的标准:

表 2-1　华盛顿哥伦比亚学区 2006 年修订的《幼儿园科学教育标准》

学习内容	基本概念	学习标准
科学思维与探究	科学发展是通过提出相关问题并进行缜密的调查研究来完成的。在这个年龄段,要让儿童通过提问并对相关事物或事件进行简单的观察、调查与研究来理解上述概念并掌握有关的科学内容。	1.使用各种图式来准确地描述事物。 2.针对自然现象提出问题并懂得应用科学方法来寻求答案。 3.通过使用各种感觉器官来收集信息。 4.使用放大镜观察事物的细节。 5.使用温度计来测量温度。
地球科学	天体以可预见的周期在空中移动。	1.认识昼夜交替的周期性。 2.认识季节变化的周期性。 3.懂得在一天中的不同时间里可以观察到太阳、月亮和星星。
物理科学	事物都具有可观察、可描述的属性。	1.懂得物体都是由具有特别属性的材料形成的(如胶泥、布料、纸、金属等)。 2.研究和比较物体不同的物理属性(如颜色、大小、形状、重量、质地、弹性、磁性、浮力等)。
	观察与测量移动的物体。	1.比较一个物体与另一物体之间的相对位置。 2.解释物体移动的不同方式(如直线、曲线、循环、往返、快慢等)。
生命科学	地球上生长着不同种类的动物与植物。	1.懂得地球上有各种各样的动植物。 2.描述植物与动物之间的相似与不同(如外观、行为等)。

幼儿科学教育目标是认知、情感、技能并重,科学知识、科学探究方法、科学态度兼收并蓄。如今在幼儿园普遍关注认知目标的情况下,更应关注科学探究能力及科学态度的培育,唯有如此才能实现培养幼儿科学教育的总目标。

二、幼儿园各年龄段科学教育的目标

学前幼儿科学教育目标包括自上而下、从概括到具体的四个层次:学前幼儿科学教育总目标、年龄阶段目标、单元目标和活动目标。学前幼儿科学教育总目标是学前幼儿科学教育目标体系中概括层次最高的目标。在实践中,它一般要具体化为各年龄阶段目标。

（一）小班幼儿科学教育活动目标

1. 情感方面

（1）激发学前幼儿对周围事物的好奇心，使其乐意感知和摆弄他们能够直接接触到的自然物和人造物。

（2）使他们萌发探索自然现象和参与制作活动的兴趣。

（3）使其喜爱动物、植物和周围环境，并能在成人的感染下表现出关心、爱护周围事物的情感。

2. 方法技能方面

（1）帮助学前幼儿学会运用多种感官感知物体的外部特征。

（2）帮助学前幼儿学会使用简单工具。

（3）引导学前幼儿用词语或简单的句子描述事物的特征或自己的发现，与同伴、教师交流。

3. 知识方面

（1）引导学前幼儿观察周围常见的个别自然物（小猫、小狗、小草、石头等）的特征，获取粗浅的科学经验，初步了解它们与学前幼儿生活、与周围环境的具体关系。

（2）引导学前幼儿观察周围常见自然现象的明显特征，获取粗浅的科学经验，并感受它们和学前幼儿生活的关系。

（3）引导学前幼儿观察日常生活中直接接触的个别人造产品的特征及用途，获取粗浅的科学经验，感受它们给生活带来的方便。

（二）中班幼儿科学教育活动目标

1. 情感方面

（1）发展学前幼儿的好奇心，引导学前幼儿探究周围生活中常见的自然现象、自然物和人造物，愿意参加制作活动。

（2）培养学前幼儿关心、爱护动物、植物和周围环境的情感和行为。

2. 方法技能方面

（1）学会比较观察不同物体或同类物体的特征。

（2）学会使用工具制作简单产品。

（3）学会比较和概括，即对直接观察到的事实进行比较和概括，认识到事物的不同和相同。

（4）引导学前幼儿用自己的语言描述自己的发现，与同伴、教师交流，并学会运用其他手段（如图表、绘画、作品展览等）展示自己的科学活动结果。

3. 知识方面

（1）帮助学前幼儿获取有关自然环境中动物、植物及沙石水等无生命物质及其与人类关系的具体经验，了解不同环境中个别动物、植物的形态特征和生活习性。

（2）帮助学前幼儿了解一年四季的特征及其与人们生活的关系，观察常见的

自然现象,获取感性经验。

（3）引导学前幼儿获取周围生活中常见科技产品的具体知识和经验,初步了解它们在生活中的运用。

（三）大班幼儿科学教育活动目标

1. 情感方面

（1）激发和培养学前幼儿好奇、好问、爱探索的态度。

（2）激发学前幼儿对自然环境和现代社会生活中的科技产品的广泛兴趣,能自己发现问题、提出问题、寻求答案。

（3）使学前幼儿喜欢并能主动参与、集中于自己的科学探索活动和制作活动。

（4）培养学前幼儿主动关心、爱护周围环境的情感和行为。

2. 方法技能方面

（1）学会主动运用多种感官观察物体的运动和变化,即对自然现象进行观察。

（2）学会实验操作、验证推论和预测,并能对操作过程和结果进行思考、调整和修正。

（3）学会运用简单工具和多种材料进行制作活动,能够发现物品及材料的多种特性和功能,并能表现出一定的创造性。

（4）学会推论和预测,即根据观察到的现象,并结合自己已有的经验,推想它的原因,提出合理的解释,得出结论,并预测将来可能发生的现象。

（5）引导学前幼儿用完整、连贯的语言与同伴、教师交流自己在科学活动中的做法、想法和发现,以及能够表达发现的愉快。

3. 知识方面

（1）帮助学前幼儿初步了解不同环境中的动物、植物及其与环境的相互关系。

（2）向学前幼儿介绍周围生活中的环境污染现象和人们保护生态环境的活动。

（3）帮助学前幼儿获取有关季节、人类、动物、植物与环境等关系的感性经验。

总之,我们对学前幼儿科学教育各年龄阶段的目标不能机械地、绝对化地理解,幼儿教师在实践中可适当调整。

第三节　幼儿科学活动目标的设计

一、幼儿科学活动目标设计的依据

（一）幼儿认识发展的特点

幼儿的发展现状和已有经验是确立科学探究活动目标的重要依据,科学探究活动首先要根据幼儿的生理和心理需求确定活动总目标。结合笔者的实践经验，教学活动目标的设定有以下两种基本途径：

首先，宜根据幼儿的能力，对不同年龄的幼儿教授不同的学习内容。以"种植"活动为例：小班幼儿一般缺少对比能力，所以教师在该活动开展时只需让幼儿简单了解植物的生长过程和植物的一些典型外部特征；中班在开展此教学活动时则宜增加对植物多样性的了解这一目标，这主要是因为中班的幼儿已经具备简单对比的能力；大班幼儿的能力有了进一步的发展，教师在开展此活动时增加植物生长周期性或者植物生长的条件等内容也是适宜的。

其次，围绕某一个科学概念，根据幼儿年龄特点，分层设计活动目标，其目的在于体现教学内容的层次性。例如对种植活动中"周期性"这一概念：教师可以引导小班幼儿通过观察植物的生长和发展，建立起有关"植物生长周期性"的初步概念；中班的教学则宜定位在"让幼儿了解植物生长周期的不同阶段"，通过各种活动让幼儿了解植物的生长是一个从种子到发芽、开花、结果又回到种子的过程；大班的教学活动则可以涉及植物周期性发展过程中的不同生命阶段，比如发芽期、花期以及植物生长过程中的发展变化，从而让幼儿进一步了解植物生长周期的普遍性。

基于幼儿的原有经验进行目标分层教学能够使活动更具针对性。教师可以通过实验、谈话、讨论等方式来了解幼儿已有的经验。在这个过程中，教师不仅能够发现幼儿在日常生活中所积累的正确经验、模糊经验以及错误经验，发现幼儿的兴趣点，进而使这些兴趣点成为以后主题活动的生长点，为以后的教学奠定基础。

(二)幼儿科学概念和内容

教师在考虑科学探究活动的目标时，要明确活动中所涉及的科学核心概念，并准确理解这些概念的内涵和意义，这是教师确保活动目标明确化和具体化的基础。以"植物生长的周期性"为例，如果教师不能明确植物生长周期的阶段性和普遍性，其教学就不可能突出重点，进而会使教学活动流于形式而难以取得实质的效果。需要指出的是，根据幼儿的身心特点，教师在设计教学活动时不宜在教学总目标下设置多级目标。一方面多级目标会分散教师教学的着力点，另一方面幼儿活动时间有限，幼儿的已有经验和能力也难以适应多级目标的教学要求。因此教师在设计科学探究活动时，在目标上涉及的科学概念应尽量单一。

总之，将目标细化、具体化，才能使各项活动较容易围绕活动的总目标展开，活动过程中材料的选择、环境的创设以及教师在活动中的组织引领与总目标之间才能相辅相成。

由于幼儿教育发展不均衡，且没有统一的课程，因此，当前幼儿园教学的内容具有很大的自主性和差异性。这种自主性和差异性要求教师能根据不同的教学内容来实现幼儿各种能力和情感的培养目标，需要教师能够发现不同的教学内容

和幼儿能力、情感发展的结合点,进而促成教学目标的生成和实现。具体到科学探究领域,教学活动的开展主要是为了培养幼儿的科学探究能力、科学态度和科学精神。一般而言,幼儿园阶段对幼儿探究能力的培养包括:针对周围物体和事件提问;运用各种感官对动植物进行观察;根据观察到的特征、特性对观察对象进行描述、比较、分类;运用简单的工具来扩展观察;进行简单的调查,包括预测、收集和解释数据,识别简单的规律,能得出结论;通过多种呈现方式来记录观察、表述观点等等。教师要在理解活动内容的基础上提炼出教学的目标,并在这些科学探究活动过程中促进教学目标的生成。

(三)幼儿科学活动的特性

1. 教育内容的生活化

教育内容生活化是引发幼儿主动学习和探究的重要前提与条件。贴近幼儿生活的教育内容不仅为幼儿获得能真正理解和内化的科学知识、经验提供了前提和可能,而且,只有幼儿真正体验到学习内容对自己及与自己相关的人的意义,是自己当前想要知道的东西和解决的问题,他才能积极主动地去学习和探究,才能发现和感到周围世界的神奇,体验和领悟到科学就在身边,才能长期保持强烈的好奇心和探究欲望。

幼儿的学习是一个主动建构的过程。只有当他们自己积极主动地学习,他们才能获得真正内化的科学知识和经验。幼儿有自己的需要、兴趣特点,只有他们面对感兴趣的东西,他们才会积极主动地学习。教师尊重幼儿就要尊重他们的需要和兴趣特点,开发和利用幼儿感兴趣的事物和想要探究的问题,扩展成为幼儿科学教育的内容,生成科学教育活动。幼儿科学教育的这一特性是培养幼儿的探究兴趣和好奇心,引导幼儿理解科学的实际意义,获得终身学习的动力机制的根本保证,也是幼儿获得真正内化的科学知识、经验的根本保证。

2. 教育过程的探究性

自然科学本身崇尚实证的方法。自然科学研究的内容都是自然界能看得见、摸得着,能直接感知和探究的物质及现象。科学的本质在于探究。幼儿天生好奇,有探究的本能。好奇是探究的内在动机,探究能满足好奇。另外,幼儿认知水平低,思维以直觉动作思维、具体形象思维为主,他们只有通过感官观察、动手操作和动脑思考,才能获得真正内化的科学知识。所以,科学探究是幼儿科学教育的核心。在科学教育中,如果没有幼儿的探究过程,就不存在科学教育的过程。幼儿科学教育过程是在教师指导下的幼儿自主探究的过程。

当前,许多教师认为幼儿活动、操作了就是主动学习和探索了,这是一种认识上的偏差。事实上,真正的主动学习和探索必须具备两个基本条件:一是幼儿与物的相互作用,也就是幼儿的活动和操作;二是幼儿原有经验与新发现的相互作用。也就是说,幼儿的操作是在验证自己的想法,而不是教师的想法或教师告诉他的答案。当让幼儿配绿色时,教师告诉幼儿蓝色加黄色可以配成绿色,然后再让幼儿动手操作,这样的教育引导是在让幼儿通过操作,验证教师的想法或教师告诉的答案。这不是真正意义上的探索。真正的引导幼儿主动探索,应该是先让幼儿调动原有经验,充分猜想什么颜色和什么颜色合起来会变成绿色。幼儿猜想的结果可能不止一种:他们可能认为是蓝色加黄色;也可能认为每种颜色都要加点;也可能认为用蓝色加些水,再加点什么颜色。幼儿充分猜想和预测后,急切地想知道自己的猜想是否正确,这时,教师要鼓励每一个幼儿按自己的想法去操作。操作的结果将强化(如果结果与预想的一致)或调整(如果结果与预想的不一致)幼儿的原有认识。这样的过程才是真正的主动学习和探索的过程,才是幼儿认识的主动建构过程。也就是说,手的操作和心智的活动与改变,是主动探究和学习不可缺少的两个重要条件。

3. 结果的经验性

科学经验是指幼儿在科学探究过程中,通过亲自操作,凭自身感觉器官获取的具体事实和第一手经验。它可以是对事物外部特征的认识,如对蜗牛的外部特征认识;也可以是对科学现象的理解,如对迎春花早开的理解等。科学经验是最低层次的科学知识,它是与具体事物和现象联系在一起的,离开了具体的事物和现象不可能获得科学经验。尽管科学经验的层次较低,但它对幼儿非常重要,是他们认识事物的必经之路。科学经验能为幼儿形成抽象的科学概念提供大量的概括材料。

与传统不同,幼儿科学教育更加尊重幼儿的认识特点和科学的本质特征。它不追求幼儿说出来的、准确的、科学的概念,而是强调让幼儿亲身经历探究和发现的过程,获得有关的经验。这些经验可能是幼儿可以悟到但说不出来的,也可能是在成人看来很幼稚的、童话般的,但幼儿却在探索和获取知识的过程中真正体验到了科学的精神、科学的思维方式和过程。更何况任何科学知识都是在不断发展着的。在引导幼儿认识风时,我们不应期待他们能说出"空气流动产生风",而应为幼儿发现和感受到"风真有劲,把我的帽子吹跑了""风让我的风车一会儿转,一会儿停;一会儿往这边转,一会儿往那边转"而满足。

总之,我们要通过幼儿科学教育,使其萌发对科学的兴趣和探究解决问题的思维方式,为幼儿的终身学习和发展做准备。

二、幼儿科学活动目标设计的原则

(一)全面性原则

全面性包含两层含义:一是科学教学目标要面向全体幼儿。幼儿教育是人生的启蒙教育,是为人的一生奠基的教育,因此科学教学必须面向全体幼儿;二是教

学目标要有利于促进幼儿的全面发展。我们始终提倡活动教学要促进幼儿的全面发展,教学目标要涉及知识与技能、过程与方法、情感态度与价值观三个维度。三个维度是一个有机的整体,是课堂教学应当同时兼顾的一个目标体系。因此,坚持全面性原则是实现面向全体和全面发展的需要。

在幼儿园科学教育实践中,因为受到传统教育观的影响,很多教师还是一味地注重知识和技能的传授,忽视对幼儿情感、态度、价值观的培养,这种做法就是缺乏整体理念的表现。长此以往,这对幼儿的全面发展是极其不利的,幼儿园教育总目标的达成度也会受到严重影响。

以小班科学活动"瓶子和盖子"的活动目标为例,原目标为:

1.初步知道瓶和瓶盖的作用,能根据瓶口的特征(大小、有无螺纹等)选择合适的盖子。

2.能积极尝试拧紧瓶盖,获取拧、按的技能,发展手部动作。

教师修改后的活动目标为:

1.知道瓶盖的作用,能根据瓶子的特征选择合适的盖子和瓶子匹配。

2.探索拧、按的不同方法,尝试盖紧瓶盖,发展手部动作。

3.尝试寻找两个瓶子的共同特征,能说出它们相同的地方。

即使教师修改后,将两条目标变成三条目标,也只是对能力和技能的陈述,第一条和第三条是培养幼儿选择合适盖子和瓶子的能力,并能说出两个相同瓶子的特征,即分析、总结和概括相同瓶子共同特征的能力;第二条是提高幼儿拧、按等手部动作的技能。尽管这么有趣的操作探索活动并没有让幼儿感到快乐,幼儿在很低落的状态下结束了活动。尽管绝大部分幼儿都找到了合适的盖子和瓶子匹配,但是教师恰恰忽视了幼儿情感上的获得。教师一味地让幼儿完成技能上的操作,而忽视了幼儿在自己操作中的快乐;教师只对一一对应的数量关系感兴趣,却没有引导幼儿用适当的方式表达交流探索的过程。这些不足在目标的制定上就显而易见。

(二)一致性原则

教师的教育观念是影响幼儿发展的重要因素,它能够投射在教师的所有教育行为中,也能通过教育活动目标的定位显现出来。《幼儿园教育指导纲要》颁布实施已十年,在这十年中,教师的幼儿观、课程观、教育价值观等都在发生着深刻的变化,当前幼儿教师的教育观念应该已经完成了相应的转变。"以幼儿为主体","以幼儿的发展为本","从幼儿的兴趣和需要出发","更多关注幼儿在学习活动中的行为和表现"等理念在教育活动设计的过程中也应该有所体现。而事实上,很多教师可能是因为观念转变的不彻底或者是受新旧观念冲突的影响,在制定活动目标时,没有体现自身教育价值观的内在统一性;在表述活动目标时,时而站在幼儿的角度,时而又站在教师的角度,导致目标表述方式的混淆,没有遵循活动目标设计的一致性原则。

目标表述的一致性是指要从幼儿发展的角度表述目标。换言之,目标的价值取向应将幼儿发展作为基本落脚点,而不能把教师工作的内容、职责与其最终要达到的目标混为一谈。

(三)可操作性原则

在制定教学目标时,必须明确、具体,有针对性,即根据课程标准的要求,根据教材内容和幼儿的特点,把教学目标具体化,同时还要求正确理解和把握学习水平要求,准确选择和使用行为动词。要熟悉各学习目标水平以及相应的行为动词,使用意义比较单一的行为动词,力求目标的陈述明确、具体,可以观察、测量和操作,最大限度地避免教学目标的陈述出现模棱两可的现象。在教育实践中,我们经常在教师的教案中看到一些不可测量、不可评估、不具操作性的目标。例如,"培养幼儿良好的问题意识","发展幼儿的创造力","发展幼儿的口语表达能力","提高幼儿的欣赏力、感受力和表现力","培养幼儿的探究意识"等等。类似的这种表述只适合作为中期目标或长期目标,而不适合作为某个具体教育活动的目标。目标的可操作性是指确定的活动目标要具体明确,否则可能致使活动内容杂乱无序,难以实现预设和生成目标。

以小班科学活动"认识兔子"的活动目标为例。教师 A 确定的活动目标为:1. 增加幼儿对兔子的认识。2. 培养幼儿对兔子的感情。教师 B 确定的活动目标为:1. 能描述出兔子的外形特征,说出兔子喜欢吃的食物。2. 在轮流喂兔子、触摸兔子时,能做到轻摸,不使兔子受到惊吓。

显而易见,教师 A 在确定活动目标时没有从幼儿的角度出发,且目标过于笼统,所以难以据此设计有效的活动,致使活动目标难以实现。而教师 B 以幼儿在活动中应达到的具体行为来确定活动目标,既具体又有可操作性,教师 B 据此可有针对性地设计活动的内容和环节,以达成活动目标。

(四)差异性原则

幼儿园教育应关注个体差异,促进每个幼儿富有个性地发展。现在的教学活动,已逐渐从关注全体幼儿的齐步发展向关注幼儿个体差异方面转变,力求使每个幼儿在每次活动中都能在自己原有的基础上得到应有的提高。因此,幼儿园教师在设计具体活动目标的时候也要适当考虑不同能力水平和个性特点的幼儿之间的学习差异,不要设计"一刀切"式的活动目标,而应该转向考虑幼儿个性化的表现。当然,要做到这一点,对于人数较多的班级是有一定难度的,但是教师仍然可以尝试设计能兼顾不同个体的差异化目标,以保证教育活动本身应有的教育公平性。

例如,在中班科学活动"磁铁"中,教师预设的活动目标之一是"能找出 5 种不同

的磁铁玩法",这就是一个典型的"一刀切"式的目标,不能照顾到幼儿之间的能力差异。这个目标对于能力较强的幼儿可能只是简单的重复,他们很快就会因活动缺乏挑战性而失去兴趣;而对于能力弱的幼儿来说,这是难以达到的目标,他们会因遭受挫折和失败,体验不到成就感而放弃挑战。所以,为了照顾幼儿的个体差异,让每个幼儿都能在挑战自我的过程中体验到成功感,我们可以设定"能根据自己的能力和水平选择不同的磁铁玩法"这样的目标,以适应每个幼儿的原有经验水平和发展需要。

(五)系统性原则

所谓系统性即幼儿科学教育的内容应当由近及远、由简单到复杂、由浅入深系统地编排进行。幼儿科学教育的内容是浅显而广泛的,但也并非是零零碎碎、信手拈来的内容,需要教师有选择地、有意识地进行编排,使之成为一个有层次的体系。

所谓由近及远,是指根据小、中、大班幼儿的不同年龄特点,从幼儿的身边开始,逐渐延伸至幼儿感兴趣的较远的内容。如:从幼儿身边熟悉的小动物、植物、气象现象延伸至宇宙飞船等。

所谓由简单到复杂、由浅入深是指幼儿的认识对象应该越来越丰富,难度也越来越大。这一要求不仅体现在纵向的小、中、大班幼儿的认识容量的增加和深度的提高上,如从小班认识一辆公共汽车、一辆小汽车开始直至大班学习对水、陆、空交通工具的分类和概念的掌握上,而且体现在横向的各个年龄班具体教育内容的系列与演进之中,如在介绍灯具时可以让幼儿了解历史上不同的灯具,介绍现代通信工具时,可向幼儿介绍古代的通信工具如烽火台、信鸽等,也可以请幼儿猜测未来还会有哪些通信工具出现等等。

三、幼儿科学活动目标的表述

活动目标是指通过某一次教育活动所期望幼儿获得的某些方面的发展。教师在制定活动目标时应该综合考虑幼儿的年龄特点、原有经验水平、活动的内容和性质等因素,把握活动目标设计的基本原则,使活动目标具体、明确、可操作、便于检测,有效发挥其对活动过程的指导调控作用、对活动效果的评价参照作用以及对儿童发展的促进作用。

(一)目标设计的基本步骤

教学目标设计是教学设计中的重要组成部分。一般地说,教学目标设计包括四个基本环节:起点确定、任务分析、目标分解、目标表述。幼儿科学教学目标是有层次的。学年目标、学期目标、单元目标、活动目标需要逐层细化。我国《3—6岁儿童学习与发展指南》中所确定的幼儿科学教育领域目标、年龄段目标,这些目标在具体教学过程中需要进一步细化。这个细化的过程就是教学目标自上而下的分解过程,也是一个不断具体化的过程。

1. 起点确定

教学目标不仅是对教师的教学行为的要求,更是对幼儿预期的学习结果的要求。因此,要设计出合适的教学目标,就不能忽视对幼儿的分析,就需要对幼儿的学习起点能力进行分析,即确定教学的起点。教学起点的确定,直接关系到教学目标的作用发挥。教学起点定得太高,则可能导致活动目标过高,超过了一般幼儿的能力,并且导致幼儿产生畏难心理。教学起点定得太低,则会在幼儿已掌握的内容上浪费时间和精力。

起点能力确定包括三个方面:一是对新知识的学习所需要的先备知识和技能的分析;二是对目标能力的分析,即了解儿童是否已完全掌握或部分掌握教学所要达到的目标,以及达到的程度如何;三是了解儿童对所学内容的态度如何,这一点非常重要,没有学习心就不存在有意义的学习。对儿童学习起点能力的分析主要通过调查的方法进行。例如一位教师选择在大班组织活动"调制泡泡水",她准备了洗手液、洗衣粉、肥皂片和洗洁精四种材料,让幼儿尝试自己调制泡泡水。因准备的材料都是很容易调出泡泡水的,而且操作方法非常简便,大班孩子不具挑战性,孩子几分钟就完成了任务,然后就是到处追跑着去干别的了。教师所选内容应是幼儿感兴趣的、需要的和有一定挑战性的,这样才能更好地吸引幼儿参与活动,积极探索和学习。

在活动前,教师应对幼儿原有的水平状况进行摸底。教师可以通过以下途径掌握幼儿的实际情况:

(1)通过家园联系,对幼儿家庭及社区的知识层次进行分析。

(2)通过向幼儿家长了解幼儿在家所受家庭教育的情况。

(3)在活动中注意观察,分析幼儿的发展情况。

总之,只有尽可能多地了解幼儿,才能通过分析、推断,继而提出比较适宜的、准确的目标要求。

2. 任务分析

任务分析是指将教学目标逐级细分成彼此相联系的各种子目标直到学生起始状态的过程。单元目标或者活动目标确定后,我们就可以根据单元目标和活动目标进行任务分析。这里的任务分析,实际上就是指对幼儿为了达到单元目标和活动目标规定的知识以及能力、情感态度等进行具体地剖析。通常的做法是,从已确定的教学目标开始提问和分析:如果我们要求幼儿获得教学目标所规定的能力,那么根据目前幼儿的认识水平、知识基础,他们必须具备哪些次一级的从属能力?而要培养这些次一级的能力,又需具备哪些更次一级的能力?这种提问和分析要一直进行到教学起点为止。

3. 目标分解

这个步骤主要是确定儿童通过教学必须学习与掌握的知识"主题",包括基本概

念、基本方法以及应该达到的水平。明确了活动的学习主题,也就明确了活动的教学目标。如中班活动"我们怎样过冬",教师将目标设计为:"知道动物与人怎样过冬。"我们知道,人与动物过冬在方式、活动、行为、习性、对环境的依赖与改造等方面有着很大的差异性,这岂是在一个集体教学活动时间里就能解决的? 如此空泛的目标定位,表现出教师对此课题欠深入的分析。教师自身概念模糊,故目标定位空泛,不着边际。

在制定活动目标时,教师可将视为难点的大目标进行逐层分解。活动中对幼儿探索的要求与制作的要求更加具体、细致,让目标落到实处,便于在活动内容、过程和方法设计上有据可依。

(1)同一内容设计不同的活动。对同一内容,设计成要求不同的系列活动,使得各个年龄段的幼儿都能在原有的水平上有所提高。

(2)同一活动设计不同的目标。在同一个活动中可以依次设计初、中、高逐步递进的活动目标,由低到高,由易到难,循序渐进,让幼儿在完成活动的过程中不断地得到发展。

(3)将一个大活动分解成若干小活动。为了完成一个难度稍大的活动目标,预先设计若干个小活动,将完成小活动的目标作为完成大活动目标的铺垫。

(二)目标表述的角度

科学教学目标可以从不同的角度来表述。常用的目标表述方式有:1. 从教师的角度表述,指明教师应该做的工作或应该努力达到的教育效果。例如,使幼儿体验到在幼儿园生活的乐趣以及靠自己的能力行动的充实感;帮助幼儿同周围的人们主动交往,培养对他人的友爱之情和信赖感;使幼儿萌发感受美和表现美的欲望和能力。2. 从幼儿的角度表述,指明幼儿通过学习应该达到的发展水平。例如:知道简单的安全和保健知识,并能够在生活中运用;喜欢参加游戏和各种有益的活动,在活动中快乐、自信;注意倾听对方的讲话等。

但从教师的角度表述目标有时很混乱。如小班活动"好吃的糖果"目标表述为:1. 让幼儿在活动中运用多种感官去了解、发现糖果的不同种类和不同味道;2. 在活动中乐意与同伴分享食物,能大胆地表达自己的意愿。此目标既有站在教师培养角度的表述,又有站在孩子发展角度的表述。

目前,多数人主张从幼儿的角度表述,以促使教师的注意力向儿童转移,克服以往教育中教师过多注意自己"教"的行为,而忽视幼儿的"学"和"学的效果"的倾向。以中班科学活动"有趣的鞋子"活动目标为例,某教师将"有趣的鞋子"这一活动目标表述为:

(1)引导幼儿从多角度观察鞋子(从教师角度表述)。

(2)能按用途、材料、颜色进行分类(从幼儿角度表述)。

(3)教幼儿区分左右,能将相同的一双鞋配对(前半句从教师角度表述,后半句从幼儿角度表述）。

这样的表述不禁让人质疑：该活动究竟是要发展教师某方面的能力，还是要发展幼儿某方面的能力？该活动目标比较科学的表述应为：

（1）学习从多角度观察鞋子。

（2）能按用途、材料、颜色进行分类。

（3）区分左右，能将同一双鞋配对。

从幼儿发展角度表述活动目标，能使其更具条理性和逻辑性，并能促使幼儿在不同的方面获得发展。

（三）目标表述的要素

活动目标不在于要教师从事某些活动，而是要使儿童行为方式发生重大意义的变化，因此，注重活动目标的"行为"表述，可以预先确定精确、具体、可操作的行为目标，预测儿童的变化和评价活动的成败。同时，每一项行为指标应该包括三个构成要素："行为""条件""标准"。幼儿的科学知识和技能的掌握，科学方法和能力的培养，科学精神、态度和价值观的形成以及科学行为和习惯的养成都可以通过一种外显的表述加以规定，从而为更好地实现这些目标提供具体依据，并且为这些目标的实现提供评价保证。

表2-2　课程目标表述三要素[①]

要　素	具体反映	例　子
核心的行为	做什么？	让孩子们爱惜各类植物。
行为产生的条件	在什么条件下做？	在不需提醒时。
行为表现标准	做得怎样？	能主动为植物浇水施肥，不踩踏草、不摘花。

1. 核心的行为

核心的行为即是要使儿童达到什么样的学习结果。核心的行为表述主要是通过一系列的操作性动词加以表述，它主要用来描述儿童在这个活动中要达到的行为目标。它可以分为用确定性的动词和含糊性的动词两种形式表述。确定性的动词主要包括"辨别、区分、说出"等。

教师在教案上写目标时，经常会用"让幼儿能够区分不同类型的物质"，"通过实验活动让他们发现哪些东西具有吸水性"等，这种明确的目标有助于活动的有序进行，也能够在最后很好地评估目标的实现程度。

核心的行为是每节课程目标制定必须要加以设置的内容，基于确定性动词具有较高的可操作性，而含糊性动词具有较好的情感表述性，因此，无论是以确定性

①　吴立岗.教学的原理、模式和活动［M］.南宁：广西教育出版社,1998:405.

动词还是以含糊性动词所做的表述，都要依据具体的课程内容加以综合运用，从而为课程内容的有效实施提供综合性保障。

（1）行为动词与非行为动词的区别

行为动词，是指表示人物行为的动词，因其"表示动作和行为，也有人将其称为动作动词、动作行为动词"。例如，"说、看、研究、批评、学习"都是行为动词。与行为动词并列的动词有以下几种：

心理动词，指表示人物心理活动的动词，也叫心理活动动词，包括情绪心理动词和感知心理动词两类。情绪心理动词如：爱、恨、讨厌、热爱、尊敬；感知心理动词如：知道、认为、猜。

能愿动词，表示可能、愿意的动词，又称助动词。如：能、能够、愿、愿意、会、敢、要。

表示存在、变化、消失的动词，例如：在、有、生长、死亡、消失。

趋向动词，如：上、下、来、去。

断事动词，如：是、非、有、没有、像、似、如。

使令动词，如：使、令、命令、请。

行为动词表示的是具体的、明确的、可观察的、便于测量的动作或行为，例如，测量、说明、观察、概述、撰写、使用等动词。但非行为动词多为表示心理活动、能愿、存在、变化和消失的动词，描述笼统、抽象，无法直接观察。为提高教学目标的客观性和操作性，应避免使用"懂得、了解"这些意义含糊、难以观察的动词。

（2）目标中的非行为动词

目标表述中的非行为动词的真正类别主要是心理动词，其次是表示存在、变化、消失的动词，第三是能愿动词。

心理动词。例如，"喜欢、热爱、欣赏"等是表示褒义的情绪心理动词；"拒绝"是表示贬义的情绪心理动词；"知道、感受、愿意"等是表示感知的心理动词。这一类动词，如"关注、思考、珍惜、体验"，并不表示动作和行为，表示的是心理活动，它们对教学目标的描述是笼统的、抽象的，而且不便于测量。

表示存在、变化、消失的动词。例如，"发展、增强、形成、养成、保持、具有"等动词，表示的或是一种发展、变化，或是一种结果、状态，既不是动作，也不是行为。它们都不是行为动词。

能愿动词。例如，"会、乐于、敢于、勇于、愿意、能"，这些能愿动词是一种前辅助动词，用在动词或形容词前表示可能性、必要性和意愿性。

教学目标的达成是以幼儿的行为表现及综合素质的全面提高为基准，因此，三维教学目标表述的主体是幼儿。对教学目标的表述应尽可能使用清晰、易于检测、易于操作的动词来表述。三维目标表述中常用的动词有：

知识性目标 {
了解——说出、辨认、回忆、复述、选出、识别等。
理解——解释、说明、归纳、区别、提供、预测、整理等。
应用——设计、辩护、质疑、解决、检验、计划、证明等。
}

技能性目标 {
模仿——模拟、重复、再现、例证、临摹、类推、扩展等。
独立操作——完成、制定、解决、绘制、安装、尝试等。
迁移——联系、转换、灵活运用、举一反三、触类旁通等。
}

体验性目标 {
感受——参与、寻找、交流、分享、访问、考察。
认同——接受、欣赏、关注、拒绝、摒弃、领悟。
内化——形成、具有、树立、热爱。
}

2. 行为产生的条件

行为产生的条件。由于活动情境的不同,不同核心行为需要在不同的情境中出现。因此,行为产生的条件即指这种设定的核心行为在什么样的情境和方式下发生。幼儿园科学领域课程有着不同的主题,每一主题侧重培养幼儿的核心行为也不尽相同,因此,教师如何阐述核心行为发生的情境和方式对于核心行为的实现有着重要的意义。如:培养幼儿的健康意识,能够在不需要提醒的情况下饭后主动漱口;在遇到打雷时不站在树下避雨。

条件是决定某一行为产生的环境因素,教师合理依据目标制定不同的条件来保障核心行为的产生,为目标的实现提供情境支撑,将使目标的描述更加具有针对性和实用性。行为产生的条件通常包括下列因素:

环境因素:包括空间、光线、温度、气候、室内或室外、安静或噪音。

人的因素:包括独立进行、小组集体进行、在教师指导下进行等。

设备因素:包括工具、仪器等。

信息因素:包括资料、教材、笔记、图表、词典等。

时间因素:包括速度、时间的限制等。

问题明确性:即创设的环境激发儿童的好奇程度。

3. 行为的表现标准

行为的表现标准即儿童对课程目标所应达到的最低水平,也就是学习结果的评价依据,它可以通过定量和定性两种方式加以说明。定量的说明方式即通过明确的、可数量化的标准加以表述,一般用"百分比、分数"等来说明要达到的结果。如:使85%的幼儿学会认识不同种类的鱼;使3/4的幼儿明白植物与环境的关系,能够建立环保意识。

总而言之,在确立幼儿科学探究活动目标时,教师首先要考虑幼儿科学素养发展的需要,考虑幼儿的年龄及经验水平。其次,教师在确定教学目标时应处理好总目标与各个二级目标的关系,能根据总目标的要求以及活动开展的需要,逐层落实

各个二级目标,确保各个活动都能够围绕总目标以及核心概念开展。最后,教学目标的表述必须清楚和准确,并且层次分明、前后一致。在此基础上,教师在组织活动时才有可能选择适合的材料辅助教学,引导幼儿深入探究,并逐步实现教学目标。

表2-3　动植物主题活动目标的表述

学习任务	认知层次	活动目标
幼儿到动物园去观察、辨认动物与植物等有生命的物体,通过照相和绘画来记录自己的观察结果。	认识(1)	幼儿能够正确地拍摄或描绘一张植物图像和一张动物图像。
幼儿观察校内校外的动植物,描述自己观察到的人、动物和植物在外观及行为上的差别,并把自己观察到的内容用拍照和绘画记录下来。	理解(2)	幼儿能够正确地拍摄或描绘一个人、一个校园里的动物以及一个校园里的植物的图像,并能够正确地描述这三种有生命的物体在外观与行为上的一种差别。
幼儿自制一个小型水生动植物培养槽和一个陆生动植物培养槽,观察和比较两类动植物在外观与习性上的异同,并为不同的培养槽选择必需的材料以满足不同动植物的生存需要。	应用(3)	幼儿在两个培养槽里各放入适当的食物、水、泥土、石块等,并保持适宜的温度以保证至少一种植物或动物的生存。
幼儿在水下或陆地的大环境中观察动植物,描述不同动植物的生存需要,并通过照相或绘图的方式来讲解环境是如何维持这些动植物的生存的。	分析(4)	幼儿能够正确地描述两种以上能够维持动物生存的环境条件以及两种以上能够维持植物生存的环境条件。
幼儿用其他地区动植物的照片或图片和自己对本地动植物的观察、描绘制作一个小册子,对比不同地区动植物的异同。	综合(5)	幼儿能够根据结构或行为上的相似性来正确地匹配动植物。

从这个表中可以看到,对于幼儿园幼儿来说,无论是对科学概念的学习还是对他们学习结果的评价,都是循序渐进、具体而量化的。学习是贯穿于动手操作的过程之中的,教师通过为幼儿提供不断扩展的实际经验来支持他们建构科学概念,并根据其具体行为表现来认定他们所达到的思维水平,以制定下一步的教学目标。这样,通过众多类似的科学活动,幼儿得以在科学知识、科学能力、科学态度三个方面获得全面的发展。

(四)活动目标解读与分析

1. 小班科学活动"请你摸一摸"的原活动目标如下:

(1)使幼儿感知物体的冷热、软硬、粗糙、光滑等特征,发展感知能力。

(2)帮助幼儿学习用语言表达自己的感受。

(3)培养幼儿用手触摸感知物体的习惯。

上述目标中第一条显得笼统模糊,不够准确;第三条不是当前能够实现的,需

要有个过程,不能拿来做课时目标。而且整体目标显得一刀切,没能体现个体差异性,因此我们对其做了调整,修改后的目标如下:

(1)通过摸捏、猜想让幼儿感知物体的冷热、软硬、粗糙、光滑的特征,初步获得感知经验。(其中"猜想"的弹性较大,既能激发整体幼儿的发散性思维,又能满足思维活跃的幼儿的需要,能够兼顾整体与个别。"获得感知经验"比"发展感知能力"更具实效性。)

(2)引导幼儿积极参加活动,乐于表达,乐于操作。(对于初入园的幼儿,这方面的引导是很必要的。)

教师在目标实施过程中,发现第一条目标要点过多,导致内容过多,而且小班幼儿对物体的认知具有单面性,如果在同一活动中对物体的认知面多了,容易让小班幼儿混乱,反而达不到好的教学效果,故对第一条再次调整:

通过摸捏、猜想让幼儿感知物体的冷热(或软硬,或粗糙、光滑)的特征,初步获得感知经验。

由于幼儿对粗糙、光滑的经验较少,在进行相关活动前应注重丰富幼儿有关的生活经验,这一目标虽不能作为当前的课时目标,但它也是活动过程中的重要环节,应作为一个过程目标来认真对待。

通过目标的重新制定,幼儿在原有的基础上有了很大的提高。在活动结束后,幼儿自发开展了"摸一摸身边的物体"游戏,从而感知物体的各种特征,这时便达到了原目标中的第三个目标,培养幼儿用手触摸感知物体的好习惯,且教会幼儿科学的探索方法,让幼儿看一看、摸一摸、做一做、玩一玩,体验探索的乐趣。

2. 中班科学活动"水的浮力"的原活动目标如下:

(1)发现浮力的存在,理解浮力的概念。

(2)学会使用词语"浮沉"。

目标设计缺乏层次性,不注意促进幼儿的全面发展,且目标中只提出了知识技能方面的要求,在能力、方法、情感、态度等方面未作表述,反映出教师重知识技能、轻能力、情感的问题。这种目标定位和表述,容易造成教师在组织活动过程中,只关注活动结果,忽视活动过程,忽视关注幼儿的探索体验。修改后的目标如下:

(1)观察、探索各种物体在水中的浮沉状态,感知水的浮力。

(2)学习细致观察,并及时记录观察结果。

(3)对浮沉现象感兴趣,能大胆探索。

3. 中班主题活动"种蔬菜"的原活动目标如下:

(1)了解植物的多样性。

(2)喜欢并且认真观察植物。

(3)培养幼儿的观察力、想象力、语言表达能力。

这样的目标定位表明教师对于知识层面的目标相对明确,但是在能力目标方面只是比较笼统地提到了能力的培养,可操作性较差,表述也不够具体。造成这种现象的原因在于教师自身不明确在这样的活动中究竟可以培养幼儿什么样的能力、态度、情感及价值观等,因此目标的表述比较笼统、含糊。

上述教学目标定位的问题在当前的科学教育实践中是普遍存在的,依照这样的目标定位,科学教育活动实质上仍旧是"知识教学"统治下的灌输教育。在这种教学中能力、情感、态度及价值观等教学元素在活动中常常难以得到关注。这种问题的出现与教师对于"情感态度、能力方法、知识概念"三维目标的理解有关。受教师自身水平限制,教师在确定活动目标时并不能很好地理解三维目标的含义和内在要求,从而直接导致课改新理念在落实过程中表层化:教师只是宽泛地套用目前倡导的一些新理念的表述方法,但是对这些宽泛的概念并没有具体化的阐述和深层的理解。类似"培养幼儿探究的兴趣""让幼儿乐于探究""培养幼儿的科学态度和情感"的表述在幼儿教师确立的科学活动目标中是常见的。然而,这样的目标具有很强的虚假性,因为它是高位和宽泛的,教师自己都不太清楚究竟要让幼儿在这样的科学活动中获得什么。究其根源,这与教师自身对科学缺乏理解,对科学的本质、科学的过程与方法等缺乏认识有直接关系。

教师对科学探究活动中的核心科学概念缺乏真正的理解。以"种植"活动为例,围绕"种植"这一主题可以确立的科学内容主要包括:植物的特征;植物的不同组成部分在满足其自身需要过程中的作用;植物的基本需求;植物的生命周期;植物跟环境之间的依赖性等。

教师在确立探究活动的知识经验目标维度时,尽管可能会考虑到"周期性""多样性"等概念,但是对于这些概念的意义和内涵却缺乏了解和把握。因此,教师在进行教学目标定位时常常出现两种现象:一是将总目标定位在多样性和周期性两个维度上,但是落实这些目标的实践活动之间却没有什么差别;二是虽然活动的总目标被设定为"了解植物生长的周期性",但在分解的具体活动方案中体现的却是植物多样性的内容或是植物生长所需条件的内容。出现这些问题的根本原因就在于很多教师不清楚周期性和多样性的概念。由于教师对于活动目标中所涉及的关键概念把握不够准确,在制订活动目标和开展活动内容时便很容易"跑题",进而造成教学内容与教学目标的偏离。

教师在目标定位上存在的种种困难和问题,从根本上反映了幼儿教师自身科学素养不足的现状。因此,教师应不断丰富自身的科学知识和经验,熟悉科学的过程和方法,理解科学的态度和精神,进而对科学有更深入的认识和理解。这是改变目前幼儿科学探究活动设计中教师在目标定位上存在诸多问题的根本途径。

(五)以"磁铁的磁性"为内容的活动目标及分析

表 2-4 以"磁铁的磁性"为内容的活动目标[①]

活动名称	知识目标	技能目标	情感目标
磁铁找朋友(中班)	通过操作探索,充分感知磁铁能吸住铁制品的特性。	能用记录、描述的方式表达探索的结果。	能积极参与探索活动,体验成功的快乐。
磁铁(中班)	了解磁铁的名称和可以吸住铁制品的特征。	大胆表达自己的发现和疑问,并尝试简单的记录。	
好玩的磁铁(中班)	在各种各样的游戏活动和感知活动中,巩固幼儿对磁铁特性的了解,进一步感知磁铁能吸铁。	培养幼儿观察及解决问题的能力。	体验成功的快乐。
磁铁(中班)	初步知道磁铁有磁性,能吸住铁的东西。		能基于磁铁的问题积极地探索,培养对科学探究浓厚的兴趣。
奇妙的磁铁——水中取物(中班)	进一步感知磁铁能吸铁的特性,尝试运用各种方法取出水中的东西并进行分类。	大胆探索并能讲述自己的发现。	体验探索磁铁的乐趣。
奇妙的磁铁(中班)	让幼儿初步感受磁铁能吸铁的特性。	能用语言表达探究的结果。	激发幼儿对磁铁吸铁现象的探索兴趣。
奇妙的磁铁(中班)	通过探究活动,感知磁铁能吸铁的特性。	尝试用多种方法研究磁铁的性质,经历科学探究的过程,培养幼儿动手操作的能力和归纳实验现象的能力。	体验科学探究的乐趣,训练幼儿认真细致的科学态度。
好玩的磁铁(中班)	在各种各样的游戏活动和感知活动中,巩固幼儿对磁铁特性的了解,进一步感知磁铁能吸铁。	培养幼儿观察及解决问题的能力。	体验成功的快乐。
奇妙的磁铁(大班)	感知磁铁能吸铁。		通过做做玩玩,培养幼儿对磁铁的兴趣,会利用磁铁的特性进行游戏。
磁铁(大班)	在吸吸玩玩的过程中,了解磁铁,感受磁铁吸铁的特性。		积极参与探索活动,萌发求知欲望,体验成功的快乐。
跳跃的磁铁(大班)	磁铁有两极,同极相斥,异极相吸。	用各种感官集中观察。	

① 李静.基于核心概念的幼儿园科学教学活动设计研究[D].重庆:西南大学,2012:23—26.

表 2-4(续)

活动名称	知识目标	技能目标	情感目标
磁铁找朋友(大班)	巩固认识磁铁吸铁的特性,初步感知磁铁两极"同极相斥,异极相吸"的特性。	1.激发幼儿的探究欲,发展幼儿探索的能力;2.巩固学习操作的记录方式,通过记录提炼认知经验。	
会跳舞的磁铁(大班)	发现磁铁都有不同的两端,磁铁间存在相吸、相斥的有趣现象。	能用较恰当、准确的语言表达自己的发现和感受。	
磁铁的奥秘(大班)	通过探索活动,感知磁铁的两极,初步了解"同极相斥,异极相吸"的磁性原理。	1.学习仔细观察磁性现象,并能用自己的语言表述探索的结果。 2.发展观察能力、逻辑思维能力和动手操作能力。	
磁铁的秘密(大班)	1.通过探索知道磁铁有磁性,磁性大小与磁铁大小有关。 2.让幼儿体验探索的奥秘,初步认识 N、S 两极,操作感知同极相斥,异极相吸。	培养幼儿动手操作和发现问题的能力、解决问题的能力。	激发幼儿动手操作的兴趣,培养幼儿积极探索的科学态度。
磁铁(大班)	感知磁铁能隔着不同材料吸住铁制品的特性,即磁力的穿透性。		共享同伴的成果与快乐。

1.知识目标分析

(1)教师将具体概念设定为科学活动的知识目标

对收集到的教案整理后发现,在以"磁铁的磁性"为教学内容的科学教育活动的设计过程中,教师普遍将一个具体概念作为一个科学活动的知识目标。围绕"磁铁的磁性"这一核心概念所设计的知识目标中主要有四个具体概念:"能吸引铁制品""不同的磁铁有不同的磁力""磁力能够穿透一些材料"和"不同的磁铁有不同的磁力"。通过对 16 份科学教案的知识目标的分析可以发现,这些教案都能清晰地表现一个或两个具体概念以及幼儿获得这些具体概念的相关经验。可见,幼儿科学教育活动尚且停留在教授具体概念的层面上,而没有上升到基于核心概念去组织教学的层面。这就导致了两个问题:第一,概念不全。这 16 份教案或多或少都涉及了一些关于"磁铁"的统筹的具体概念,但没有一份教案是比较全面的。第二,不成系统。科学教育本来就应该追求逻辑性和培养幼儿的深度思维,但是由于教师的知识结构不系统和知识准备不充分,致使其无法开展比较有深度的科学探究活动。

(2)教师对具体概念选择不平衡

虽然教师在知识目标中体现了清晰的具体概念,但教师对具体概念的选择不平衡。在收集到的 16 个教案中,有 10 个涉及"磁铁能吸引铁制品",有 5 个涉及

"同极相斥,异极相吸",有 1 个涉及"磁力能够穿透一些材料",还有 1 个涉及"不同的磁铁有不同的磁力"。从这个数据可以明显看出,教师对"磁铁能够吸引铁制品"的关注多于其他的概念。教师对具体概念选择不平衡与对他们访谈的结果有很强的一致性。教师之所以选择具体概念不平衡的原因在于:第一,他们所使用的幼儿园活动资源很多都有关注到"磁铁能吸引铁制品"这一具体概念的科学活动,而较少关注其他的具体概念;第二,由于思维的惰性或者知识的局限性,教师较多停留在"磁铁能吸引铁制品"这一常识的层面,较少深入推敲其他相关的概念,也不去挖掘"磁铁的磁性"内容当中所蕴藏的丰富的教学资源。

2. 技能目标分析

幼儿园科学活动的技能目标要培养幼儿科学探究的"过程技能"。科学的过程技能指的是"一系列广泛的、可转移的能力",适合于许多科学规律,是科学家行为的反映。通过培养幼儿探究技能,他们就能像科学家那样探讨问题。而通过对前面教案中涉及的技能目标的分析发现,幼儿园教育中幼儿教师仅仅关注了技能目标中的观察、语言表达、记录这三项过程技能,而忽略了对分类、预测、推断、测量等过程技能的关注。之所以会出现这种情况,是因为教师只关注那些外显的、看得见的技能目标,而对另外的一些技能目标则关注较少。

3. 情感目标分析

情感目标一般是指培养幼儿的科学态度,科学态度主要包括两方面的内涵:第一,对周围世界的好奇心和积极探索的态度;第二,则是"求真"的精神,即实事求是的态度。分析本研究中教师设定的情感目标集中在培养幼儿"探究的兴趣"和"积极的求知欲",并在此过程中帮助幼儿体会"成功的快乐"。由此可见,教师注重对幼儿好奇心和积极探索态度的培养,而对于幼儿实事求是的态度的培养有所忽略。

阅读材料一

美国各州早期学习标准(科学领域指标举例)

1. 收集

收集指儿童使用感官、工具、简单测量器具来收集信息。以下为各州该标准的行为表现指标举例:

(1)儿童通过嗅觉鉴别容器中的气味。

(2)儿童能够通过品尝来辨别不同的水果(如柠檬、苹果、桃子)。

(3)儿童对于测量时间、长度、重量有兴趣。

2. 观察

观察指儿童能够越来越多地观察和讨论事物的属性、差别。各州该标准的行

为表现指标举例：

(1)儿童能够使用植物颜料调出各种各样的颜色。

(2)儿童能够比较不同事物在水中的浮沉。

(3)儿童能够进行白天和黑夜不同变化的讨论。

3. 实验分析

实验分析指儿童能够通过探索（包括尝试错误，与同伴的讨论和互动、实验）认识和解决问题。以下为各州该标准的行为表现指标举例：

(1)儿童通过尝试错误，用积木来创造出一个特别形状。

(2)儿童使用磁铁测试各种材料的磁性。

(3)儿童尝试将一个冰块放在阳光下照射，观察其变化。

4. 记录

记录指儿童能够通过各种方法（如绘图、制表）描述自己收集的信息、观察实验分析的结果。以下为各州该标准的行为表现指标举例：

(1)儿童观察天气的变化并将其记录在天气变化记录表中。

(2)儿童能够观察记录绿豆发芽的过程。

5. 总结

总结指儿童能够根据自己先前的经验、收集的信息、观察实验结果等方式进行预测、解释、总结。以下为各州该标准的行为表现指标举例：

(1)儿童能够预测当水和凝胶粉末混合时会变成什么。

(2)儿童能够根据所学知识解释水为什么会结冰。

6. 自然界

自然界指儿童通过观察、描述、讨论增长自己关于自然界的知识（包括生物和非生物）。以下为各州该标准的行为表现指标举例：

(1)儿童能够关注班级中的植物和动物（如：给室内植物浇水，喂养宠物鱼）。

(2)儿童能够观察和描述生物的特征、基本需求、生命周期。

(3)儿童能够描述动物、植物、环境之间的简单关系（如：鱼是生活在水里的）。

7. 尊重人与自然

尊重人与自然指儿童通过自己的探索，知道应该尊重自己的身体、尊重自己生活的环境。以下为各州该标准的行为表现指标举例：

(1)儿童能够协助成人在花园种植树木。

(2)儿童能够在饭前便后洗手。

8. 时间、温度的变化

时间、温度的变化指儿童开始意识到时间、温度的变化。各州该标准的行为表现指标举例：

（1）儿童开始讨论在不同的季节应该穿什么样的衣服。

（2）儿童能够正确使用昨天、明天、早上、晚上这些时间名词。

9. 物体的变化、因果关系

物体的变化、因果关系指儿童能够意识到事物之间的变化、因果关系。以下为各州该标准的行为表现指标举例：

（1）儿童观察冰块由固体到液体变化的过程。

（2）儿童能够讨论水和油混合后的结果。

表 2-5　科学领域标准分析编码表

子领域	内容标准	操作性定义
科学技能与方法	收集	儿童使用感官、工具、简单测量器具来收集信息,调查资料,观察过程和关系。
	观察	儿童能够越来越多地观察、讨论食物的属性、差别。
	实验分析	儿童能够通过探索(包括尝试错误、与同伴的讨论和互动、实验)认识、解决问题。
	记录	儿童能够通过多种方法(如绘图、制表)来描述自己收集的信息、观察实验分析的结果。
	总结	儿童能够根据自己先前的经验、收集的信息、观察实验结果等方式进行预测、解释、总结。
科学知识	自然界	儿童通过观察、描述、讨论增长自己关于自然界的知识(包括生物和非生物)。
	尊重人与自然	儿童通过自己的探索知道应该尊重自己的身体、尊重他们生活的环境。
	时间、温度的变化	儿童开始注意到时间、温度的变化。
	物体的变化、因果关系	儿童能够意识到物体之间的变化、因果关系。

10. 资源的稀缺性

资源的稀缺性指儿童开始意识到资源是稀缺的、有限的。一些人的需求需要另一些人提供的商品满足。以下为各州该标准的行为表现指标举例：

（1）儿童认识到做了某个决定后,就意味着不能做一些其他的事情。

（2）儿童意识到每个人对商品和服务有需求(如:每个儿童可以轮流喝学校提供的纯净水)。

（3）儿童有为未来节约资源的意识。

11. 生态保护

生态保护指儿童开始意识到人与自然之间息息相关,应该有效地保护自然。各州该指标的行为表现举例：

（1）儿童在成人的帮助和指导下，知道人们是如何保护有限的资源以及如何破坏这个世界的。

（2）儿童知道一些简单的保护环境的方法（如：合理用纸，不浪费水）。

（3）儿童明白动物是如何储存食物、休息、生存的。

12. 地域与地方

地域与地方指儿童能够描述他们周围环境的物理特征。以下为各州该标准的行为表现指标举例：

（1）儿童能够描述一些熟悉的地理特征（如：水的成分、山的构造、天气的变化）。

（2）儿童能够描述生活环境的特征（如学校、家庭）。

13. 好奇、渴望、兴趣、主动

好奇、渴望、兴趣、主动指儿童对周围的世界充满求知欲，能够主动地探索，有自己感兴趣的事情。以下为各州该标准的行为表现指标举例：

（1）儿童询问周围世界的变化。

（2）儿童能够为自己感兴趣的活动花时间等待。

（3）儿童对于新鲜事物以及学习新事物充满了兴趣。

14. 坚持和集中

坚持、集中指儿童能够在一个活动上保持一段时间，并且注意力能够集中于此。以下为各州该标准的行为表现指标举例：

（1）儿童能够对某项活动保持兴趣以及注意力直到活动结束。

（2）儿童在离开一项工作了一段时间的任务后又能重新集中精力工作。

（3）儿童在被打扰后，还能重回自己的工作，集中注意力。

15. 问题解决和推理

问题解决和推理指儿童能够尝试多种方法解决问题。以下为各州该标准的行为表现指标举例：

（1）儿童尝试用各种方法解决问题。

（2）儿童能够进行一些简单推理（如：因为她雨衣的帽子坏了，所以不能冒雨去邮局了）。

（3）儿童能够通过观察照片中各种鸟类的外貌特征，辨别哪些是雄性（因为自然界的雄性通常拥有十分显眼的外貌）。

16. 反思、计划、释义

反思、计划、释义指儿童能够将自己以往的学习经历迁移到最近的活动中去，能够解释一些生活中的现象。以下为各州该标准的行为表现指标举例：

（1）儿童开始理解他人的思考、意图、动机。

（2）儿童能够将以往学习的经验迁移到自己最近的活动中去。

（3）儿童总结归纳一些想法、建议，并能做出一些预测。

17. 创造性、想象力、发明才能

创造性、想象力、发明才能指儿童在活动中能够表现出创造性、想象力以及发明的才能，能够以独特的方式来表现世界。以下为各州该标准的行为表现指标举例：

（1）儿童能够以与其他儿童不同的方式完成任务（如：用一种独一无二的方式画画）。

（2）儿童能够尝试改编一个熟悉的故事。

（3）儿童能够用各种方式来表现现实（如：绘画、戏剧）。

表2-6　学习品质领域标准分析编码表

子领域	内容标准	操作性定义
好奇	好奇、渴望、兴趣、主动	儿童对周围世界充满求知欲，能够主动地去探索，有自己感兴趣的事情。
坚持	坚持、集中	儿童能在一个活动上保持一段时间，并且注意力能够集中于此。
问题解决	问题解决、推理	儿童能够尝试多种方法解决问题。
反思	反思、计划、释义	儿童能够将自己以往的学习经验迁移到自己最近的活动中去，能够解释一些生活中的现象。
创造性	创造性、想象力、发明才能	儿童能够在活动中表现出创造性、想象力以及发明的才能，能够以独特的方式来表现世界。

阅读材料二

《3—6岁儿童学习与发展指南》（科学部分）

幼儿的科学学习是幼儿在解决实际问题的过程中发现和理解事物本质及事物间关系的过程，主要包括科学探究和数学认知。幼儿在对自然事物的科学探究和运用数学解决实际生活问题的过程中，不仅获得丰富的感性经验，充分发展形象思维，而且在感知具体事物基础上初步尝试归类、排序、概括、抽象，逐步发展逻辑思维能力，为其他领域的深入学习奠定基础。

幼儿科学学习的核心是激发探究欲望，培养探究能力。成人要善于发现和保护幼儿的好奇心，充分利用自然和实际生活机会，引导幼儿通过观察、比较、操作、实验等方法，学会发现问题、分析问题和解决问题，帮助幼儿不断积累经验，并运用于新的学习活动，形成受益终生的学习方法和能力。

幼儿思维发展以具体形象思维为主，应引导幼儿通过直接感知、亲身体验和实际操作进行科学学习，不应为追求知识的掌握而对幼儿进行灌输和强化训练。

目标1　亲近自然，喜欢探究

3—4岁	4—5岁	5—6岁
1. 喜欢接触大自然，对周围的很多事物和现象感兴趣。 2. 经常问各种问题，或好奇地摆弄物品。	1. 喜欢接触新事物，经常问一些与新事物有关的问题。 2. 常常动手动脑探索物体和材料，并乐在其中。	1. 对自己感兴趣的问题总是刨根问底。 2. 能经常动手动脑寻找问题的答案。 3. 探索中有所发现时感到兴奋和满足。

【教育建议】

1. 经常带幼儿接触大自然，激发其好奇心与探究欲望。如：

· 为幼儿提供一些有趣的探究工具，用自己的好奇心和探究积极性感染和带动幼儿。

· 和幼儿一起发现并分享周围新奇、有趣的事物或现象，一起寻找问题的答案。

· 通过拍照和画图的方式保留和积累有趣的探索与发现。

2. 真诚地接纳、多方面支持和鼓励幼儿的探索行为。如：

· 鼓励并认真对待幼儿的问题，引导他们猜一猜、想一想，有条件时和幼儿一起做一些简易的调查或有趣的小实验。

· 容忍幼儿因探究而弄脏、弄乱，甚至损坏物品的行为，可引导他们活动后做好收拾整理。

· 多为幼儿选择一些能操作、多变化、多功能的玩具材料或废旧材料，在保证安全的前提下，鼓励幼儿拆拆装装或动手自制玩具。

目标2　具有初步的探究能力

3—4岁	4—5岁	5—6岁
1. 对感兴趣的事物能仔细观察，发现其明显特征。 2. 能用多种感官或动作去探索物体，关注动作所产生的结果。	1. 能对事物或现象进行观察比较，发现其相同与不同。 2. 能根据观察结果提出问题，并大胆猜测答案。 3. 能通过简单的调查收集信息。 4. 能用图画或其他符号进行记录。	1. 能通过观察、比较与分析，发现并描述不同种类物体的特征或某个事物前后的变化。 2. 能用一定的方法验证自己的猜测。 3. 在成人的帮助下能制订简单的调查计划并执行。 4. 能用数字、图画、图表或其他符号记录。 5. 探究中能与他人合作与交流。

【教育建议】

1. 有意识地引导幼儿观察周围事物，学习观察的基本方法，培养观察与分类能力。如：

· 支持幼儿自发的观察活动，对其发现表示赞赏。

· 通过提问等方式引导幼儿思考并对事物进行比较性观察和连续观察。

• 引导幼儿在观察和探索的基础上,尝试进行简单的分类、概括。如:根据运动方式给动物分类,根据生长环境给植物分类,根据外部特征给物体分类等等。

2. 支持和鼓励幼儿在探究的过程中积极动手动脑寻找答案或解决问题。如:

• 鼓励幼儿根据观察或发现提出值得继续探究的问题,或成人提出有探究意义且能激发幼儿兴趣的问题。如:皮球、轮胎、竹筒等物体滚动时都走直线吗?怎样让橡皮泥球浮在水面上?等等。

• 支持和鼓励幼儿大胆联想、猜测问题的答案,并设法验证。如:玩风车时,鼓励幼儿猜测风车转动方向及速度快慢的原因和条件,并实际去验证。

• 支持、引导幼儿学习用适宜的方法探究和解决问题,或为自己的想法搜集证据。如:想知道院子里有多少种植物,可以进行实地调查;想知道球在平地上还是在斜坡上滚得快,可以动手试一试;想证明影子的方向与太阳的位置有关,可以做个小实验进行验证等等。

3. 鼓励和引导幼儿学习做简单的计划和记录,并与他人交流分享。如:

• 和幼儿共同制订调查计划,讨论调查对象、步骤和方法等,也可以和幼儿一起设法用图画、箭头等标志呈现计划。

• 鼓励幼儿用绘画、照相、做标本等办法记录观察和探究的过程与结果,注意要让记录有意义,通过记录帮助幼儿丰富观察经验,建立事物之间的联系和分享发现。

• 支持幼儿与同伴合作探究与分享交流,引导他们在交流中尝试整理、概括自己探究的成果,体验合作探究和发现的乐趣。如:一起讨论和分享自己的问题与发现,一起想办法验证猜测和收集资料。

目标3　在探究中认识周围事物和现象

3—4岁	4—5岁	5—6岁
1. 认识常见的动植物,能注意并发现周围的动植物是多种多样的。 2. 能感知和发现物体和材料的软硬、光滑和粗糙等特性。 3. 能感知和体验天气对自己生活和活动的影响。 4. 初步了解和体会动植物对人类的贡献。	1. 能感知和发现动植物的生长变化及其基本条件。 2. 能感知和发现常见材料的溶解、传热等性质或用途。 3. 能感知和发现简单的物理现象,如物体形态或位置变化等。 4. 能感知和发现不同季节的特点,体验季节对动植物和人的影响。 5. 初步感知常用科技产品与自己生活的关系,知道科技产品有利也有弊。	1. 能察觉到动植物的外形特征、习性与生存环境的适应关系。 2. 能发现常见物体的结构与功能之间的关系。 3. 能探索并发现常见的物理现象产生的条件或影响因素,如影子、浮沉等。 4. 感知并了解季节变化的周期性,知道变化的顺序。 5. 初步了解人们的生活与自然环境的密切关系,知道尊重和珍惜生命,保护环境。

【教育建议】

1. 支持幼儿在接触自然与生活的事物和现象中积累有益的直接经验和感性

认识。如：

• 和幼儿一起通过户外活动、参观考察、种植和饲养活动，感知生物的多样性和独特性，以及生长发育、繁殖和死亡的过程。

• 给幼儿提供丰富的材料和适宜的工具，支持幼儿在游戏过程中探索并感知常见物质、材料的特性和物体的结构特点。

2. 引导幼儿在探究中思考，尝试进行简单的推理和分析，发现事物之间明显的关联。如：

• 引导5岁以上幼儿关注和思考动植物的外部特征、习性与生活环境对动植物生存的意义。如：兔子的长耳朵具有自我保护的作用，植物种子的形状有助于其传播等。

• 引导幼儿根据常见物质、材料的特性和物体的结构特点，推测和证实它们的用途。如：有坡度的屋顶有利于雨水流下；不同用途的车辆有不同的结构等。

3. 引导幼儿关注和了解自然、科技产品与人们生活的密切关系，逐渐懂得热爱、尊重、敬畏自然。如：

• 结合幼儿的生活需要，引导他们体会人与自然、动植物的依赖关系。如：动植物对自己生活的贡献，季节变化与生活的关系，常见灾害性天气给人们生产和生活带来的影响，人们的生活方式和习惯与自然环境的关系等。

• 和幼儿一起讨论常见科技产品的用途和弊端。如：汽车等交通工具给生活带来的方便和对环境的污染等。

第三章　科学观察

一、什么是观察

(一)观察的概念

观察是人的感官在大脑的指挥下进行的有意识、有组织的感知活动。观察是人们在自然发生的条件下对自然现象进行考察的一种基本的科学方法。认识开始于经验,科学开始于观察。幼儿科学教育中的观察方法是指教师有目的、有计划地组织和启发幼儿运用多种感官去感知客观世界的事物与现象,使之获得具体的印象,并在此基础上逐步形成概念的一种方法。

观察的方法可以保证幼儿在直接接触事物的过程中,运用多种感官直观、生动、具体地认识事物,了解事物的特性,进而提高幼儿感官的综合活动能力,培养其运用感官探索周围环境的习惯,并为发展幼儿的抽象思维能力、形成概念提供丰富的感性经验。所以,观察的方法在学前儿童科学教育中是最基本和最重要的方法,也是幼儿经常运用的学习科学的方法。科学的观察主要包括这样几层意思:

1. 丰富细致的信息。就是要尽可能"观察"到更多的东西,找到更多的观察点,发现更多的差异点。当然"观察"得越仔细,"观察点"越多,"观察"到的东西就越多。

2. 准确严密的说明。观察不仅是"观察"到了什么,更重要的内容是被观察到的东西是什么样,也就是有哪些具体的特征。对这些特征进行说明时,除用语言进行定性的说明外,还可以用图画、图片进行说明。但大量的科学观察,特别是对自然现象的观察,更强调数据的收集,借助某些测量工具对观察到的东西进行定量的描述。

3. 客观真实的记录。科学观察的意义在于观察结果的分享和观察资料的积累。因此科学观察一个很重要的内容就是对"观察"进行客观真实的记录,不但要如实记录"观察"到了什么,"观察"到的东西什么样,还要说明观察者是采用什么

方式进行观察的,是在什么时间、什么地方"观察"的。

案例"树叶落了吗"通过引导幼儿对身边的三种常见树的叶子的比较性观察,能够选择与实物相近的颜色表征树叶的颜色,并尝试大胆想象三种树的落叶特征。在幼儿先观察,后记录,再想象,最后对想象的结果在日常生活中做进一步的观察和验证,培养幼儿的比较性观察、细致观察的能力。

案例　树叶落了吗(大班)

活动目标

1. 将三种树叶子的变化情况记录下来,并预测三种树的落叶情况。

2. 通过观察、记录、讨论、猜测,能够选择与实物相近的颜色表征树叶的颜色,并大胆想象落叶的特征。

3. 对细致研究大树的活动感兴趣。

活动准备

记录表和水彩笔每人一套、幼儿名字图标、预测大表。

活动过程

1. 教师带领幼儿在户外对比观察三种树的树叶特征。

师:我们幼儿园有很多的树,你认识哪棵是梧桐树? 哪棵是广玉兰? 哪棵是桂花树吗? 今天我们就来观察这三种树的叶子有什么不一样。请你仔细地观察这三种树的叶子的形状、颜色,看一看变色的叶子占全部树叶的多少,是少数,是一半,还是大部分?(鼓励幼儿细致观察,并大胆地讲述。)

2. 教师引导幼儿进行记录。

(1)认识记录表。(包括三种树的名称、树叶的颜色、树叶的稀疏情况、幼儿猜测三种树的树叶掉落的情况。)

(2)提醒幼儿将自己刚刚观察到的如实记录。

3. 教师引导幼儿集体交流猜测树叶的变化,并在大表上记录。

(1)师:你认为梧桐树的叶子以后会有什么变化呢?(引导幼儿从树叶的颜色和树叶掉落的情况两方面猜想。)

(2)幼儿猜想完一棵树后,在自己认同的图标下贴上自己的名字图标。用同样方法完成对广玉兰、桂花树的猜想。

4. 教师总结。

师:今天,我们对这三种树的叶子进行了对比观察,并且分别猜想它们今后的变化,以后小朋友要经常来看看你的大树朋友,关心叶子的变色情况及掉落情况。

看一看,你们的猜想对吗?不同树的叶子变化到底有什么不同呢?希望大家在今后多多交流,听一听别人发现了什么。

(案例提供:南京市北京东路小学附属幼儿园　尚蒙妮)

(二)观察的类型

在幼儿科学教育中,观察一般可分为个别物体和现象的观察、比较观察、长期系统观察三种类型:

1.个别物体和现象的观察

个别物体和现象的观察是指幼儿对某一自然物、自然现象或科技产品进行观察,并且有目的地运用多种感官与周围某一事物或现象直接接触,了解它的外形、特征、属性和习性。一般通过这种观察,要求幼儿获得有关个别物体和现象的以下信息:

(1)观察物体的形状、颜色、大小。

(2)观察个别物体的外部结构、功能,以及两者的关系。

(3)观察个别物体相对的静止状态和运动状态。

(4)观察个别物体的存在与周围世界的关系。

2.比较观察

比较观察是指幼儿对两种或两种以上的自然物、自然现象或科技产品进行观察和比较,使幼儿在观察中更正确地认识自然物,并进行分析和比较,为概括分类奠定基础。通过比较观察,要求幼儿获得以下信息:

(1)在比较观察中发现自然物和科技产品的相似之处与不同之处。

(2)要求幼儿学会以两样物体的相应部分和整体性进行比较观察。

(3)要求幼儿以一种认识过的物体与新的观察对象进行比较观察。

(4)对两种新的自然物或科技产品进行比较观察。

3.长期系统观察

长期系统观察是指幼儿对某一自然物或自然现象进行较长时间的观察,它的特点是观察的时间长,对幼儿观察的持久性要求高。一般在引导幼儿观察、探索事物的生长和变化过程时运用。长期系统观察有利于培养幼儿观察的持久性、兴趣性以及培养幼儿对观察对象的感情。在长期观察过程中,幼儿发现并获得物体变化的第一手资料,了解事物生长变化的过程。

以上三种观察都有密切联系,在幼儿探索周围物质世界的过程中,往往是联系使用,不可机械分割。

二、幼儿观察力的发展阶段与特点

(一)幼儿感知觉发展的阶段

观察力的发展是建立在感知觉发展基础之上的。观察是一种有意识、有计

划、有目的、持久的知觉活动,是感知觉的高级形态 。人们认识、了解事物的本质,获得知识信息都离不开观察。有意识培养观察力的发展对幼儿的科学学习有重要意义。

感知觉就是感觉和知觉的合称。我们一般认为感觉是人脑对直接作用于感受器官的客观事物的个别属性的反映。知觉则是人脑对客观事物整体的反映。在现实生活中,对事物个别属性产生感觉时,同时就知觉到了事物整体。因此,感觉和知觉常合称为感知觉。幼儿的感知觉发展主要表现在三个方面:

1. 视觉的发展,其中包括视敏度的发展和颜色感知觉的发展。视敏度是指感知和辨别物体间细微差异的能力。在正常条件下,儿童的视敏度随年龄的增长而增长,增长最快的年龄是在 3 岁。3 岁儿童能认识基本的颜色,但不能很好地区别各种颜色的色调,如蓝和天蓝,红和粉红等。4 岁开始幼儿区别各种色调细微差别的能力才逐渐发展起来,并开始认识一些混合色。幼儿辨别颜色能力的发展,主要是掌握颜色的名称,如果掌握了颜色的名称,如"淡棕色""橘黄色"等,即使是混合色,幼儿同样可以掌握。幼儿期对颜色辨别力的发展,主要依靠生活经验和教育。研究表明,6 岁前的中国幼儿基本上都喜欢亮度大的红、橙、黄色,性别差异不明显。7 岁前幼儿对颜色的爱好基本上不受物体固定颜色的影响,7—8 岁是幼儿视觉发展的转折期。

幼儿随着年龄增长,对色调差别的感受性大大提高,并能以正确的词指称相应的颜色。对花的颜色的认识,对春天、夏天、秋天、冬天树叶色彩差异的区分都体现了幼儿颜色感知的水平。比如,幼儿面前呈现的两张照片,一张是春天翠绿树叶长出时拍摄的,一张是夏天树叶茂盛时的深绿色照片。儿童首先能识别出照片中树叶绿色的差异,并能根据自身经验指出两者拍摄的季节不同。

2. 声音感知的发展。新生儿不仅能听见声音,还能区分声音的高低、强弱、品质和持续时间。随着年龄的增长,幼儿的声音感知力会逐渐地发展起来。幼儿对各种各样的声音形成了准确的感知,也能比较出声音的高低与强弱。

3. 空间感知的发展。空间感知是人脑对物体大小、形状、方位、距离等空间特性的反映。在形状知觉方面,3 岁儿童基本上能根据图样找出相同的几何图形,5—7 岁儿童的正确率比 3—4 岁儿童高。对幼儿来说,不同几何图形辨别的难度有所不同,由易到难的顺序是:圆形→正方形→半圆形→长方形→三角形→五边形→梯形→菱形。

在大小知觉方面,2 岁半至 3 岁的幼儿已经能够按语言指示拿出大皮球或小皮球,3 岁以后判断大小的精确度有所提高。据研究,2 岁半到 3 岁是幼儿判别平面图形大小能力急剧发展的阶段。对图形大小判断的正确性,要依赖于图形本身的形状而定。幼儿判断圆形、正方形和等边三角形的大小较容易,而判断椭圆形、长方形、菱形和五角形的大小较困难。儿童判断大小的能力还表现在判断的策略上。4—5岁幼儿在判别积木大小时,要用手逐块地摸积木的边缘,或把积木叠在一起去比较。而6—7岁幼儿由于经验的作用,已经可以单凭视觉指出大小相同的积木。

(二)幼儿观察力发展的特点

观察是有目的、有计划、比较持久的知觉,是知觉的高级形式。观察力的发展在3岁后比较明显,幼儿期是观察力初步形成的阶段,观察力的发展主要表现在以下五个方面:

1. 目的性加强

随着年龄的增长,幼儿观察的目的性逐渐加强。幼儿常常不能自觉地去观察,观察中常常受事物突出的外部特征以及个人兴趣、情绪的支配。特别是小班的幼儿,在观察过程中常常会忘掉观察任务。例如,给幼儿一张图片,上面画着几个孩子在溜冰,冰场上有一只手套。教师向幼儿提出任务,要求他们从画面上找出那个丢了手套的孩子。大部分小班幼儿根本不认真去找,他们观察时,胡乱看一些无关的细节,完全忘了观察的目的。中、大班幼儿观察的目的性有所提高,他们能够按照成人规定的观察任务进行观察。任务越具体,幼儿观察的目的就越明确,观察的效果就越好。比如,让幼儿找出两幅图画的不同之处,如果明确告诉他们有几处不同,观察的效果就会显著提高。

2. 持续性延长

观察持续的时间短,与幼儿观察的目的性不强有关。幼儿对于喜欢的东西,观察的时间就长些。比如观察金鱼,时间可达5—6分钟,观察盆景的时间只有1—2分钟,因为前者是活动多变的,幼儿较有兴趣。在一个实验里,三四岁儿童观察图片的时间只有6分8秒,5岁增加到7分6秒,6岁可达12分3秒。可见,在学前期,儿童观察持续的时间随着年龄的增长而有显著提高。

3. 细致性增加

幼儿的观察一般是笼统的,看得不细致是幼儿的特点和突出问题。比如,幼儿在观察时,只看事物的表面和明显较大的部分,而不去看事物较隐蔽的、细致的特征;只看事物的轮廓,不看内在的关系。如6岁左右的幼儿往往在认识"n和m、工和土、日和月"等形近字母或汉字时出现混淆。学习活动要求观察要精细,经过系统的培养,幼儿观察的细致性能够有所增加。

4. 概括性提高

观察的概括性是指能够观察到事物之间的联系。据研究,儿童对图画的观察逐渐概括化,可以分为四个阶段,其中幼儿对图画的观察主要处于"个别对象"和"空间联系"阶段。

(1)认识"个别对象"阶段。对图画中各个事物只有孤立零碎的知觉,不能把事物有机地联系起来。

(2)认识"空间关系"阶段。只能直接感知到各个事物之间外表的、空间位置的联系,不能看到其中的内部联系。

(3)认识"因果关系"阶段。观察各个事物之间不能直接感知到的因果联系。

(4)认识"对象总体"阶段。观察到图画中事物的整体内容,把握图画的主题。

5. 观察方法的形成

幼儿的观察是以依赖于外部动作,向以视觉为主的内心活动发展。幼儿初期,观察时常常要边看边用手指点,也就是说,视知觉要以手的动作为指导。以后,幼儿有时用点头代替手的指点,有时用出声的自言自语来帮助。幼儿末期,可以摆脱外部支柱,借助内部言语来控制和调节自己的知觉。幼儿的观察是从跳跃式的、无序的,逐渐向有顺序性的观察发展。通过观察活动,幼儿能够学会有顺序地从左向右、从上到下或从外到内进行观察。

第二节 科学观察的方法与品质

一、科学观察的方法

(一)多种感官观察法

在指导幼儿进行观察探究的过程中,我们常常需要听一听、摸一摸、闻一闻,甚至要尝一尝。例如:探究关于"水"的内容时,教师把酱油、白酒、白醋、盐水、清水放在一起,组织幼儿讨论"怎样才能从这些液体中选出清水来?"幼儿先用眼看,分开有色的和无色的;然后用鼻子闻,区分有气味的和无气味的;最后用舌头尝,找出有味道的和无味道的。幼儿很快就能准确地鉴别出来。幼儿观察物体有时还得借助仪器,如利用放大镜观察撕开的纸的毛边,用显微镜观察肉眼看不到的微生物等等。

(二)顺序观察法

自然事物和自然现象都有各自的"序",在空间上有各自的位置,在时间上有各自的发展过程。因此,在科学活动中,应让幼儿根据观察对象的特点,做到心里有个观察的"序"。也就是说先看什么,后看什么,要有一定的次序。只有观察有序,才能达到观察的目的。顺序法可分为方位顺序和时间顺序。方位顺序法,即由整体到部分或由部分到整体;先上后下或先下后上;由左至右或由右至左;由近及远或由远及近;由表及里或由里及表;先中间后两边或先两边后中间。时间顺序法,即按观察对象的先后发展顺序观察。如指导幼儿观察一天中太阳下物体的变化;观察蝌蚪的发育过程;观察蚕一生的变化;观察月亮在不同日期同一时刻在天空中位置的变化等。

(三)对比观察法

对比观察是幼儿同时观察两种或两种以上的物体并进行比较,以找出物体间的异同。在观察过程中,通过比较分析、判断和思考,从而精确、细致、完整地认识事物。这种方法能帮助幼儿较快地发现事物的特征,有利于幼儿的分类能力发展和概念的形成。例如,鸡和鸭的比较性观察、自行车和摩托车的比较性观察等。在这样的活动中,通过比较性观察使幼儿发现物体间的不同点,以及相似点;学习对两样物体的相应部分进行比较;在此基础上挑选出同类物体,并进行分类。比较性观察要求对事物进行比较分析,需要较复杂的认知活动,因此它仅在小班后期与中、大班进行,太小的年龄不适合运用此方法。而且各年龄班进行比较性观察时要求有所不同:中班可以仅比较物体明显的不同点;大班不仅比较物体的不同点和相同点,还可以在此基础上进行分类。

(四)典型特征观察法

从物体的明显特征入手,引导幼儿对事物的总体进行观察的一种方法。有些物体具备一些鲜明的外形特征,这些典型特征在幼儿的观察过程中首先作用于他们的感官。例如物体的鲜艳色彩、特殊的气味、某一部分奇异的样子,或者不常见的声音等,都非常容易吸引幼儿的观察兴趣和注意力。因此在观察过程中,教师可以首先引导幼儿从这些典型的特征开始观察,然后展开全面的观察,以提高辨认物体的能力。例如,在对"马"的认识中,抓住马的典型特征——奔跑,从马的四肢、鬃毛等开始观察,让幼儿比较准确地感知"马"这个动物的外形特征。

(五)跟踪观察法

自然现象、生物的生长发育等都是一个动态的过程,因此对自然界的变化、生物体的生命现象及本质的研究需要作定期的跟踪观察。如青蛙的发育过程、月相的变化、太阳高度的测定等,都需要进行长时间的跟踪观察。在天文观察中,对星体的运动、位置变化的观察,如观察月相的变化就是运用跟踪观察的方法。对一般运动物体的研究也采用这种方法。

跟踪观察要坚持有始有终,许多重大的发现都不是短期观察就能获得的,这是因为事物的发展都有一个过程或周期。只有经过长期的跟踪观察,才能观察到连续的、完整的过程,使观察的结果更加可靠、准确。

每种观察法都各有利弊,应该根据不同的情况进行选择。另外,在实际的观察活动中,往往是综合运用几种方法。

二、幼儿良好的观察习惯及其培养

观察是一个有目的、有计划、有组织、比较持久的积极思维过程；观察是幼儿认识世界的主要形式。那么，如何采取有效的措施，让幼儿爱观察、能观察、会观察，从而不知不觉地发展观察的能力呢？

1. 有目的观察的习惯

观察是一种有目的的感知活动，在没有明确的感知任务时，对象往往是肤浅的、不完整的，明确了目的任务去感知某一事物，感知的对象就比较完整清晰。因此，必须让幼儿养成有目的、有计划、有选择地进行观察的习惯。如果观察目的不明确，幼儿往往就会浅尝辄止，或东看下西看下，观察效果很差，有时甚至视而不见，听而不闻。如一会儿看看花瓶，一会儿抓抓泥土，一会儿又摸摸一旁的石头等盲目地观察。因此，观察的目的性和计划性是观察有收获的重要条件。观察前先用生动的语言激发幼儿对观察对象的强烈兴趣，让幼儿明确"今天我们观察的是什么"。

2. 全面观察的习惯

由于任何事物本身都有一定的内在联系，而且与其他事物之间也存在一定的联系。因此，为了提高观察的精确性，把握事物的本质属性，幼儿应该有步骤有条理地进行全面观察，并分清主要现象和次要现象。

3. 重复和长期观察的习惯

因为很多事物的发展特别突然、迅速，由于幼儿观察速度跟不上，还没观察清楚，现象就消失了。所以要重复观察，才能使结果可靠。另外，由于观察时出现的次要现象更加吸引人，幼儿容易忽视对主要现象的观察，只好再进行重复观察。为了增强观察的持久性，还必须培养幼儿长期观察的习惯，如饲养小动物、种植植物等。观察时要有观察记录，记录要做到准确、具体。如请幼儿观察自然角的种子每天有什么变化。开始第一周，幼儿很烦躁。没有东西吸引他们的注意力是原因之一，更主要的是没有养成持久观察的习惯。过了十天左右，幼儿忽然发现有一粒种子长出了微小的绿绿的芽，以后每天小芽都会长大一点。"钻出来了"，"有一片小叶子了"，幼儿每天都把自己的发现记录在本子上，不仅了解了种子发芽的全过程，而且学会了耐心等待和持之以恒，使持久的观察能力得到发展。

4. 养成应用各种感官和仪器进行观察的习惯

只有尽量应用多种感官进行观察，才能获得完整、鲜明、精确和生动的事物形象，才能对事物理解得更加深刻。应用各种感官直接进行观察是很重要、很方便的，但有一定的局限性，而且直接观察往往会有误差。因此，还要运用仪器，扩大感官功能，才能推动认识的深入发展。如显微镜、放大镜就大大增强了视觉的功能。

培养幼儿良好的观察习惯可以从四个方面落实：

一是细心。即观察时要细致,不放过每一个细小的变化。不细心就不能深入事物的精微之处,就不能留下深刻的记忆,就概括不出事物的规律。所以观察不仅要亲眼看,还要深入看,要方方面面、里里外外、周密细致、精细观察,要"左看、右看、上看、下看",把所要观察的现象看个"清清楚楚、明明白白、真真切切"。

二是耐心。对复杂事物的观察,特别是创造性的观察,往往需要付出艰苦的劳动,需要有顽强的毅力。有些现象稍纵即逝,需要进行重复观察;有些现象变化缓慢,需要长期观察;有些现象因实验失败,需要再实验重新观察。这些都需要耐心,没有耐心就不可能获得可靠、准确、理想的观察结果。

三是多思。在观察过程中,教师要指导幼儿边观察边思考,多问几个"为什么"。观察时不动脑筋,不积极思考,即使是新奇的东西放在眼前,也会错过获得观察结果的机会;而处处留心,善于思考的人,往往可以从习以为常的生活现象中获得重要的发现。因此,观察后要进行认真的思考、分析、比较、综合、概括,做出合理判断,得出正确结论。

四是求实。对观察结果要本着实事求是的态度,记录要真实,不能凭主观想象任意修改或人为地编造数据。如果实验观察结果与预期的不一致,要查找原因,认真分析,改进后重新再做,直到成功为止。

第三节　科学观察活动的过程与设计

一、活动设计原则

(一)准备工作要充分

观察前的准备工作十分重要,它直接影响观察的结果,决定观察的成败。组织者要按《3—6岁儿童学习与发展指南》的要求,根据科学教育活动的计划、季节和地区的情况、儿童的发展水平,确定观察的内容、要求、地点与形式,拟定观察计划。考虑如何引起儿童的观察兴趣,教给他们观察的方法;考虑如何提出启发性的问题以及怎样发展儿童的智力和语言等。

(二)内容选择要合理

选择特征典型、明显,并力求美观的观察对象,掌握有关知识,熟悉观察对象的特征、习性等,以便引导儿童正确认识。观察对象的数量,应根据具体情况和观察的要求而定。可以是全班儿童共同观察一个对象,也可每个儿童观察一个或一个小组观察一个。观察对象所在的位置与儿童的座位要作适当的安排,以保证全体儿童都能顺利地进行观察。

(三)观察方法很重要

观察活动的有效开展应遵循观察的基本方法。观察应有顺序地开展,运用各种感官进行观察、比较,并运用语言大胆讲述自己在观察中的发现,用图画、数字等多种方式记录自己观察的结果。

二、活动目标设计

活动目标是整个教学活动的"纲",教育活动围绕目标进行,做到有的放矢。所有的过程都是为了落实目标设计的,目标决定过程,而过程指向目标。

1.观察技能

即运用多种感官感知(比较或有顺序地观察)物体的特征。如:

运用多种感官感知西瓜的特征。(小班)

观察比较自行车和摩托车的不同。(中班)

观察蚯蚓的各部分及其特征。(大班)

观察并记录小蝌蚪身体的变化。(大班)

2.表达技能

即运用(完整或连贯)语言讲述自己在观察中的发现。如:

尝试用语言表达西瓜的特征。(小班)

学习用图画表现小蝌蚪的生长过程。(大班)

3.科学认识

即认识事物的明显特征(多样性、异同)。如:

观察迎春花的颜色、花瓣、枝条等明显特征。(小班)

在观察的基础上,知道水果是多种多样的。(中班)

观察各种水生动物的特点,知道它们是生活在水里的。(大班)

三、活动流程设计

(一)单个物体(同类和比较性)观察

出示观察对象→幼儿自由观察→表达交流→教师引导观察→表达交流→教师总结评价。

案例　好吃的橘子(小班)

活动目标

1.运用多种感官(闻、看、摸、尝等)认识橘子,了解橘子的外形特征。

2.用恰当规范的语言描述自己所感知的橘子的特点。

3.知道橘子有营养,喜欢吃橘子。

[活动准备]

每组一盘橘子,已剥开的橘子,沾有橘子汁的手帕,各种大小、颜色的橘子等。

[活动过程]

一、运用猜测,激发幼儿活动的兴趣。

1. 教师出示用沾有橘子汁的手帕包住的橘子。

师:猜一猜,这里面是什么?(给幼儿闻、观察)

2. 验证幼儿的猜测结果,引导幼儿进一步观察。

师:里面到底是不是橘子,我们一起来看看吧!

二、幼儿运用感官认识橘子。

1. 师:看一看,橘子是什么样子的?(颜色、形状)它像什么? 你们想不想知道橘子里面是什么样子的?(出示已剥开的橘子)

2. 幼儿边剥橘子边观察、了解。

师:橘子外面有什么?(认识橘子皮)橘子里面有什么?(认识橘子瓣)看一看,橘子瓣像什么?

三、幼儿品尝橘子,感受橘子的味道。

1. 师:我们一起来尝尝橘子的味道吧! 谁能告诉大家,你吃到的橘子是什么味道的? 酸酸的还是甜甜的?

2. 师:吃橘子的时候,橘子里有什么流出来了呀?(橘子水)

小结:橘子圆圆的,像灯笼,像太阳,像糖葫芦……剥开橘子皮,里面有许多橘子瓣,橘子瓣像小船,像月亮,像小桥……橘子的味道酸酸的、甜甜的,吃到嘴里还有橘子水呢!

四、出示不同特征的橘子,让幼儿进一步感受。

师:这里有许多橘子朋友,让我们来认识一下!(出示颜色、大小不同的橘子)

幼:这里有绿色的橘子,有黄色的橘子,还有红色的橘子。 这是一个大橘子,还有许多小橘子……

师生共同小结:橘子有营养,我们都爱吃,吃橘子对身体好。

[活动评价]

橘子是幼儿生活中常见、熟悉的水果之一。 活动中,幼儿可以在摸、闻、尝橘子的过程中,充分运用多种感官感知橘子,发现橘子的特征;通过剥橘子,使他们手部的小肌肉得到发展和锻炼。“剥吃橘子”的环节,就是让幼儿真正地动起手来,在亲身体会中感知和发展。

(案例提供:南京市第一幼儿园　王超)

科学观察

(二)展示观察(认识事物多样性)

收集物体→布置展览→共同参观→表达交流→教师总结。

案例　各种各样的叶子(中班)

活动目标

1. 通过观察分类活动,发现不同叶子的外形特征及同种叶子的异同特点。

2. 能愉快地参与活动,大胆表述自己的发现。

3. 积极探索,对观察叶子有兴趣。

活动准备

1. 经验准备:活动前利用散步时间,带领幼儿在园里捡拾常见的几种落叶。

2. 物质准备:梧桐叶、广玉兰、枫叶、银杏叶、竹叶若干;幼儿每人一个篮子,大托盘、实物投影仪、教学PPT。

活动过程

一、探索梧桐叶的异同点。

1. 感知梧桐叶的外形特征。

师:你们手上拿的是什么叶子?(幼:梧桐叶)梧桐叶是什么样子的?

2. 比较梧桐叶的不同。

(1)师:是不是每一片梧桐叶都一样呢?请你和旁边的小朋友比一比,看看你们俩的梧桐叶有什么不同。

幼儿自由讨论。

(2)师:请小朋友为大家介绍一下,你们发现两片梧桐叶有什么不同?

教师小结:每一片梧桐叶都不一样,有的大,有的小。秋天到了,有的开始变成黄颜色,有的还是绿色。

二、探索不同叶子的特征。

1. 自由探索。

师:我也捡了一些树叶,放在后面的托盘里,等一下你们可以去看看我捡到的是什么树叶。和你旁边的小伙伴说一说:树叶的形状、颜色像什么?

2. 集体表述树叶的特征。

师:每个小朋友都有个小篮子,请你从篮子里选两片不一样的小树叶。说一说,你选的是什么树叶?

幼儿介绍树叶,教师引导幼儿从名称、颜色、形状和像什么来表述。

3. 小树叶找妈妈。

师:谢谢小朋友把我收集的树叶介绍给大家。小树叶们想和大家玩"树叶找家"的游戏,这儿有四棵大树妈妈,请大家仔细看清楚哪个是小树叶的妈妈,再把小树叶送回树妈妈的身边。

幼儿将自己手上的树叶贴到树妈妈的身上。

三、欣赏树叶贴画。

师:美丽的落叶可以做什么呢?

幼:可以做书签,树叶贴画,玩游戏。

师:我们小朋友也做过树叶贴画,周末可以和爸爸妈妈一起收集各种落叶,制作树叶贴画,然后带来和大家一起欣赏哦。

活动延伸

在区域活动中,收集各种不同的落叶,幼儿进行树叶贴画的手工活动。

活动评价

叶子装扮着我们的大自然,缤纷的变化也吸引着幼儿对其不断探索。本次活动重点在于引导幼儿通过观察,发现叶子有什么一样或不一样的地方。因此,在活动中,教师要给幼儿充裕的时间,在观察、比较、归类、推理中探索叶子的不同特征。在幼儿探索叶子特征的活动中,教师应注意拓展幼儿的知识经验,通过设疑、游戏活动,培养幼儿专注、细致、追问、探索等科学品质。

(案例提供:南京市第一幼儿园　李金花)

(三)现象观察(重点是观察发生的变化)

引出对象或问题→观察现象→观察中的交流和指导→讨论和交流→总结评价。

案例　常绿树和落叶树(中班)

活动目标

1. 认识落叶树与常绿树,知道在秋季,有的树会落叶,有的树是常绿的。

2. 在观察、操作的基础上,初步发现落叶树和常绿树两种树叶间的差异。

3. 能主动表达自己的发现。

活动准备

1. 经验准备:日常的园内散步时,教师有意识地引导幼儿观察落叶树与常绿树的变化。

2. 物质准备:各种落叶树、常绿树的图片。

科学观察

1. 通过谈话了解幼儿对树的已有经验。

(1)师:现在是什么季节？你们在幼儿园散步的时候,发现树叶都有哪些变化呢？

(2)师:所有树的叶子都像你们所说的那样,从树上落下来了吗？我们到幼儿园里去找一找,看一看,是不是所有的树都和你们刚才说的一样。

2. 提出观察要求。

师:要观察大树,不能跑到离老师很远的地方。

3. 幼儿结伴自由观察,教师个别询问幼儿的发现。

师:这是什么树？(如果幼儿不知道,教师直接告知)你发现它的树叶怎么了？是不是所有的树都落叶？有没有不落叶的树？它叫什么树？它的树叶是什么颜色的？摸起来有什么感觉？

4. 教师组织幼儿集中交流。

师:你们找到了哪些树？这些树都落叶了吗？它们有什么不同？

教师引导幼儿每人捡一片落叶和常绿树(小叶黄杨)的叶子进行对比,感受两种树叶的差异。

教师小结:树叶是各种各样的,在秋天,有的树会掉叶子,而有的树的叶子是一直常绿的。

5. 教师播放图片,进一步丰富幼儿关于落叶树和常绿树的经验。

师:老师准备了一些图片,看看这些树,你们还认识哪些？

6. 教师提出问题,引导幼儿大胆表述自己的想法,并鼓励幼儿持续观察、寻找。

师:为什么有的树会落叶？而有的树是常绿的呢？还有哪些树会落叶,哪些树是常绿的？请你们自己在周围的公园里、小区里找一找,看谁的发现最多。

活动延伸

1. 引导幼儿持续观察落叶树的变化,观察树叶由多变少的现象,初步感受大树生长变化的过程。

2. 可请家长在日常生活中注意引导幼儿发现各种常见的落叶树和常绿树,丰富幼儿的相关经验。

3. 教师可定期组织幼儿交流有关树的新发现,激发幼儿持续关注树变化的兴趣。

活动评价

秋天到了,梧桐树、银杏树等的落叶现象悄然地发生在幼儿的身边。教师根据《3—6岁儿童学习与发展指南》中明确指出的"经常带幼儿接触大自然,激发其好奇心与探究欲望",设计了此次活动。教师引导幼儿通过对比观察,发现在秋季,有的树会落叶、有的树却是常绿的。在这里,我们不需要幼儿形成落叶树和常绿树的概念,而是引导幼儿发现:在秋季,树的变化是不同的,关注到事物的多样性,从而进一步激发幼儿关注周围常见变化现象的好奇心和探究欲。

(案例提供:南京市北京东路小学附属幼儿园　马骏)

(四)户外观察

激发兴趣→个别观察、指导→分享和表达体验。

案例　观察兔子(小班)

活动目标

1. 鼓励幼儿给兔子起名字。

2. 自由观察、交流兔子的外形特征。

3. 知道轻抱、轻摸小动物,养成爱护小动物的习惯。

活动过程

1. 观看时要怎样注意保护自己和兔子呢?(不要被兔子咬到手,兔子小便时注意避让;不要用手指戳兔子等。)

2. 鼓励幼儿大胆抚摸兔子,感知兔子身体和兔毛的柔软。

师:用手轻轻摸摸兔子,有什么感觉?

3. 引导幼儿学习有序地观察。

(1)兔子的头什么样? 头上有什么?

(2)兔子的耳朵是什么样的? 兔子的眼睛是什么颜色的? 兔子的嘴什么样?

(3)兔子的身体像什么形状? 尾巴在哪儿? 有几条腿?

4. 引导幼儿用身体动作来表现兔子跳跃的样子。

师:兔子是怎样走路的?

5. 交流、了解兔子的生活习性。

(1)幼儿自由猜测小兔子喜欢吃的食物。

师:你们知道兔子可能喜欢吃哪些东西吗? 我们带来的食物兔子会吃哪些呢?

(2)与幼儿讨论喂兔子的方法及注意事项,提醒幼儿保持安静,静静地观察。

师:兔子胆子很小,我们怎样喂兔子才不会吓到它呢? 兔子吃食物的时候,我们怎么做呢?

(3)观察兔子吃食的情况,提醒幼儿养成良好的观察习惯。

幼儿每人取出一个食物放在兔子"家"的四周,在旁边静静地看兔子吃了什么,是怎么吃的。

(4)幼儿自由交流观看兔子吃食的情况。

师：兔子吃了你带的食物吗？是怎么吃的？

6. 讨论关心兔子、合理喂养兔子的方法。

(1)师：兔子最喜欢吃什么？我们怎样喂养兔子才合适呢？

教师提醒幼儿不要喂给兔子不干净和潮湿的东西。

(2)师：喂兔子时注意不要被兔子咬到手。

教师提醒幼儿注意在观察和喂养过程中的自我保护。

活动评价

1. 喜爱动物是每个幼儿的天性，当一只活泼可爱的小兔子生活在幼儿的身边，需要幼儿喂养、照顾它时，这将会带给幼儿不一般的惊喜，也会使幼儿产生更多的好奇和思考。当幼儿和兔子近距离接触时，日常生活中每天的照料、每次的观察、每刻的谈论，都会不断激起幼儿心中的那份好奇和关爱，也会引起幼儿对小兔子的秘密产生积极的探究欲望。

2. 对于内容的选择，不论是哪个年龄段，都应是幼儿既熟悉又陌生的。熟悉是指幼儿有生活经验，有话可说，有感性经验；陌生是指幼儿有发展的余地，有可拓展的空间。小兔是幼儿比较熟悉的一种小动物，在儿歌、故事中经常听到，然而只停留在较浅的知识层，拓展的空间非常大。

3. 教师能注意调动幼儿的多种感官(看、听、摸)，运用多种方式(做动作)同时参与表达，以帮助幼儿积累具体形象的经验，激发幼儿参与观察活动的兴趣。

4. 以情感引导为主线。小班的幼儿情感是非常脆弱的，但同时也是非常容易构建情感因素的。在和小兔玩耍的过程中，始终融入了教师和幼儿的感情因素，如轻轻抱、安静喂食等等，不需要刻意地提到该如何保护它，而是用行动表现出来。

5. 在总结时，教师要找寻有效的梳理方法，帮助幼儿整理零乱的知识。对于小班的幼儿，绘画是能够吸引他们的有效方法，因此教师还可以选择"绘画小结"的形式，抓住兔子的特征，这要比说教式的小结更为简明、生动、富有趣味。

(案例提供：南京市北京东路小学附属幼儿园　张琴)

第四节　科学观察活动的组织与指导

一、科学观察活动的组织指导

(一)创设情境，激发幼儿的兴趣

创设情境的作用主要有两个：一是调动幼儿的学习兴趣，激发幼儿的求知欲；

二是唤起幼儿对原有知识的回忆,同时产生新的问题,为观察学习做好铺垫。创设情境是教学的开始,也是教学成功的关键所在。好的情境可以激发幼儿的兴趣,使幼儿产生疑问,形成探究的动力,会使幼儿以积极的心态投入到教学活动中。相反,情境不合理,幼儿感到索然无味,教学过程就会失去探究的色彩,教学也不会取得预期的效果。

对于幼儿来说,创设情境要体现一个"趣"字。教学中,教师应根据幼儿的年龄特点从他们已有的知识和生活经验出发,创设幼儿感兴趣的、幼儿生活和本节教学密切相关的情境导入新课,如音像、图画、谜语、故事、游戏等。

例如:一天下过雨后,幼儿发现活动室的地板上有许多小脚印。教师没有擦掉脚印,而是带领幼儿观察脚印,大家发现每一个脚印都是不同的,皮鞋的花纹很相似,运动鞋底的花纹很深。连续几天幼儿都在收集鞋子的花纹,他们渐渐发现,有的花纹是为了美观,有的是为了防滑,每种鞋子的花纹都不同。通过观察花纹,他们认识了各种各样的鞋子,有雨鞋、冰鞋、救火鞋、减肥鞋等。按说活动也就到此为止了,但教师继续将幼儿的兴趣引向纵深,引导幼儿观察生活中还有什么地方有花纹。幼儿又发现,鼠标垫下面有花纹,汽车轮胎有花纹等等,于是幼儿探究花纹的兴趣又被点燃了。他们观察幼儿园的车、小区的车后发现,越是拉货物的大车,轮胎越多,花纹越深。有的幼儿还从网上查到,下雪时人们为了防滑还将汽车轮胎装上铁链子,防止汽车打滑,大家都很感慨,原来花纹的作用这么大。生成性活动的特点是抓住幼儿即时产生的兴趣,引发幼儿的探究活动,对教师的观察与判断能力要求较高,什么样的兴趣是个别幼儿感兴趣的,需要个别指导;什么样的兴趣是群体幼儿都感兴趣的,需要引起大家的关注,教师的心中要迅速建立起一个可能的主题网。这样才能有效地拓展幼儿的认识,发展幼儿的探究能力。如:鞋印(个别人的兴趣)→鞋印都有什么样的?(引导部分幼儿观察)→鞋印有什么作用?(群体幼儿收集资料,共同研究)→还有什么地方有花纹(扩大认识范围)→花纹和我们的生活有什么关系(拓展思维)。教师要有目的地将幼儿的认识升华,逐步加深认识的内容。

(二)通过启发性提问引导幼儿观察

根据观察目的,提出明确的问题,使幼儿对观察的范围和思考的线索十分清楚。那种在观察中提出一连串的问题,或只提一个问题,却又包罗许多观察内容的,都会使幼儿不知如何观察,造成观察的混乱。提问题应有启发性,避免暗示性。提"是什么""什么样"一类的问题,可使幼儿将观察到和记忆中的事物描述出来。提"为什么""怎么样"一类的问题,可促使幼儿通过观察去发现事物现象之间的关系,动脑筋思考问题,这些问题是具有启发性的。而"是不是""对不对"一类的问题只要求幼儿作肯定或否定回答,甚至有些暗示了答案(如"小白兔的眼睛是

不是红的"),这些问题幼儿容易不假思索,或随声附和地回答,不利于促进儿童智力的发展,应尽量避免。

好奇好问是幼儿的天性,这种天性让幼儿更加执着于持续不断地观察探究。大班幼儿的逻辑思维能力不断增强,他们提出的问题更具有针对性和目的性。因而在持续性观察活动中,教师要善于引导幼儿围绕既定的观察目标发问,使提出的问题成为引导幼儿进行有目的地观察记录的"引路人"。例如在"绿豆发芽"的活动中,幼儿围绕"绿豆发芽的条件",结合已有经验提出很多问题。如"把绿豆放在水里会发芽吗?""绿豆埋在土里会怎样?""绿豆在密闭盒子里会变成什么样?""室内和室外的绿豆谁更容易发芽?"等等,教师引导幼儿围绕这些问题,进行持续观察和记录,实践中发现幼儿的观察能够紧紧围绕目标进行,记录不仅体现出绿豆发芽的形态,同时还体现影响绿豆发芽的条件,如"嫩绿的豆芽从土里钻出来了"等,他们的记录已具有初步的针对性。

(三)引导幼儿探究,解决问题

在观察探究、解决问题这一环节要体现一个"历"字,即让幼儿经历观察探究的过程。幼儿只有亲身经历,才能尝到科学探究的甜头,才能体会到成功带来的喜悦,从而产生参与探究活动的兴趣。例如"绿豆发芽"的活动中,幼儿围绕"室内和室外的绿豆发芽有什么不同"的问题进行分析和讨论,有的说室内外阳光照射的时间不一样,有的说室内的温度低,室外的温度高,还有的说室外的土壤更肥沃,更适合绿豆发芽。结合分析,我们提出了观察记录的要点:室内外温度的记录、土壤湿度的记录、室内外绿豆发芽形态的记录。从而判断哪种环境更适合发芽。教师引导幼儿分析问题,使幼儿对记录要点的把握不容易出现"看到什么就记录什么"的情况,进一步增强了幼儿记录的目的性。

(四)指导幼儿做好观察记录

记录形式能形象地体现幼儿观察活动的"记录语言"。形象生动的"记录语言"不仅能再现幼儿观察探究的过程,还能让幼儿领略观察探究的乐趣,获得更多经验,促进幼儿持续观察记录能力的发展。

在一次户外观察树叶时,教师请幼儿把自己看到的记录下来,幼儿非常迷茫,"老师,什么是记录?""老师,我怎么记录呀?""我不会记录。""老师,记录是不是把东西画下来?"结果,幼儿都在为如何记录而犯愁,完全无法投入到观察中。在这种情况下,教师赶快提示幼儿:"记录就是把你认为重要的特征一个一个地画下来,假如你发现树叶上有一个虫疤,那你就把这个虫疤画下来,而不需要画整片树叶。记录就是要让看的人一眼就能看出你发现的特征。"幼儿明白了,于是他们不再为自己不会记录,不知道什么是记录而犯愁,因为他们已经掌握了记录的方法。

幼儿的记录形式是多种多样的,图画、泥工、剪贴都是幼儿最常见的表征,教师允许并支持幼儿自己的表征形式，既为观察后的交流、分析提供视觉依据，也促进了每个幼儿的成功体验。如观察大树后，有的幼儿用线条勾勒出树干上的纹路，有的用橡皮泥制作了大树，有的则用积木拼搭了大树等等。这些既是幼儿观察的瞬间记忆，又是一幅幅精美的作品。

再如，幼儿十分喜欢小鸡和小鸭，但经常混淆，教师引导幼儿对小鸡、小鸭从外形特征、声音、生活习性等方面的不同进行区分，并用绘画的方式来记录。通过观察自己的记录表，幼儿很容易区别小鸡与小鸭的不同点。可见，图表的方法能够直观、形象地反映幼儿自己的发现，帮助幼儿梳理头脑中的信息。

表 3-1　记录表

外形		
冠		
嘴		
脚	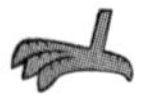	
尾巴		
叫声	咯咯咯	嘎嘎嘎
生活习性		
蛋的大小		

(五)鼓励幼儿交流、分享观察的结果

幼儿通过观察探究，有了自己的感受、体验和发现，需要通过思考以适当的方式表达想法，从而明晰所观察事物的特征和关系。因此持续性观察活动不能只停留于记录，记录要与分享、交流紧密结合。

教师要提供丰富的条件，如：利用相机、摄像机、投影仪，以及展板等工具充分展示幼儿的记录，构建交流的平台，鼓励幼儿与同伴、教师进行分享、交流。让幼儿有充分的时间和机会表达、描述自己的观察发现，引导幼儿用准确、连贯的语言讲述记录的内容，提高幼儿总结、概括科学现象的能力。例如在"油和水"活动中，教师为幼儿提供展板，鼓励幼儿展示记录表，与同伴交流自己的观察发现。在同

伴的带动下,一些平时较少主动分享的幼儿也开始积极主动地交流。在集体讨论时,教师通过投影仪,引导幼儿结合各自的记录表,从记录完整性、现象表征、色彩运用等方面大胆表述记录过程中的发现,扩大交流面,使幼儿更加大胆地分享交流。

二、科学观察活动的案例分析

案例　猜物品(大班)[①]

师:大家猜猜里面装的什么?

生:糖果! 玩具! 甜饼干!

师:你们怎么知道里面有东西呢?

生:口袋胖乎乎的。

(分析:教师引导儿童用视觉手段进行观察。)

师:你们能想出一些合适的词来说明里面一定有东西吗?

生:鼓鼓囊囊。

师:这个词不错。

生:厚! 大! 圆!

(分析:鼓励幼儿用各种词语描述视觉观察到的对象,培养了科学能力结构中的其他能力,如语言表达能力。)

师:我们怎样才能弄清楚里面是什么东西呢?

生:把它打开?

师:哦,那太容易了。你们瞧,科学家可没法把一个原子打开来看看里面是什么,但他们仍然清楚地知道原子里面的情况。

(分析:通过类比说明观察手段不只限于视觉,从后面的对话可以看出,教师已经开始引导孩子们从其他感觉通道来观察眼前的纸口袋以及里面装的东西。)

生:摸一下!(儿童提出了利用触觉的观察计划)

师:你可以摸。不过,科学家够不到星星,却很清楚星星是什么样子的。科学家们用仪器帮助他们发现星星和原子的情况。我来做你们的仪器好吗? 假定我就是仪器,你们能告诉我做什么可以帮助你们弄清楚口袋里面是什么东西吗? 卡顿,看来你有些想法。

(分析:教师不断强调科学家的研究,拉近了孩子们的现实与未来的距离,使孩子心中升起一种自豪感。)

---

① 兰本达.小学科学教育的"探究—研讨"教学法[M].北京:人民教育出版社,1983:13—19.

生:松手!

教师从头顶处使纸袋"噗"一声掉在地上。孩子们争先恐后举手作积极回答，黑板上写着的物品有:球、石头、水果、砖头、油漆罐……

（分析:显然，幼儿根据口袋落地的声音是可以判断声响由何种物品发出的。这一步属于实验观察。）

生（维奥）:不可能是油漆罐。

师:你为什么认为不可能,阿伦?

生（阿伦）:因为油漆罐是会被摔破的,可是我没有听见摔破的声音。

师:你认为阿伦的意见怎么样,维奥雷特? 油漆罐是你说的。

生（维奥）:我想阿伦是对的。也许是块石头。

师:那我把"油漆罐"三个字画掉了,好吗? 你们还要我做什么来帮助你们判断里面是什么东西?

（分析:教师是清楚整个课程目标和教具的,当课堂上出现讨论局面时,如果教师表现出支持某一方意见的姿态,那么持反对观点的儿童大多会附和。而观点的改变不仅是凭借儿童的相互讨论,更重要的是自己的判断,这样才能培养孩子们相信自己的观察结果。）

师:摇摇口袋。（利用听觉观察的又一种形式）

口袋的窸窣声和里面东西碰击口袋发出沉闷的声音使孩子们又一次争着举起手来。

生:我敢肯定里面一定是某种水果,比如苹果。

（分析:或许这个孩子回忆起帮妈妈拎装满苹果的口袋曾经发出过这种声音,所以用了"肯定""一定"等词。）

生:柑橘。

生:我还认为是球,也许是两个球。

师:你们说这口袋里有几件东西?

（分析:这个问题的提出使孩子们利用听觉从另一维度观察纸口袋中的东西。）

生:四五个。

师:不,没有那么多。

生:也许是三个。

师:孩子们,到现在为止,你们用了哪些感官来猜里面的东西?

（分析:教师很清楚地让儿童们意识到采用了何种观察手段,这可以看作是课程中间的小结,同时也提供了尚未用到的感官的线索。）

生（鲁思安）:我们用了眼睛、耳朵和脑子。

生:脑子不是感官。

师：可是看来你们确实用了脑子。也许鲁思安的意思是说要动脑子才能有良好的感觉。

（分析：教师的作用凸现出来。教师在讨论出现不和谐时及时保护了鲁思安的幼小心灵。有了心理上的安全后，儿童们观察思考才会更活跃。）

教师给每两排孩子发了一只口袋，让他们传递下去，通过摸一下想想里面可能是什么。孩子们有的产生了新想法，有的对刚才的结论更有把握。教师偶尔催促一下口袋往后传，很快口袋传回了她手中，所有的孩子都举起了手。

（分析：外向型的幼儿比内向型的幼儿更喜爱回答问题。教师把材料发下去让所有孩子切身体会，将使更多的孩子对结论充满信心。）

师：迪安。（该叫那些没有发过言的孩子了）

生（迪安）：我肯定里面装的是苹果。

师：你为什么那么有把握？

生（迪安）：一头有把的地方有一点凹下去。

（分析：材料发到手上才能得到这样细致的观察，教师引导孩子们运用多种感官感知事物的特征。）

师：有人同意迪安的意见吗？（班上有一半人表示同意）赛丽娜？

生（赛丽娜）：我肯定里面有一个球。我一推，它就滚开了。

生：我认为有一块石头，一块圆石头。

（分析：这些答案都表明孩子们尝试了推，只是用的力有大有小，触摸感使他们产生了不同判断。）

生（莱斯莉）：有一只动物！（好几个儿童不相信地叫起来）

师：你为什么这样想，莱斯莉？

生（莱斯莉）：因为它摸上去软乎乎的，还暖乎乎的。

师：沃伦，你有什么话憋不住了吧？

（分析：对于性格腼腆的孩子，教师适时地提问可以了解他们实际的观察情况，有利于他们克服欲言又止的矛盾心理。）

生（沃伦）：是洋葱。我闻出来了。硬硬的、圆圆的，就像个洋葱头。

师：让我们看看列出的清单，看看猜的东西中哪些可以画掉。

师：球？

生：对的。

师：石头？

生：不对。（有两位儿童表示口袋中确实有石头）

师：好吧，先留着它。水果？

生：那就是指苹果和柑橘。

师:砖头?

生:不对,形状不对。

师:口袋里有几件东西呢?我们这儿猜了六件。

孩子们还是不能确定,莱斯莉坚持口袋中有一只动物。教师决定公布最终答案,她拿掉橡皮筋,慢慢打开这只棕色的纸口袋,更慢地开始把里面的塑料口袋往外提。随着塑料口袋的主要部分慢慢露了出来,孩子们伸长脖子,教室里鸦雀无声。教师首先拿出来的是土豆。

生:哦,我们从来没有想到土豆。(随后,当苹果出现时)

生:我猜对了,我知道有苹果!

师:好吧,有几件东西?

生:两件。

生:不对,连塑料口袋也算上,三件。

生(莱斯莉):原来这就是软乎乎的东西,我以为是什么动物,可是摸上去确实是软乎乎的。

(分析:莱斯莉可以在心理安全的气氛中改变她的想法,这里的安全因素是造成判断失误的塑料口袋。其实很多时候人们都把失误作为一种妥协的心理安全因素。)

生(沃伦):我确信闻到洋葱味了。

教师将棕色纸口袋递给沃伦,沃伦从中取出洋葱碎片,举了起来,边说边笑:"你让我们上当了。"

师:要想清楚地考虑问题,我们必须细心周到,必须要验证我们的想法,科学家对自己的想法也是要验证的。

(分析:教师又一次拉近了科学家研究与课堂探究的距离。)

课例就摘录到这里,从整个课程来分析,教师用了绝大部分时间供孩子们观察,鼓励他们使用各种手段辅助自己的观察活动。即使孩子们的答案与真实物品有较多差异,但观察能力的培养才是本次活动的核心。

案例　神奇的指纹(大班)

活动目标

1. 在观察指纹的过程中萌发对周围现象的好奇和探究欲望。

2. 引导幼儿通过观察发现、了解指纹的罗圈形状、数量不同,知道每个人的指纹都不一样,它有三种类型及具有特征记号的用途。

3. 能对指纹进行探索和比较观察并大胆表达和概括自己的观察结果。

科学观察

活动准备

录像《黑猫警长》、放大镜、油印、白纸、实物投影仪。

活动过程

一、参观指纹画展，引起幼儿的探索兴趣。

1. 教师布置指纹画展的场景。

师：小朋友们，我们一起去看画展好吗？（幼：好。）

2. 幼儿观看指纹画展。

师：你们发现了什么？和我们平时画得画有什么不一样的地方？（幼：这些画是用指纹印出来的。）

二、引导幼儿观察指纹，了解指纹的外部特征。

1. 师：你有指纹吗？指纹在哪里？（幼：指纹在手指肚上。）

2. 幼儿用放大镜观察自己的指纹或是用油印将指纹印到纸上进行观察，并和同伴的指纹比较一下。（教师巡视指导幼儿观察发现指纹的形状、数量不同。）

(1)师：你的指纹是什么样的？

(2)师：你的每个手指的指纹都一样吗？

(3)师：你的指纹和别的小朋友的指纹一样吗？哪里不一样？

3. 小结：指纹的罗圈形状和数量都不同，每个人都有每个人自己的指纹，它是每个人的特征之一。

三、引导幼儿观察归纳指纹的三种类型。

1. 让几个幼儿将指纹印在纸上，然后把纸放到实物投影仪上，让幼儿观察归纳指纹的类型。

2. 找出三种指纹类型，分别给他们起名字。

(1)第一种叫弓形纹：它的纹路中心就像一把弯弯的弓箭一样！

(2)第二种叫蹄形纹：它的纹路中心向左或向右偏很像小马蹄子一样！

(3)第三种叫涡形纹：它的纹路中心就像水流湍急的小漩涡一样！

3. 统计一下各类指纹的数量：有弓形纹的举手、有蹄形纹的举手、有涡形纹的举手。（巩固认识指纹的三种类型）

四、观看录像《黑猫警长》，了解指纹的用途。

1. 师：指纹有什么用呢？请大家观看录像，看完你就明白了。

2. 幼儿观看录像《黑猫警长》。

3. 师：黑猫警长是如何破案的？（幼：黑猫警长通过罪犯留下的指纹，找到的罪犯。）

4. 教师小结：指纹能够帮助警察破案，因为每个人的指纹都不一样，它是具有特征的记号。

五、启发幼儿想象指纹的妙用。

1. 师：关于指纹你们还有哪些奇思妙想呢？（幼：指纹锁、指纹门、指纹冰箱、指纹钱包、指纹手机、指纹汽车……）

2. 教师小结：小朋友想出了这么多的好点子，老师希望你们能用智慧的钥匙开启科学的大门，为人类的发明创造做出一份贡献！让我们一起努力吧！

活动延伸

制作幼儿指纹身份证。

1. 师：每个人的指纹都不一样，就像身份证，它只能代表自己，那大家一起来制作一个指纹身份证，好吗？（幼：好。）

2. 幼儿制作指纹身份证，教师巡视指导。身份证上有：幼儿姓名、性别、班级名称及幼儿指纹。

活动评价

活动通过幼儿观察、比较发现指纹的特征；观看录像了解指纹的作用；幼儿想象指纹的妙用；幼儿制作指纹身份证等。充分调动每一种学习方式，满足了幼儿探究的愿望，保持了幼儿对科学活动探究的热情，从而提高了幼儿主动的、科学的学习态度、习惯与能力。综观本次活动，有以下几点做得比较好，可供大家借鉴：

1. 目标定位以及表述比较精准、具体，可操作性强，体现了年龄特点。

2. 活动准备充分，材料选择经过细致考虑，为目标服务，不随意而为。

3. 活动设计层次清晰，由易到难，逐次递进，注意了问题的开放性与引导性。

4. 活动注重幼儿的主动探索，关注幼儿的语言表达、动手表现能力以及初步的科学探索精神的培养。

对这些问题进行思考后的回答可以形成假设，因此下一步教师可以提出建议。

（案例提供：南京市第一幼儿园　许茹）

第四章　科学实验

第一节　幼儿科学实验活动概述

幼儿科学实验活动概述

（一）幼儿科学实验的定义

从近代到现代，科学实验经历了很大发展，科学实验的社会性也在逐步提高。1940年以后，科学实验的规模愈来愈大。科学实验再也不是科学家个人的事业，而是整个社会事业的一个有机部分。《中国大百科全书·哲学》中对于科学实验的定义为：人们为实现预定目的，在人工控制条件下研究客体的一种科学方法。它是人类获得知识、检验知识的一种实践形式，它主要包括三个要素：作为认识主体的实验者；作为认识客体的实验对象；作为主客体中介的实验物质手段。

幼儿科学实验活动是指幼儿在教师指导下通过自己动手操作仪器和材料，以发现客观事物的变化及其关系的科学活动。它强调的是：幼儿自己动手操作，自主探索过程。实验操作中所发生的现象与自然条件下的现象不同，它的特点是：在人工控制的条件下可以设置同一条件，反复做同一实验，多次出现同一现象，验证同一理论和假设。

幼儿天生是个科学家，他们有着与生俱来的好奇心和探究愿望，他们精力充沛，勇于探索和实践，不知疲倦地以自己的方式探索周围的世界。当看到一个小水坑时，他们想知道：自己用脚踩下去，结果会怎样？接着，一脚踩过去，以证实自己的想法。看到活泼可爱的"鸡"便提出："小鸡喜欢吃什么？""小鸡热了要不要脱衣服？""小鸡用脚走来走去干什么？"等问题。围绕着问题，他们尝试着把各种东西放进笼子里喂小鸡，在探索中经过分析、判断得出结论：小鸡不吃手和衣服，也不爱吃小草，也不爱吃汉堡包和薯条，小朋友喜欢的东西小鸡不喜欢……如在"小汽车爬坡"的活动中，教师为幼儿准备了光滑的塑料坡、粗糙的泡沫斜坡和革基布面的斜坡,让幼儿做出预测,哪种斜坡"车的速度快",哪种斜坡"车的速度慢",并把预测的结果写出来,接着进行试验,把汽车在不同斜坡上的速度记录下来;在试验中验证自己的假设,获得科学事实和科学数据的"证据"。

苏霍姆林斯基说过:"儿童的智慧体现在他们的指尖上。"手是儿童思维的镜子,因为手的动作是和思维活动紧密相连的,信息从手传达到大脑,又从大脑反馈回手,两者之间是双向联系。这种联系越多越能促进两方面的发展,因此动手和创新思维是需要紧密联系在一起的。由此可见,如果想培养幼儿的创新思维,提高科学素养,那么动手实验是必不可少的教学环节。

(二)幼儿科学实验活动的价值

"科学需要天真的眼睛。"如果没有天真的眼睛怎么会发现"为什么"? 没有天真的眼睛怎么会有一项又一项大的发明? 没有天真的眼睛怎么会有科学的进步? 没有天真的眼睛世界会变得索然无味、一片茫然。心理学家将好奇心定义为个体对新异刺激的探究反应,对新鲜的事物、现象和人有着去了解和探究的本能。对于幼儿来说,身边的世界是那么新鲜和神秘,在他们心里有一种探索求知的欲望。

1. 能最大限度地调动幼儿学科学的主动性和积极性,极大地满足幼儿的探究欲望,培养幼儿对科学的兴趣。

实验着眼于给幼儿提供一种逻辑经验。幼儿喜爱玩捉影子、吹泡泡、玩水、玩沙、堆雪人、跷跷板、放风筝、玩风车、打电话等。通过游戏,幼儿可以亲身感受并进一步理解事物的特性,加深对事物及科学现象所产生的因果关系的理解。在"玩风车"的实验中,幼儿可以在无拘无束的奔跑中感受空气的流动和风的产生。而在"捉影子"实验中,幼儿更能深刻体验到自己的影子无时无刻不在变化,感受自己的身体运动和影子的大小、方向改变之间的关系。

春天带幼儿一起"倾听心跳"。大树的"心跳"是树木将大量的树液源源不断地输送到枝丫的声音。在早春时节,选择一棵直径15厘米且皮比较薄的树来听它的"心跳"。落叶树比针叶树听得更清楚,把听诊器紧紧贴在树干上不要动,以免产生杂音。多试几个地方,就会找到最佳"听点"。这样的实验无疑会诱发幼儿的好奇心,激发幼儿的探究欲望。

这宝贵的好奇心点燃了幼儿智慧的火花,更是促进他们学习的原动力,幼儿通过"淘气"的行为去探索、研究一些异想天开的想法,这些就是幼儿好奇心的表现。在好奇心的驱使下,他们会拆卸玩具汽车、会摔坏容器,对于这一点我们应给予理解,这不是幼儿的故意破坏,而是他们认识世界的一种探究行为,是一种追根究底的精神,是心智发展的象征,也是天真的表现。

曾有一位移居美国的中国人发现他的孩子不像国内孩子那样背着沉沉的书包上学,便问他的孩子:"你每天都学到了什么?"孩子的回答是:"我们每天都在

玩!"于是他带着疑问来到学校,刚好碰到老师在上课。老师问:"你们知道怎样让瓶子悬浮在水中吗?"只见幼儿纷纷把自己的想法告诉了老师,老师把他们的想法写在黑板上后,便让他们进行操作,操作完以后,教师又把幼儿在操作后得出的方法写在黑板上,便下课了。这个家长觉得奇怪:"老师为什么不纠正幼儿的错误?为什么不把正确的答案告诉给他们?"老师的回答是:"我为什么要剥夺孩子发现事情经过的权利呢?"

我们的孩子是在"读"科学,而不是在"做"科学。他们没有调查对象,没有观察现象,没有设计实验,没有收集数据,也没有讨论自己的观点。孩子们没有机会独立思考和解决问题。相反地,他们仅仅是"读"了科学。孩子们得到的知识很少,因为他们所读的书本描述的是他们不熟悉的事物或他们不关心的事物。今天的大多数孩子从来没有真正看到过风车,也不知道抽水机是什么东西,风车能产生电这一事实对现在的孩子们来说也没有什么意义,对他们来说,电是当他们按下电灯的开关时就会有的东西。"作用"和"能量"是抽象的概念,对他们来说从来都是无形的和无意义的,因为这些概念超出了他们所认知的世界,孩子们根本不想对它们做进一步的探索。

2. 科学实验活动能引导幼儿亲身经历和感受探究过程、体验探究方法,使他们在这一过程中享受到科学带来的乐趣,从而升华为爱科学的情感。

儿童迫切需要亲身体验的部分原因在于:今天的孩子在成长过程中,他们越来越远离自然界,感性体验的缺乏意味着孩子们缺少资源来感知世界。这与前几代人的情形截然不同,那时候大多数孩子生活在农村,有很多机会亲身经历科学的很多方面,如帮助家里种庄稼,知道降雨对庄稼的重要性。如今的孩子们只有在电视上或电脑屏幕上玩游戏的时候,才能看到或探索这些事物或概念,但他们很少直接接触这些东西。下面以教师在教学过程中遇到的情况为例:

马迪在玩一只大碗,里面装有沙子,还有一个装番茄酱用的小玻璃瓶,一个小金属漏斗,一只小量杯和一把塑料调羹。由于他没有见过漏斗,他把食指塞进漏斗细的一端问道:"这东西是什么?""这是漏斗啊!"接着他又疑惑地问:"漏斗有什么用呢?"我没有立即回答他,而是告诉他:"你可以用它来把瓶子装满沙子呀,不过这要自己试试看噢!"于是,他开始用漏斗当"铲子"来装小玻璃瓶。他先用一个手指堵住漏斗底部的小孔,把漏斗另一端装满沙子,再小心翼翼地把这个自制的"铲子"对准小玻璃瓶的瓶口,从漏斗的底部灵巧地抽出手指,然后迅速地把漏斗插入瓶口里。他神色专注而愉快,注视着漏斗渐渐空了,小瓶子也被装满了沙子。他重复同样的程序许多次,没有丝毫的分心,通过抽出手指这个精巧的动作,有条不紊地做着自己"设计"的这种玩法。

瞧!那是多么精确!这使人联想到科学家在实验室里的工作。我坐在他旁边,观察他是否会独自发现漏斗的使用方法,我忍着不告诉他应该怎么做。过了一会儿,他把漏斗放到了一边。接着他试着用塑料调羹装小瓶子,这可一点儿也没给他带来满足,我猜想可能是因为装得速度太慢。他又拿起量杯代替调羹,开始用它当作铲子来装小瓶子,他一边装,沙子一边往外漏,瓶子旁边漏出来许多沙子。他愉快地往装满的小瓶子倒沙子,注视着从瓶口滑下的沙子"小瀑布"和四处飞溅的沙子。他自己先呆呆地在那儿吃吃地笑,然后哈哈大笑。他告诉我说,要是有满满一盆沙子就好了。过了一会儿,他好像想起了什么,开始安静下来,然后又变得非常严肃,我一声不吭地看着他,他审视着自己的"工具",过了一会儿,抓起漏斗,犹豫了一会儿,啪的一声把它插入了瓶口,然后开始用量杯当铲子往瓶子里装沙子。

在儿童最初的世界里,物我之间是混沌不分、纠缠不清的,当儿童能够将物体与自我作为客观对象来审视时,他就产生了很多的疑问:为什么星星会发光?为什么老虎会吃人?为什么天上会下雨?为什么小鸟会飞,小鸡在地上走?我从哪里来?一切"天经地义"的事情在他们的头脑中都产生了疑问,企图寻求一种合理的答案,这就是儿童科学的发生与开始。从那时开始,幼儿的好奇心越来越强,他们不仅用提问对世界进行探索,还经常用动作来探索事物之间的因果关联,例如他们将闹钟拆得七零八落,将音响设备弄得不响,还有些幼儿反复地在地上摆弄、敲打玩具等。儿童在摆弄这些玩具的同时,他们也在推测,是什么让这个玩具会转、会跑呢?他们的思维能力决定了他们所推测的原因不是一个原理或规则,而是一个具体的东西。爱因斯坦曾经回忆自己在四五岁看到指南针时的心理状态,他当时想一定有什么东西深深地隐藏在它的后面。

(三)幼儿科学实验的类型

实验是科学学习中很重要的环节。科学实验是人们根据研究目的,利用实验仪器设备人为地控制或者模拟自然现象、排除干扰、突出主要因素,在最有利的条件下去研究和认识自然规律的活动。科学实验的基本类型有探究性实验和验证性实验,常见的实验类型有比较实验、析因实验、模拟实验、判定实验等。幼儿科学活动主要有以下几种类型的实验:模拟实验、验证性实验、比较实验、判定实验和探究性实验。

1. 模拟实验是指在自然科学中遇到因受客观条件限制而无法对某些自然现象进行直接实验时,人们为了更好地理解这种现象寻求间接实验的方法,设计出与该自然现象或过程相似的模型,通过模型来间接地研究模型的规律性,这种实验方法被称为模拟实验。如:模拟雨云的形成实验;昼夜交替现象的模拟实验;模拟月相变化的实验;模拟日食实验等。在"小雨滴旅行记"这一活动中,教师可借助图片、故事等向幼儿介绍雨的形成,教师带领幼儿一起做实验:烧杯里盛上适量的水(江、河、海中有许多水)→盖上玻璃(象征天空)→放在酒精灯上加热(太阳晒)→水中冒出气体(水变成水蒸气)→遇到玻璃冷却变成水珠(跑到天空中遇到冷空气聚集在一起形成云)→小水珠越聚越大,最后滴落下来(云里的水珠越聚越

多,最后往下落,就形成了雨)。这一模拟实验弥补了自然条件下幼儿观察的局限性,从而激发了他们对自然科学的兴趣。

2. 验证性实验是指实验者针对已知的实验结果而进行的以验证实验结果、巩固和加强有关知识内容、培养实验操作能力为目的的重复性实验。如:浮沉实验;验证磁铁有磁性;磁铁什么地方磁力大等。在"磁铁的奥秘"实验中,教师将各种各样的物品分别放在几张桌子上,让幼儿自由选择、摆弄,通过幼儿亲自尝试得出结论:是铁的就能吸起来,不是铁的就不能吸起来。

3. 比较实验又称对比实验,这是通过比较或者对照来研究和揭示研究对象某种属性或某种原因的一种实验方法。一般把实验分为两个组:一个是实验组,一个是作为比较对象的对照组。通过一定的实验步骤,在对照中判断实验组具有某种性质或者受到某种影响。在种子发芽实验中,为研究"绿豆种子发芽是否要有阳光"这一条件时,教师把一盆绿豆芽放在阳光充足的地方,另一盆放在黑暗的地方。过几天,通过对比观察实验现象,得出结论:绿豆芽生长必须要有阳光。

4. 判定实验又可分为定性实验和定量实验。定性实验是指判定某种物质的成分、结构或者鉴别某种因素是否存在,以及某些因素之间是否具有某种关系的一种实验方法。一般来说,定性实验是解决"有或无""是与否"的问题。如,用实验证明土壤中是否有空气。定量实验是指为了对研究对象的性质、组成及影响因素有更深入的认识,而对它们之间的数量关系进行探究,这种揭示各因素之间数量关系的实验被称为定量实验。如:材料的性质、空气占据空间实验、空气重量实验、磁铁能否隔着物体吸铁、物体的颜色与吸热、物体热胀冷缩现象等。

5. 探究性实验是指实验者在不知晓实验结果的前提下,通过实验、探究、研究得出结论,从而形成科学概念的一种认知活动。因为探究性实验有一定的难度,个体需对所学知识有一个全面的把握才能够提出假设或者预测。幼儿的探究性实验从严格意义上说,只不过是实验结果对幼儿来说是通过自主探究而获得的。例如:探究磁力大小的变化;探究声音在不同介质中的传播;摩擦力大小与接触面的光滑程度以及物体重量的关系;探究物体浮沉与什么因素有关等等。

第二节　幼儿科学实验变量的确定

《3—6岁儿童学习与发展指南》确立了"培养幼儿科学素养"的宗旨,在这一宗旨下,科学的教学目标和任务即定为"幼儿科学学习的核心是激发探究欲望,培养探究能力。成人要善于发现和保护幼儿的好奇心,充分利用自然和实际生活机会,引导幼儿通过观察、比较、操作、实验等方法,学会发现问题、分析问题和解决问题,帮助幼儿不断积累经验,并运用于新的学习活动,形成受益终身的学习方法和能力。"实验设计作为幼儿自主探索自然现象的重要环节,就显得十分重要。幼儿在科学探究过程中,探究对象的性质往往和多种因素有着千丝万缕的联系,怎样理清这些关系,就需要教师对实验变量进行科学的设计与控制。在探究活动中,如果教师一味地强调开放和自主,活动的目标不明、探究的变量不清,即使教学活动"热热闹闹",探究效果还是会受到很多质疑。而对变量的确定与控制,正是探究活动科学性的重要体现。但是一些教师缺乏控制实验变量的意识和能力,给幼儿的探究带来困惑和障碍,那么幼儿教师如何准确地控制实验当中的变量,做到让幼儿有效地探究呢?

一、变量确定存在的问题与解决策略

幼儿对实验活动是非常感兴趣的,每当幼儿走进课堂,哪怕只是看到一只烧杯、一盒普通的火柴,都会爱不释手,激动不已。但在实际教学中,幼儿对实验的兴趣却只是因好玩而引发的,真正进行探究的时候兴趣就减弱了。有时课堂上看似热闹,人人在动手,但是最后竟不清楚开展实验要解决的问题是什么,玩得高兴但真正的收获甚少。一些教师认为教材是科学教学的唯一依据,千篇一律地重复着教材中的实验方案,让幼儿实验"准确化"和"规范化",保证不出差错,对如何确定变量只会盲从,书上怎么写的就怎么设计,完全没有自己的想法,一旦离开教材,教师就无所适从。他们并没有意识到教材中的实验只是一种方法,结果实验设计中缺乏自主创新的意识,在一定程度上也影响了幼儿自主探究精神的形成。教师在实验设计中确定主要变量可以从两个方面来考虑:

首先,选定的自变量是否可以操纵。可以操纵的自变量是指幼儿能够控制、调节、操作并有规律地变化的条件。如在"冰块融化"的实验中,温度(户外与室内)、受热面积(整块与碎块)等都是可以由幼儿操纵控制的条件。而不可操纵的自变量是幼儿无法控制和改变的条件,如天气、季节等。美国的科学教育十分重视培养幼儿的探索能力,同样是教幼儿认识植物的生长,我国的教师习惯于通过幼儿的日常观察和经验,告诉他们植物生长需要阳光、水分和肥料。而美国的教师则习惯于让幼儿亲自参加比较严格的实验过程,即给幼儿提供同种、同样大小的两盆植物,让他们每天给其中一盆浇水,一盆不浇水,并贴上标签,注意观察和记录实验的结果与过程。以此类推,一次一个变量。如:一盆施肥,一盆不施肥;一盆放在阳光下,一盆放在暗室里。最后引导幼儿概括出植物生长的条件。下面是一个斜坡实验,教师确定了三个实验变量,设计出三种方案:

方案一:将同一玩具车分别放在毛巾、木板、玻璃的斜坡上,通过下滑距离的比较,从而研究摩擦力的大小与斜坡表面粗糙程度的关系。

方案二:将同一玩具车放在玻璃斜坡上,然后在玩具车上放一本书,通过下滑距离的比较,研究摩擦力大小与重量大小的关系。

方案三:将同一玩具车分别正放、倒放在玻璃斜坡上,通过下滑距离的比较,研究摩擦力与受力面积大小的关系。

其次,确认有几个自变量。只有一个自变量的研究称为单因素探究,有两个或两个以上自变量的研究称为多因素探究。林恩和莱文研究发现变量的个数和熟悉程度、问题的组织形式、有用信息的数量等因素可能影响幼儿能否分离和确定变量。这就要求为幼儿设计的探究活动,一定要在复杂的变量中找出单一变量。在调查哪一种玩具车在斜坡中行驶得最远的实验中,类别变量就是玩具车的形状、大小,这是需要找出的关键变量。变量限定了实验和调查,变量的复杂程度影响实验的难度。如果让幼儿探究玩具车的行驶距离,就可以引入新的难度,比如需要测量行驶距离。如果在其中一辆玩具车上面加上重物,想看看这对行驶距离有什么影响,这时因变量就变得复杂了,称为离散变量。再次改变因变量以观察每辆玩具车的速度,这使得调查更为复杂,因为速度必须根据两个测量数据(时间和距离)计算出来,于是称速度为一个导出变量。对幼儿而言,变量不能很复杂,幼儿需要从变量少而简单的实验开始,随着他们认识、处理变量的能力提高再增加难度,保证幼儿不会因为变量太复杂而受挫。

二、变量控制存在的问题与解决策略

在探究"摩擦力的大小与什么有关"的活动中,幼儿在研究接触面的大小时,用了一块较大的木块和一块较小的木块进行实验,结果实验乱成一团,让教师大失所望。实验失败的原因是幼儿并不知道他们在改变接触面这个变量的同时又改变了物体重量的这个变量,这不能说幼儿实验不认真,而是教师缺乏控制变量的能力。传统的实验教学过程是教师为幼儿准备好实验材料,确定统一的研究课题,而在新课程教学中,幼儿的实验具有开放性,幼儿自己思考实验的方法和选择实验的材料,教和学的方式更为开放。在这样的情况下,教师如果不能准确地进行实验变量的控制,结果有可能导致幼儿在操作中出现偏差甚至错误,研究方法的科学性得不到保障。

在研究科学问题的过程中,影响某现象变化的因素是多方面的,为了确定不同变量之间的关系,教师需要控制某些量使其固定不变,而改变某一个量,观察变量对研究对象的影响情况,从而探索其中的规律,这就是控制变量法。这种研究方法纯化了实验条件,排除了其他因素的干扰。掌握控制变量法,对教师进行科学探究活动设计有重大的意义。

(一)单一性控制

控制变量指必须在研究过程中加以控制,才能提高研究结果可靠性的变量。在一项研究中会涉及很多的变量,我们不可能将所有的变量都拿来进行研究,只能研究其中一小部分。对于不研究的变量则要使之中立化,就是不让它们影响自变量和因变量的关系,这些受控制的变量被称为控制变量。控制变量法研究的是:若自变量与多个因变量有联系时,应先把一个或几个变量控制起来,使它们保持不变,然后将所研究的问题转化为一个自变量与单个因变量之间的关系问题,使被研究的问题由复杂变简单,容易发现变量之间的联系,最后将各种联系综合起来,得到正确的结论。单一性控制的特点是:应用此方法的每一步往往只是研究其中两个变量之间的关系,而其余变量必须控制不变。

以"纸张下落的快慢与形状有关"实验研究计划为例:下面来看一个变量控制的实例。

1. 研究的内容:纸张下落的快慢与形状有关

2. 自变量(改变的条件):纸张的形状

改变这个条件的方法:

(1)纸张叠成方形。

(2)纸张叠成条形。

(3)纸张揉成纸团。

3. 控制变量(实验要保持哪些条件不变)

(1)纸张一样。

(2)下落的高度一样。

在物理学上,质量和重量是两个不同的概念,幼儿只要知道物体改变形状但不改变重量就行了。如两张一模一样的纸,一张保持原形状,一张揉成纸团,让它们同时下落,纸团肯定会先于纸片落地。幼儿看到这一现象,一般会有这样的认识:纸变成纸团可能就变重了。为了避免幼儿形成这样的错误认识,教师可以在实验前后用天平称一下物体的质量,使幼儿明确同一物体改变形状并不会改变质量。实际上,在空气中物体形状的改变会影响下落的速度,幼儿通过观察能够发现这个问题。

在这个活动中,开始可能会由于幼儿制作差异很大、幼儿的身高不同,造成每个人的实验结果各不相同,出现的实验结果混淆了幼儿的已有经验,控制变量的不合适,人为地造成了幼儿探究的困难,这样就要进行变量控制。第二次为了控制高度变量,教师让幼儿将两张同样的纸中的一张揉成纸团,进行比较,让一名幼儿用双手来演示,这样就很好地进行了变量控制。

(二)对照性控制

1. 空白对照控制:指不做任何实验处理的对照组。例如,在"冰块融化"的实验中,甲冰块分成碎冰块,而乙冰块不作任何处理,一起放在阳光下,比较它们的变化。这样,甲冰块为实验组,乙冰块为对照组,且乙冰块为典型的空白对照。空白对照能明白地对比和衬托出实验组的变化和结果,增强了说服力。

2. 自身对照控制:指实验与对照在同一对象上进行,即不另设对照组。如"噪

音对生命危害"的实验,就是典型的自身对照。把健康的小白兔放在噪音较大的马路边饲养,一个月后观察小白兔的健康状态。

3. 条件对照控制:指虽给对象施以某种实验处理,但这种处理是作为对照意义,或者说这种处理不是实验假设所给定的实验变量意义。例如"蒜苗生长与阳光"的实验,采用等组实验法,其实验设计方案如下:

甲组:蒜苗放在教室里面(实验组)。

乙组:蒜苗放在暗室里面(条件对照组)。

丙组:蒜苗放在户外阳光下(空白对照组)。

显然,乙组为条件对照。该实验既设置了条件对照,又设置了空白对照,通过比较、对照更能充分说明阳光(实验变量)能促进植物的生长。

(三)公平性控制

在设计验证性实验时,必须先仔细研究问题,找出实验中的各种变量,然后构思实验变量的控制方法和实验结果的捕获手段,最后选择适宜的实验材料。其中,变量的确认与控制是设计实验的关键,考虑教学的现实性和幼儿的能力,教师可以做"先前控制"。变量体现在实验材料中,因此控制材料,让材料保障"公平"。"一套好的材料就是一节好的活动",说明材料对于探究活动的重要性。在对比实验中,材料的设计更要严谨,充分保障实验"公平"。例如大班的幼儿想找出谁的手最大,在讨论过程中,教师是这样确定变量的:教师拿来一个盆子,然后在盆子里面放上玻璃球,谁拿得最多,谁的手就最大。为了保证公平合理,教师需要控制一些其他变量,这些需要控制的变量包括:幼儿取得玻璃球的方式要一样,可以用手捧起玻璃球,这时手掌向上;也可以抓起玻璃球,这时手掌向下。每次幼儿抓取的时候,盆里的玻璃球的数目应该是一样的。这次实验中,变量其实很简单,只有一个自变量和一个因变量。这样幼儿的感觉是公平合理的,因为大家做的都是一样的。

变量蕴含在材料中,因此教师要给幼儿提供丰富的可操作的材料,为每个幼儿都能运用多种方式进行探索提供条件。教师要通过变量的确定和控制,设计好探究活动,帮助幼儿置身于能产生探索行为的环境中,及时提供丰富的、操作性强的、符合幼儿探索需要的材料,支持和引发幼儿积极主动地与材料相互作用。

第三节　幼儿科学实验中的猜想与假设

一、什么是猜想与假设

恩格斯指出:"只要自然科学在思维着,它的发展形式就是假说。"科学假说是

一种复杂的理论思维形式,是人们以已有的科学理论为指导,运用科学思维,根据已经获得的经验材料和已知的事实材料,对未知的自然事物的产生及其运动规律所作出的推断和假定,是一种带有推测性和假定性的理论形态,是没有经过实践充分证实的理论。作为一种理性思维的形式,假说是科学研究中的重要方法。

"假设"在《现代汉语词典》中的解释为:科学研究上对客观事物的假定的说明。对于科学探究性学习来说,猜想是一种重要的思维方法。幼儿的猜想与假设类似于科学假说(科学假说常用于科学家真正的科学研究活动),它们有共同之处,但毕竟幼儿的猜想不是科学假说,幼儿的猜想与假设的对象多数是"成人已知,幼儿自己未知的"。猜想与假设是幼儿探究性学习的重要环节,是指幼儿利用已有的知识与经验,经过思维的冲突与再加工形成的一种假设结论。

在一次认识"浮沉"的科学活动中,教师先让幼儿大胆猜想,寻求解决问题的办法:把木块、铁块、橡皮泥、玻璃球等放在水里,什么东西会浮在水面,什么东西会沉在水里?请幼儿自己猜想、记录并讲给他人听。接着,教师又设计了两个讨论问题情境:一是将一个塑料空瓶放进水里,让幼儿观察,塑料瓶浮在水面上,怎样使塑料瓶沉下去呢?二是出示五个一样大小的红色小圆球,并告诉幼儿其中有四个木球,一个铁球,请幼儿想个办法,把铁球找出来。教师提出的问题新奇而有趣,因此幼儿的思维很快活跃起来,他们积极参与讨论,提出各种解决问题的办法。如:有的说放在水里,有的说用天平称,有的说用石头敲等。

建构主义教学观认为:教学的核心任务不是如何把现成的知识传授给幼儿,而是如何激发出幼儿原来的相关知识经验,促进知识经验的生长,促进幼儿的知识建构活动。幼儿进行猜想与假设活动的基础就是幼儿已有的知识和经验,猜想与假设活动就是幼儿根据已有的知识和经验,对要研究的问题经过思维的冲突与再加工活动。

牛顿说:"没有大胆的猜测,就没有伟大的发现。"科学活动中教师要抓住有关内容或有利时机,给幼儿充分的时间,鼓励幼儿大胆猜想或假设。这样既可以培养幼儿良好的思维习惯,又可以培养幼儿良好的创造力和想象力。同时,教师以支持者、合作者的角色参与活动,使幼儿感受到参与科学活动的乐趣,更能感受到科学世界的神奇。

二、猜想与假设的特征

(一)猜想与假设的猜测性

之所以被称为假设,就是因为它是一种"毛坯",是具有一定猜测性的理论"预制品",个体在未证实之前只能说它是对自然现象及其规律的推断、猜测。猜想与假设只有通过实践检验和证实,才能成为个体的科学知识。

(二)猜想与假设具有科学性

猜想与假设虽然是一种想象或猜测,但它的提出不但要以实验材料与经验事实为基础,而且要以个体已有的科学知识为依据,再经过实践检验和证明,所以猜想与假设不是无根据的猜测或幻想,不是主观臆造。猜想与假设一旦失去事实基础和科学依据,又未经受一定的实践或检验,它也就失去了存在的价值。

(三)猜想与假设具有可变性

猜想与假设是一种未被实践证实的东西,因而通过实践检验它既可能成为真理而发展成个体的科学知识,也可能成为谬误而被淘汰,还有可能被证实具有某种不完整性而发展成为一种新的猜想与假设。有时也可通过相反的猜想与假设之间的对峙和争论,形成一种变动更迭、新旧交替的局面,使猜想与假设得以发展。

减速带、穿了厚衣服摔跤不疼等生活中有关力的缓冲的现象随处可见。大班幼儿具备了一定的生活经验,所以在首次猜想时,幼儿大多选择了两种或两种以上的材料进行叠加来增加缓冲力,或者用棉花或橡皮泥把豆子包住。然而,由于材料的特殊性,幼儿的求证方法与他们的猜想与假设并不一致。有一组幼儿,他们开始时的假设是用橡皮泥粘在盒子底部,再把豆子放在橡皮泥上,如果他们把豆子用力按在橡皮泥上,让豆子不动,他们的实验就成功了,可是在求证过程中,他们用橡皮泥把豆子一个个包起来,实验自然就失败了。

猜想与假设作为一种重要的科学研究方法,在科学中具有其他方法所不可替代的作用。猜想与假设在科学探究活动中起着承上启下的作用。猜想的结果是制订计划的前提根据,是个体确定研究方向、选择实验方法、选择实验材料的基础。一个自然现象,在其未被揭示出科学本质之前,人们对它的认识是很不完整的,甚至是片面的,只能借助于猜想与假设的形式进行研究与探索。当某一猜想与假设被大量事实所证实时,它就发展成一种科学知识,因此猜想与假设是科学探究性学习中的方法与桥梁。

猜想与假设在科学研究中具有一定的猜测性,但不是盲目的无目的的猜测,而是科学的预测、有计划的研究。有了猜想与假设便有了有计划、有目的的实验和观察,因此猜想与假设对科学观察和实验具有指导作用。

三、预测和假设的区别

1. 预测的结论一般是基于某一特定的事物或事件,所以带有很大的特殊性及局部性,而假设是描述两个变量之间的一般关系,所以带有普遍性、科学性和可推广性。

2. 预测只是个人的一些主观看法和判断,论证有时并不十分重要,而假设解释的是两个变量之间的一般关系,具有普遍推广的意义,所以必须要进行论证。

3. 假设中一般应该包含自变量、因变量和控制变量及三者之间的关系。

4. 假设一般不能被证明,只能被"支持"或"否定"。

5. 假设经过论证被支持以后,经过反复考验最后上升为科学定律或理论,所以说假设的论证是科学理论发展最强大的原动力。以面包上霉菌的研究(面包放在教室几天以后)观察结果为例:

预　测	假　设
• 面包上可能会出现绿色斑点。 • 面包闻起来可能会有臭味。 • 面包摸上去可能会很干。	• 天气越热,面包上出现绿色斑点的速度越快。 • 面包密封越好,面包上出现霉点的速度越慢。 • 面包密封越好,面包干的速度越慢。

注意:教师需要强调假设应带普遍性,不宜对某些特定现象提出假设。假设应能被测试;假设要描述自变量与因变量的关系。

在幼儿园的科学活动中,幼儿可能没少忙于资料的收集,也进行了解释和求证的活动,但如何根据有限的线索确定研究资料收集的方向(提出猜想与假设),这个对于探究至关重要的内容却多由教师包办,留给幼儿思考的空间很小。那么在日常的教学活动中教师该做些什么呢?怎样才能让幼儿在科学活动中领悟进行猜想与假设的方法并转化为自己的思维呢?

案例　吹泡泡(中班)[①]

活动目标

1. 运用各种感官感知泡泡的特性,了解不同形状的工具吹出的泡泡都是圆的。

2. 尝试运用绘画记录的方式表达、交流探索的过程和结果,发展学习的自主性。

3. 在探究过程中体验发现的乐趣。

活动准备

1. 教师收集各种形状的吹泡泡工具:三角形、正方形、圆形、心形、半圆形。

2. 每桌一盒水彩笔、若干张记录纸、展示板、胶水、抹布。

活动过程

一、创设问题情境,引入课题。

1. 出示"吹泡泡"工具,让幼儿观察。

师:这些工具能做什么?(幼:能"吹泡泡"。)

2. 教师"顺应"幼儿就此引出课题,激起幼儿的学习兴趣。

师:你们喜欢吹泡泡吗?今天老师就请你们来玩"吹泡泡"游戏。

---

① 第四章案例均选自袁宗金的《小小家庭实验室》。

二、创设自由探索空间,感知体验"泡泡的特性"。

1. 在"玩"中体验泡泡的特性。教师让幼儿利用准备的吹泡泡工具(主要是圆形工具)边玩边探索。

师:吹泡泡的时候,你们发现什么秘密了?请小朋友互相说一说,看谁发现的多?

分析:教师启发、引导幼儿,将幼儿的探索推向深入,成为幼儿的合作伙伴,激起幼儿探究的欲望。

2. 请幼儿互相交流探索结果。先请幼儿将自己的发现与同伴互相说一说,再请个别幼儿和大家说一说自己的发现。(泡泡是圆形的、会飞、易破,对着太阳是五颜六色的、有大有小,掉在地上有时是半圆的,吹泡泡的工具是圆形的等等)然后请幼儿讨论"吹泡泡的时候,发现的共同特点"。(吹泡泡的工具是圆形的,吹出的泡泡是圆形的)

分析:教师借助幼儿探索结果,用"引"的方法将活动的重点转化为幼儿感兴趣的问题提出,把幼儿学习兴趣推向深入,为突破活动的重点做出铺垫。

三、用绘画的方式表达自主探索的过程和结果。

1. 用绘画的方式记录"不同工具吹出泡泡的形状是怎样的?"想象结果。让幼儿选择自己喜欢的吹泡泡工具,边观察边想象。

师:你拿的是什么形状的工具?会吹出什么形状的泡泡?请小朋友互相讨论,并将讨论的结果用绘画的形式记录下来。

2. 在"玩"中验证不同工具吹出的泡泡形状并记录验证结果。让幼儿利用自己选择的不同的吹泡泡工具,在亲历和感受尽兴探究和尽兴玩乐的过程中观察。

师:你用的是什么形状的工具?你发现吹出的泡泡都有什么特点?(都是圆形)请小朋友互相说一说自己的发现,并将自己的发现记录在猜想结果的旁边。

3. 请幼儿将自己的记录纸贴在展示板上,与其他幼儿互相交流、表现、分享探究的过程和结果。

4. 引发幼儿进一步深入思考和概括。请幼儿关注每个人吹泡泡的工具和吹泡泡的结果。教师在幼儿的观点和意见基础上总结出:虽然吹泡泡的工具不同,但是吹出的泡泡都是圆形的。

四、请幼儿玩"奇妙的泡泡"游戏。

请幼儿同时用几个不同形状的工具放在一起吹泡泡,看看会吹出怎样的泡泡?(将幼儿探究兴趣推向深入)

表4-1　实验记录表

工具形状	三角形	正方形	圆形	心形	半圆形
猜想结果					
实验结果					

活动提供丰富的可操作的材料,为每个幼儿都能运用感官,通过多种方式进行探索提供活动的条件,支持和引发幼儿积极主动地与材料相互作用。活动借助幼儿选择自己喜欢的吹泡泡工具,边观察边记录想象结果时,对幼儿感觉疑惑的问题"不同工具吹出泡泡的形状应该是怎样的?"利用开放式问题:"你用的是什么形状的工具?你发现吹出的泡泡都有什么秘密?"进行适时点拨,把教育活动的难点转换为幼儿感兴趣的问题,从而把幼儿的探索兴趣引向教师要求的方向,将幼儿的学习兴趣推向深入。同时抓住幼儿互相交流、表现、分享展示板上自主探究的过程和结果的契机,设置开放式问题"每个人吹泡泡的工具和吹泡泡的结果,有什么秘密?"引发幼儿进一步深入思考和概括,让幼儿对探究结果进行推理,得出结论:"虽然吹泡泡的工具不同,但是吹出的泡泡都是圆形的。"幼儿在自主解决问题的状态下主动建构知识和经验,从中学会了学习、学会了生活,体验到了发现的乐趣和成功的喜悦。

第四节　幼儿科学实验活动的设计

一、实验操作活动的目标设计

活动目标是整个教学活动的"纲",指导着每一个教学环节,贯穿于活动始终。因此,一旦教学内容确定后,制订教学目标对教学设计具有指导性作用。实验操作类活动作为科学教育活动的一种具体形式,它在目标的制订上首先要符合科学教育活动的大目标,然后根据实验操作活动的具体内容和特点制订出具体的活动目标。

1. 观察和探究目标:

乐于(自发地)用感官观察和探究周围的事物,表现出好奇心。

能提出有关的问题。

能运用各种感官,并尝试用工具积极寻找与问题有关的信息。

敢于进行有关的猜测,预想可能发生的事情。

能依据感知的需要运用多种感官,并有目的地选择恰当的工具和探究方式收集信息。

能对所观察(探究)的事物进行比较,发现异同、变化和简单的联系。

2. 记录有关的信息目标:

用简单的图画记录自己所观察和探究的事物。

用绘画的方法记录事物的特征和变化过程。

能用简单的图表收集、记录有关的信息。

能用简单的计算、图表等不同的方式对观察（探究）结果做简单的统计。

记录自己的想法、探究过程及结果。

3. 解释与交流目标：

描述自己的发现。

整理自己的记录来说明结果。

用结果得出结论。

对结论与预想结果进行简单的比较。

提出自己的新问题、新发现。

二、实验操作活动的过程设计

幼儿的实验探究大致可以分为五个阶段，每一个阶段都要有一系列的指导策略促进幼儿的学习和发展。

（一）提出问题

对于科学学习来说，问题具有十分重要的引导作用。教育心理学研究表明，幼儿学习的思维过程往往是从问题开始的，学习过程就是一个不断地发现问题、分析问题、解决问题，再形成更高层次的问题的过程。用问题来指导幼儿开展学习活动，能充分发挥幼儿的主观能动性，激起幼儿的创造性思维，使其进行深入的思考，更深刻地理解有关知识，从而形成更加系统化的知识，更好地掌握科学技能。就科学探究而言，最重要的特征即是以问题为中心。可以说问题承载着科学探究活动的全部过程，一切科学探究活动必是围绕着问题的解决而展开的。

在这一阶段，教师首先要选择适合于幼儿发现的知识经验，这些知识经验必须能反映某一领域的关键概念，具有方法论意义，同时又符合幼儿的年龄特点和经验水平，能引起幼儿的探究兴趣。使幼儿关注问题，进入探究情境的途径有两个：一是对幼儿的兴趣点和关注点进行教育价值的判断，即顺应——生成途径；二是创设既有教育价值又能引起幼儿兴趣的情境，即预成——转化途径。

1. 讲究问题内容的价值性

这里所说的价值指的是对于幼儿在知识与技能、过程与方法、情感态度和价值观这三个方面的培养具有的意义。此外，从内容所反映出来的问题的难易程度、思维强度、思维量大小等也应包含在问题内容价值的范畴。问题内容价值的大小直接决定着探究活动价值的大小。因而所设计的问题在内容上应该是具有价值的，能体现出一定的价值取向。价值丰富的内容往往能给幼儿在知识、技能、情感态度价值观等多方面带来收获，而毫无价值可言的问题内容将会使幼儿的探究活动成为徒劳,不具有任何意义。在进行问题内容设计的时候,设计者要善于发掘出所设计的问题蕴含的知识价值、能力价值和情感价值,特别是其中包含的对于幼儿的科学素养有所提高的价值。例如问题中可能包含的一些科学思想、科学方法、科学过程、科学技能等。

2.注重问题内容的可探究性

既然科学探究活动是围绕着问题内容而开展,那么问题内容的探究性便会对探究活动的实施产生影响。所确定的问题内容应该是富于探究性的,这样才能提高幼儿的探究兴趣,激发幼儿的探究思维,指导幼儿更好地进行探究活动,使幼儿能在一种积极主动的探究氛围中提高科学探究的能力以及科学实验的能力。科学是一门以实验为基础的学科,其本身具备极强的探究性,而科学实验的实施使这种探究性活动的开展变得更加容易,那么我们就可以根据科学实验的特点来设计一些富于探究性的问题内容,并以此来促进幼儿知识的建构和能力的提高。

3.体现问题内容的生活性

科学是一门与社会生活联系非常广泛的自然科学,日常生活的每一个角落都与科学相联系,在科学教学中提倡"STS 教育"(即科学、技术、社会)是必不可少的。科学实验探究活动的开展也强调从幼儿熟悉的社会环境及日常生活出发,在设计所要探究的问题内容时应该体现出与社会生活以及幼儿已有经验的联系,通过相关的探究活动,使幼儿能感受到身边的科学现象和科学变化,加深对科学知识及其用途的理解,激发幼儿学习科学的兴趣,最大程度上促进探究活动的开展。

问题情境所表征的是幼儿的一种心理准备状态,是当幼儿所要学习的新知识与已有知识不协调时而形成的一种心理困境,这种心理困境往往会使幼儿产生尝试解决这种困境的热情。我们平常讲到的问题情境具有较高的概括性,是将许多具体的情境集合在一起而总称为问题情境,因此它是一个整体性的概念,其内容是较为宽泛的。在问题情境中,幼儿对问题的探索就是面对情境,自主地进行信息的"输入→提取→反应",其间不乏"顿悟"与"理解"等心理成分的参与,直至问题解决。问题情境的设计是问题设计必不可少的一个方面,它也是整个科学探究活动若干情境设计中的一个方面。

(二)推测与讨论

在确定了要探究的问题后,教师应积极调动幼儿的已有经验,鼓励他们运用已有经验进行充分的猜想和假设,提出并展示自己对观察和实验的想法和做法,鼓励幼儿对问题的答案进行推测。经过教师与幼儿之间、幼儿与同伴之间的讨论,得出自己或小组有依据的预测,并尽可能用不同的方式记录下来。

通过仔细理解幼儿的表达,教师可以收集幼儿的问题或向其他理解幼儿意图的人提问,也可以和幼儿合作发展或者重述这些问题,来引导他们参与研究计划。

有些时间段是幼儿思考的最佳时期,在这些时间段内可以根据他们的想法提出问题,引导幼儿做出猜想或者假设。如:"如果……你认为将发生什么?""我们怎么做?""下面将发生什么?""你认为霉菌多长时间会长大?""种子生长需要什么条件?"教师的建议:"我们要不要试试看?我们首先应该做什么?""你认为我们怎样能得到结果?""我们应该怎样继续观察它的生长过程?""我听见你说,如果我们把它放在太阳底下,它可能就会长大,是吗?"

案例:万花筒的秘密

在活动中,幼儿通过两次实验操作以及之前的三面镜成像实验后,发现万花筒内有三面镜子,并且要摆放成三角的形状,幼儿根据这两种方法在进行第三次实验操作后,却得出了不同的结果。正当大家不知所以然时,第二组幼儿提出了新的假设:把三面镜子能照出影子的一面都朝里放(即三面镜子彼此相对)。最终组装的万花筒成功了,并且幼儿探索出了三面镜不同的摆放位置与物体成像之间的规律。

通过对四组幼儿实验记录内容的分析,我们发现第二组幼儿实验的成功源于更全面、真实、客观的实验记录。四个实验小组都较为详尽地记录了每次组装万花筒的方法,对镜片、塑料片的数量以及摆放位置都进行了文字描述或图示,但是只有第二组幼儿记录了镜面的摆放方向。当实验进展到举步维艰的时候,实验记录往往是问题的突破口。虽然幼儿尚不具备通过比较实验记录寻找解决问题方法的能力,但是培养幼儿学会科学的实验记录方法对其将来科学思维的养成必然有益。

(三)进行实验和观察

在进行实验和观察的过程中,要尽可能让幼儿直接接触客观世界,运用多种感官去感受现实的世界,包括视觉、听觉、触觉、味觉、嗅觉等,这样做是符合这个年龄阶段幼儿发展特点的。实验要在可重复和可控制的情况下进行,要做到这点,变量要尽量单一。观察在整个探究过程中会经常使用,要注意引导幼儿围绕某个核心的内容或概念作深入的观察,而不要做不集中的、目的不明确的、表面的观察,强调深入和仔细,多看且看仔细一点,多想一想。以下是可以启发幼儿深入实验、观察的一些教学语言:

我们首先需要做什么?我们怎么分工,谁做什么?我们怎样用这些物品和工具?我们小心地做了吗?你认为下一步会发生什么?我们应该记录什么?做到现在,是不是需要我们观察些其他现象?

在幼儿实验和观察时,教师不要干涉过多,而是给予必要的帮助。教师要记录重要的信息,如幼儿遇到的主要问题、提出的主要观点,以及所有的发现,还要通过提问、建议等方式引导幼儿深入探究。

(四)处理信息和数据

随着实验和观察的进行,教师要鼓励和指导幼儿用适宜的方式记录活动的信息。幼儿可以用图画、符号、表格、简单的文字、照片等记录活动的主要过程和关键步骤。记录可以有个人、小组和集体等不同的形式,教师要指导幼儿把握好记录的时机和内容,以免错过重要信息,同时注意不要让记录成为幼儿的负担。记录是为了支持幼儿的探究和发现。以下是启发幼儿处理信息和数据的教学语言:

我们看见什么?我们发现了什么?还有其他办法吗?得到的结果跟我们原来设想的一样吗?得到的结果跟我们原来的猜测有什么不一样?对这样的结果你们想到了吗?

1. 明确记录目的

引导幼儿记录的目的是为了培养幼儿实事求是的科学态度。让幼儿通过记录来理清思路,提高认识。另外,记录还可以让幼儿验证自己操作前的猜想。班内幼儿较多,操作中教师有时会观察不到幼儿的操作情况,记录也便于教师了解幼儿的探究水平以及思维过程。

记录如果能正确地反映幼儿的假设,那么它在求证中能发挥较大的价值。倘若有的幼儿无法独立、真实地进行记录,教师可采用各种手段,借助各种媒介来帮助幼儿完成与假设一致的记录,以使求证的过程更科学。因为科学的实验记录是养成幼儿科学能力、科学习惯的必要环节。记录册记录着幼儿的思维过程,合理的记录方式可以帮助他们看到自己想法变化的轨迹,同时也能让他们看到自己的成长,从而增强他们的自信心。

2. 研究记录的种类

(1)猜想记录——在幼儿探究前引导幼儿对探究结果进行猜测。

例如:在"比较几个质地不同的物体轻重"时,教师引导幼儿在操作前对教师提供的材料进行猜想,哪个轻?哪个重?

(2)实验设计记录——探究前引导幼儿设计自己的探究方法和步骤,以便幼儿有目的地进行探究。

例如:在引导幼儿探究"让沉入水中的物体浮上来"时,教师引导幼儿先设计自己的探究方法和步骤,再进行有目的地探究。

(3)实验过程记录——引导幼儿记录自己的探究过程和探究方法。

(4)探究结果记录——引导幼儿记录自己的探究结果。

3. 探讨幼儿记录的形式

记录形式分为集体记录、小组记录、个人记录。记录的方式有五种:

110

（1）图表记录

简单的符号记录可以把幼儿观察到的现象表现出来，既形象又便于操作。在大班科学活动"弹性的秘密"中，幼儿在表现球落地又弹起的现象时，幼儿的记录直观，易于理解，对感知其中的科学原理具有重要的意义。

幼儿以形象思维为主，他们的抽象思维正处于初步发展状态。因此，教师在设计记录单时要根据幼儿的年龄特征，尽量做到简单、形象、直观，记录单中的材料图像应尽量和提供的实物相近，使幼儿一看就懂，尽量少出现文字符号。如猜想可用"?"，动手操作可用"小手"符号，"小眼睛"符号表示幼儿的发现等。对于小班幼儿的科学活动，教师设计的记录单越简单越便于幼儿记录，对于中、大班幼儿来说，教师可根据需要设计一些较为简单的表格式记录单。尤其是大班幼儿，适宜的简单表格式记录单不但有利于清楚、明了地表现记录结果，还便于幼儿比较探索结果，便于幼儿交流和展示。

（2）情景照片记录

教师用拍照的形式记录幼儿的探究过程、方式和结果。例如：在"物体转动"活动中，幼儿发现物体转动时，表面颜色发生了变化，而且随着转动的快慢发生的变化也不同。当幼儿不能用绘画或手工的方式记录自己的发现时，教师就可以用情景照片记录幼儿的发现。

（3）实物呈现记录

教师引导幼儿用实物来展示自己的探究过程和结果。例如：在"如何让小球不滚动"的活动中，幼儿想出了许多办法：在小球下面垫东西、用一些积木或图书把小球围起来、把小球装到不同的容器里等等。这些方法幼儿难以记录，教师就可以让幼儿把自己的方法直接展示给其他幼儿看。小班幼儿受年龄特点的影响，不能用图表、绘画或手工的方式进行记录。因此，教师常常采取情景照片或实物呈现的方式引导幼儿记录。

（4）动作体现记录

把自己观察到的现象用动作表现出来是最简单、最明了的一种记录方法，这种形式比较适合小班幼儿。在小班的科学活动"掉下来了"中，幼儿用动作来表现不同事物落下来的不同样子。在表现羽毛落下来的样子时，有的幼儿张开手臂转着圈，表现羽毛从高到低慢慢落下来；有的幼儿就用小手来回轻轻摆动着，表现羽毛边摆动边往下落。在表现纸条落下来的样子时，幼儿飞跑，最后停下。在表现积木落下来时，幼儿则跳起来，一下子落下，表示落得很快。

（5）填表记录

根据幼儿年龄特征或实际需要，教师可给他们提供一些半成品或成品，引导幼儿来做补充记录。对天气预报的记录，除用绘画形式外，教师还可以引导幼儿用拨指针的方法进行记录。在记录种子发芽需要的条件时，教师可先准备好种子发芽所需条件的图片。这种形式对个别能力相对较弱的幼儿来说，操作性很强，有利于教师选择教法，因材施教。

有时候，幼儿尝试验证假设，并从结果中学习。由于还处于前运算思维阶段，幼儿也许能了解这个结果，但他们不一定能把这种理解与其他类似的理解联系起来。当教师意识到幼儿确实对探索有所领会后，就要询问或者重述幼儿所发现的东西，并把幼儿发现的东西与其他具有相同性质的事件联系起来。

关于归纳的问题

我们发现了什么？如果我们再做一次，你认为结果还将会以同样的方式发生吗？

• 这是否与我们种金盏花种子时所发现的一样？

• 如果我们把水放入水管较高的一端，水就会从另一端流出。因此，当你想让水从一个地方流到另一个地方时，你应当从较高的地方放水，把你想让水流出来的一端放在较低的位置。

这种讨论不仅仅是找出了特定问题的答案，更形成了合作。通常，幼儿需要经过教师引导才明白这种讨论在相似的情境中同样适用。中班幼儿逐渐开始把一种结果应用于其他类似情形。渐渐地，幼儿开始进入归纳的过程。

(五)表达和交流

表达和交流在探究活动中是必不可少的。幼儿要组织自己的想法，并设法向别人说明，或是设法说服别人，这是一种重要的思维过程。教师要让每个幼儿都表达自己的观点，无论他的观点正确与否。非常重要的一件事是：教师要引导幼儿把最后的结论和自己最初的想法作对比，从而改进原有的想法。最后，教师要鼓励幼儿用不同的形式记录下全班最终的结论。

充分发挥记录的作用，促进同伴间的交流。记录是科学活动的重要环节，有助于培养幼儿尊重事实的科学态度与精神，有助于自我建构科学知识与经验。幼儿把实验中的现象或探索结果用自己的方式记录下来，向同伴汇报自己的探索过程，并对某些问题进行交流和讨论，这些对幼儿总结自己和他人的经验都是十分有益的。

例如：在冬天开展的室内种蒜比赛活动中，幼儿自愿结组。有的幼儿认为应该用水泡，有的说应该将整头蒜直接种在土里，有的说一瓣一瓣种在土里有利于蒜苗的生长，还有的幼儿说室内温度高，不用水不用土，蒜也能发芽。幼儿各自按自己商讨的方法种植，为了便于测量蒜苗的生长速度，他们在吸管上做一些小标

记以示刻度。幼儿每天都去浇水,观察自己小组的蒜苗长了多少,并进行记录。每到一个阶段便进行一次小结,幼儿根据各自的记录方式,相互交流经验。同样种在土里,每天都浇水的幼儿发生了分歧,一名幼儿说:"我也天天浇水,可是没有第一组的蒜长得快。"于是教师请第一组的幼儿发表看法,他拿着自己的记录本说:"你们浇的水太多,都快把蒜淹死了,我们每天就浇一点水,如果土是湿的我们就不浇水了。"他边翻记录边说:"周一浇水了,周二观察时土还是湿的,因为是阴天,我们小组经过商量就没浇水。"把蒜种在水里的幼儿也发现不给蒜换水,蒜会发出臭味。

通过交流记录,幼儿在一次次对比中调整自己的认识,在许多问题上达成了共识。总之,记录是与分享交流紧密结合的,在整个科学教育过程中,起着不可代替的作用。记录的运用,不仅培养了幼儿的团队精神,而且提高了幼儿的合作能力。

幼儿先前的假设无论与实验结果是否一致,对幼儿来说都是很有意义的。如果幼儿发现的事实正好证明了自己的想法,他们会得到一种惊喜的感觉,而当他们发现了和自己想法相反的事实时,也许会感到很意外,而且这种意外能给他们留下深刻的印象,并冲击其固有的想法。因此在实验求证的过程中,教师要引导幼儿了解,即便是失败的实验也同样会带来重要的收获。

最后,对还不习惯"假设—求证"这种思维方式的幼儿来说,教师可以充分运用各种手段,激发幼儿尝试进行假设并求证的兴趣;对缺乏独立进行"假设—求证"的幼儿,教师可以采取同伴合作或者引导的方式为其提供相应的帮助。科学教育活动中"假设—求证"环节的运用,不仅要求教师改变传统的教学方式,还要充分考虑到幼儿的年龄特点和个体差异,如此才能在幼儿的心灵中埋下科学思维的第一粒种子。

案例　水的净化(中班)

活动目标

1. 能准确描述水的过滤方法。

2. 能仔细观察事物的变化并运用所准备的材料进行科学实验。

3. 喜欢并能主动参与,集中注意力在自己的科学探究活动上。

活动准备

1. 教具:1个透明瓶和1个不透明瓶(横切保留上面的部分,瓶口绑有过滤纸);1个玻璃量杯;棉花、碎石、沙子。

2. 学具:空矿泉水瓶若干(横切保留上面的部分,瓶口绑有过滤纸);一次性透明杯若干;棉花、碎石、沙子。

活动过程

一、提出探究问题。

1. 引起幼儿对净化水过程探究的兴趣，为引出主题做铺垫。

师：今天老师给小朋友们带来一个神奇的魔术，小朋友要仔细看。

教师开始表演水净化的魔术：事先准备好一个不透明瓶子，瓶口用橡皮筋绑上过滤纸，瓶子里面依次放入棉花、沙子、碎石，将脏水倒入不透明瓶中，过滤出比较干净的水。

2. 对比过滤前后的两杯水，让幼儿仔细观察，发现两杯水发生的神奇变化。

二、推测与讨论。

1. 教师引导幼儿猜测水的变化过程，并与同伴讨论自己的猜想。

师：刚刚老师变的魔术神奇吗？请小朋友猜测水为什么发生变化了呢？（如果幼儿引不出主题，教师可以间接提问：瓶子里面可能加了什么？）

幼儿自由猜测，教师请个别幼儿分享自己的想法。

2. 教师出示准备好的材料，引导幼儿猜测如何把水变干净。

师：今天老师没有带小朋友刚刚猜测到的所有东西，不过老师给你们带来了三种神奇的材料。

教师出示棉花、沙子、碎石，引起幼儿探究的兴趣。

师：现在请你们动动自己的小脑袋，猜一猜哪种材料能把水变得干净。

让幼儿进行猜测，请幼儿把自己的想法与他人分享，并将猜测记录下来。

三、实验和观察记录。

1. 师：现在就让我们自己动手试试，看看你们的猜测，到底能不能把水变得比以前干净呢？

在装有过滤纸的透明塑料瓶中，幼儿自己动手操作，把自己认为最佳的净水材料放入塑料瓶中，再倒入脏水，过滤到水杯中。过滤完后，请小朋友对比这三种材料的净水程度，比较得出棉花净化水的效果最好。

2. 师：小朋友，刚刚我们实验得出棉花净化后的水比碎石和沙子要干净，那现在请小朋友仔细对比一下，老师刚刚净化的水和棉花净化后的水有什么不同呢？

幼儿将教师过滤的水和自己用棉花过滤后的水进行比较，得出教师过滤的水更干净。

3. 师：老师也是先在瓶子里放了棉花，但老师还把沙子和碎石也放了进去。虽然沙子和碎石净化出来的水没棉花干净，但是把这三种材料组合在一起净化出来的水会更干净。小朋友，动动你们的小脑袋想想，这两种材料怎么放进去才能把水净化得更干净呢？

让幼儿自己动手操作,看看怎么放置这几种材料净化出来的水最干净。幼儿对比再一次净化出来的水,观察比较谁的最干净。

四、信息处理与表达交流。

1. 请个别幼儿分享自己的实验观察结果,并进行小结。

师:现在请一位小朋友说一说,你是怎么把水变干净的?

2. 请几个幼儿向大家讲述自己材料的摆放顺序,并互相对比,讨论得出使水变得比较干净的排列顺序。

五、讨论归纳实验结果。

教师总结幼儿的观察现象,得出先放棉花,再放沙子,最后放碎石,这样水才能过滤得比较干净。

师:这是因为当我们把脏水倒入瓶子里的时候,最上面的碎石把脏水中大的杂物阻挡了,中间的沙子则把脏水中小的杂物阻挡在了外面,而最下面的棉花把水中再小一点的杂物也阻挡在外面,不让脏水中的杂质流下来。

表 4-2　实验记录表

材料	猜想	验证
棉花		
沙子		
碎石		

活动评价

1. 活动中,教师能根据实际情况,为幼儿提供多种材料,鼓励幼儿利用丰富的材料探索实验。

2. 活动中,教师能根据现象引发幼儿的好奇心和讨论,并尝试归纳与总结,不急于给出结果,尽量让幼儿自己发现。

3. 在实验过程中,注重引导幼儿养成按照一定顺序进行实验和记录的良好习惯。

4. 为了增加幼儿在此方面的延续探究,教师可利用幼儿园各区角进行有关探究。

案例　有趣的弹性(大班)

活动目标

1. 能说出弹性物体的特性以及弹性物体在日常生活中的用途。

2. 能根据实验分辨物体的不同弹性。

3. 在探索操作中,感知物体的弹性,对弹性物体感兴趣。

各种弹性明显的与不明显的物品若干：海绵、弹簧秤、松紧带、橡皮泥、乒乓球、塑料球、木球、毛线、编织绳、积木等。

一、幼儿自由探索，发现周围有弹性的和没弹性的物品。

1. 教师出示弹簧秤，引导幼儿关注它的弹性，帮助幼儿明确：弹簧秤是有弹性的。

师：这是什么？它有什么特点？

2. 引导幼儿关注物品的弹性，找出有弹性的物品。

师：用手压一压、拉一拉、捏一捏、拍一拍，看看哪些东西是有弹性的。

3. 让幼儿找出有弹性的物品并说出理由。

师：你觉得哪个是有弹性的，为什么？

4. 教师小结：有些东西很有趣，它们有弹性。我们用力拉它或压它的时候，它就会改变形状，手一松，它又能变回原来的样子。

二、让幼儿观察比较不同的物品在操作过程中所表现出来的不同现象，讨论理解物品的弹性。

1. 将海绵、橡皮泥、积木分别用力捏一下，再松开手来，看一看它们发生的变化。

2. 分别拍乒乓球、塑料球、木球，仔细观察哪一种球跳得高。

3. 分别将编织绳、毛线、松紧带拉一拉，看一看哪根有变化。

4. 用弹簧秤挂上重物，再取下，观察弹簧和指针的变化。

表4-3　实验记录表

材料	海绵	橡皮泥	积木	乒乓球	塑料球	木球	编织绳	毛线	松紧带	弹簧秤
猜想结果										
实验结果										

三、联系实际生活，加深幼儿对弹性的认识和理解。

师：你在生活中还见到过哪些有弹性的物品？这些物品有了弹性给我们生活带来了哪些好处？（袜子、衣服、轮胎、沙发、被子、皮肤等都是有弹性的）

四、让幼儿尝试利用物品的弹性，创造性地制作弹性玩具。

出示一张长纸条。

师：这张纸条有弹性吗？怎么变化一下就可以做成一个有弹性的纸制玩具呢？

活动评价

　　有弹性的物品在我们周围非常普遍,幼儿喜欢玩一些利用弹性原理制作的小玩具,但是他们只是觉得这类玩具好玩,并不知道其中的一些科学原理,而作为教师要根据幼儿的生活经验适当地对他们进行科学启蒙,激发他们探索科学的兴趣。活动的设计主要是通过让幼儿观察、探索、操作等来理解物品的弹性并在理解的基础上迁移生活经验,了解更多有弹性的物品,从而知道在生活中离不开有弹性的物品,这些弹性会给我们的生活带来很多帮助,使我们生活得更加舒适、美好。活动的几个环节从点到面、层层递进,拓展了幼儿的经验。在活动中教师尝试让幼儿用小组合作的形式来进行探索,培养了他们的合作能力和创新意识。

案例　哪个蒸发快呢(大班)

活动目标

1. 能根据自己的经验提出假设。

2. 根据实验能分辨带叶子和不带叶子的茎的蒸发程度不同。

3. 激发幼儿对环保科学探索活动的欲望,体验成功的喜悦。

活动准备

　　带茎和叶子的蚕豆、菊花、葱叶,刮胡刀片、酒精、玻璃片、放大镜、红墨水、塑料袋、线绳、4个装有清水的瓶子。

活动过程

1. 小手动一动。

(1)剪去蚕豆的叶子,把蚕豆的茎插入一个装有红色墨水的瓶中。

(2)把带叶子的蚕豆的茎,插入同一个装有红色墨水的瓶中。

(3)剪去菊花的叶子,把菊花的茎插入一个装有红色墨水的瓶中。

(4)把带叶子的菊花的茎,插入同一个装有红色墨水的瓶中。

2. 小眼睛看一看。

(1)观察带叶子的蚕豆与剪去叶子的蚕豆的茎的变化。

(2)观察带叶子的菊花与剪去叶子的菊花的茎的变化。

3. 填写实验报告。

表 4-4　实验记录表

茎的特征	带叶子的蚕豆的茎	剪去叶子的蚕豆的茎	带叶子的菊花的茎	剪去叶子的菊花的茎
猜想结果				
实验结果				

4. 开动脑筋想一想。

结果，茎中都有红色水上升，但没有去掉叶子的茎上升的时间长。茎能传输水分与蒸腾作用有关，同时叶的气孔能进行蒸腾是通过叶的毛细现象来传输水分的。

蒸腾作用主要是由叶下表面的气孔产生。将密闭的塑料袋扎在植物的树叶上，在阳光下很快就会有大量水珠在塑料袋中形成。这一蒸发导致植物要不断地从根茎中输送水分。

5. 小小发明家。

用油菜、葱、柳枝及菊花的茎，插入到装有红色墨水的瓶子中，几个小时后就可以在茎的表皮下观察到红颜色的水上升的现象。

表 4-5　幼儿的实验能力测评表

水　平		评　价
观察能力	★不能观察到茎的输送现象	
	★★能够观察到茎的输送现象	
	★★★能够准确地观察到茎的输送现象	
语言表达能力	★不能将观察到的现象准确地表达出来	
	★★能较准确地表达观察到的现象	
	★★★能准确、清晰、生动地表达观察到的现象	
探究能力	★不能发现叶子与蒸发的关系	
	★★基本能发现叶子与蒸发的关系	
	★★★能准确发现叶子与蒸发的关系	
计划能力	★不会用其他材料来进行蒸发实验	
	★★能用一种材料来进行蒸发实验	
	★★★能用多种材料来进行蒸发实验	
倾听他人	★不能安静地听他人的想法	
	★★能够安静地听他人的想法	
	★★★能够专心地听他人的想法	

科学原理

液体的水或者固体的冰、雪变成看不见的水汽的"升华"等过程总称为蒸发。影响蒸发的主要因素有：

1. 与温度高低有关。温度越高，蒸发越快。无论在什么温度，液体中总有一些速度很大的分子能够飞出液面而成为汽分子，因此液体在任何温度下都能蒸发。如果液体的温度升高，分子的平均动能增大，从液面飞出去的分子数量就会增多，所以液体的温度越高，蒸发得就越快。

2. 与液面表面积大小有关。如果液体表面面积增大，处于液体表面附近的分子数目增加，因而在相同的时间里，从液面飞出的分子数量就增多，所以液面表面积增大，蒸发就加快。

3. 与空气流动有关。当飞入空气里的汽分子和空气分子或其他汽分子发生碰撞时，有可能被碰回到液体中来。如果液面空气流动快，通风好，分子重新返回液体的机会越小，蒸发就越快。

叶的气孔在早晨张开得较大，中午太热，为了减少蒸发量，张开得小。为了观察气孔，显然应选择在早晨摘取的叶子。证明这一结论也是一项有趣的研究活动，在同一植株（如同一棵蚕豆植株）上，分别在早晨及中午摘取多片叶子，获得叶下表皮，并尽可能用相同的处理方法，在显微镜下观察，结果是早晨的叶子气孔多且大。

第五章　物质科学

第一节　物体的性质

一、基础知识

自然界中的物质一般存在三种状态：固态、液态和气态。物质状态的变化一般伴随着热量的变化——吸热和放热。固体熔化、液体汽化、固体升华都需要吸热，液体凝固、气体液化、气体凝华都需要放热。

（一）熔化和凝固

熔化是物质由固态变成液态的过程，而从液态变成固态的过程叫作凝固。熔化——凝固图像的纵坐标表示温度，横坐标表示实验经过的时间。下图 5-1 为晶体的熔化图像，其中 AB 段表示固体吸热升温阶段；BC 段表示晶体熔化阶段，此阶段要吸热，但温度基本保持不变，这个固定的熔化温度就是熔点；CD 段表示液态升温阶段。下图 5-2 为非晶体的熔化图像，图中没有相对水平的一段（即温度不变的部分），随着加热的进行其温度不断上升，直至全部变为液态。

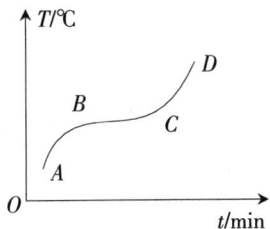

图 5-1　晶体的熔化图像

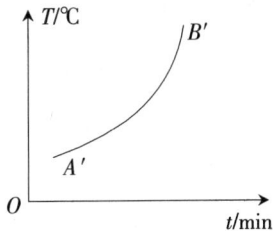

图 5-2　非晶体的熔化图像

（二）汽化和液化

汽化是物质由液态变为气态的过程，液体汽化时要吸收大量的热，它有两种表现形式——蒸发和沸腾。两者有以下四点区别：（1）蒸发是液体表面发生的汽

化现象；沸腾是同一温度下，液体表面与内部同时进行的剧烈汽化现象。（2）蒸发可在任何温度下进行；沸腾只有当温度达到沸点时才进行。（3）蒸发的快慢与温度高低、液体表面积大小、液面空气流动快慢有关；沸腾与液面气压高低相关。（4）蒸发时会从液体内部吸热，具有制冷效果；沸腾时需从外界吸收大量的热。

液化是物质从气态变成液态的过程。气体液化时要放出大量的热，所以100℃的水蒸气比100℃的沸水对人的烫伤要厉害得多。水蒸气是无色、无味的气体，人眼是看不见的，烧开水时水面出现的大量"白气"是高温水蒸气遇冷空气后液化成的小水珠。雾是地面附近的水蒸气遇冷后液化成的大面积"白气"。

（三）升华和凝华

升华是物质从固态直接变成气态的过程，凝华是升华的逆过程。升华需要吸热，凝华会放热。冬天衣服冻干是升华的结果；严寒的冬季，北方地区玻璃窗上出现的"冰花"是室内水蒸气凝华的结果；樟脑丸放入衣箱后会产生杀虫的气体（升华）；初冬季节水蒸气会在草和地面上形成霜（凝华）。

如何用物态变化的观点解释自然界中雨、云、雪、露、雾、霜的形成？首先，应明确它们都是由空气中的水蒸气演变成的；其次，应知道它们是由小水珠或是小冰晶构成的，再寻找其相关的物态变化过程。例如：露是小水珠，它是空气中水蒸气液化而成的。

二、物质的溶解性和酸碱性

1. 物质的溶解性

物质的溶解性是某种物质在另一种物质中的溶解能力的大小。一种或一种以上的物质分散到另一种物质里，形成均一的、稳定的混合物，叫作溶液。溶液的基本特征是均一性和稳定性。在水溶液中，某种分子（或离子）高度分散到水分子中间，形成透明的混合物。均一性是指溶液各处浓度一样，性质相同。如一杯蔗糖溶液，取上部的溶液和下部的溶液，它们的浓度都一样。稳定性是指条件不发生变化时（如水分不蒸发、温度不变化）无论放置多长时间，溶液不分层，也不析出固体沉淀。

在一定的条件下，物质能够溶解的数量是有限的。相同条件下，不同物质的溶解能力不同。物质的溶解能力随温度的变化而变化：大多数固态物质的溶解能力随温度的升高而升高；少数物质（如食盐）的溶解能力受温度的影响很小；也有极少数物质（如熟石灰）的溶解能力随温度的升高而降低。同一物质在不同的物质里溶解能力不同。气体在液体中溶解时液体温度越高，气体溶解能力越弱；压强越大，气体溶解能力越强。在物质的溶解过程中，有的温度会升高，要放出热量；有的温度会降低，要吸收热量。

2. 物质的酸碱性

如何知道物质的酸碱性呢？通过使用紫色石蕊试液或无色酚酞试液可以知

道。溶液的酸碱度常用 pH 来表示，pH 值的范围通常在 0—14 之间。

pH＝7，溶液呈中性。

pH＜7，溶液呈酸性，数值越小，酸性越强。

pH＞7，溶液呈碱性，数值越大，碱性越强。

测定物质酸碱性强弱最常用、最简单的方法是使用 pH 试纸。用洁净的玻璃棒蘸取被测试的溶液，滴在 pH 试纸上，将试纸显示的颜色与标准比色卡对照，看与哪种颜色最接近，从而确定被测溶液的 pH 值。根据 pH 值便可判断溶液的酸碱性强弱。

三、核心概念

(一)物质科学概念系统

核心概念	基本科学概念或原理	具体的事实性知识	科学活动事例	核心研究能力
物质	物体有许多可以观察到的性质。	生活中有各种各样的勺子，有木质的、塑料的、金属的、瓷的；有的大、有的小；它们的形状也不一样，有些勺子上面还有可爱的花纹。	多种多样的勺子	观察
	物体是由一种或几种材料组成的。	有木头做成的椅子，有钢铁和木头做成的椅子。	有用的椅子	观察
	可以根据物体或材料的性质对其进行分类。	大的圆孔纽扣放在一起，小的方孔纽扣放一起。	我们身边的纽扣	分类
	物体可以有不同的存在形式，如固体、液体、气体。	冬天我们的湿衣服放在外面容易结冰，当拿到温暖的房间里时，衣服就更容易晾干；冬天可以看到水面上结了一层冰；沸腾的开水上面会冒白气。	水真神奇	观察
	通过作用于物体，有些东西会变，而有些东西则不会变。	当我们把糖块敲碎时，糖块会变成小碎末；当我们把糖块放入水中时，糖不见了。	神秘的糖块	预测与推断

(二)具体概念分析

1. 核心概念

水是我们身边常见的重要物质，液体是像水那样没有固定形状、会流动的一些物质。水还有与其他液体不同的特点。

2. 具体概念

(1)一杯水的观察

水是一种没有颜色、没有气味、没有味道、没有固定形状、会流动的物质。根

据这些特点可以区分水和其他物质。

像水这样没有固定形状、会流动的物质叫液体。

（2）各种各样的液体

液体是多种多样的，但必须是既没有固定的形状又能够流动的物质。

（3）比较水的多少

比较水的多少先要找到比较的标准，为了确定标准，人们发明了量筒。

同一个问题可以运用多种方法去解决。

四、教学策略

（一）活动前为幼儿提供充分的材料

丰富的材料为幼儿能运用多种感官、多种方式进行探索提供活动条件。如：在了解物体膨胀现象时，为幼儿准备了用水泡过的黄豆和干黄豆、虾片、玉米粒若干，瘪乒乓球、香菇、茶叶、透明容器等，为幼儿提供足够的材料，使每个幼儿都有探究的条件和可能，引起幼儿的探究兴趣，符合幼儿年龄特点，引发幼儿想摸一摸，探究一下的愿望，使幼儿用多种不同的方法进行研究探索。

（二）从物质之间的关系确定探究内容

当代心理学的观点认为："能够引起幼儿智力发展并产生重大飞跃的，是掌握反映事物和现象之间内在联系和关系的一定知识体系。"所以，从有助于培养幼儿对科学的兴趣、探索精神和认知能力出发，教师尽可能从生活中选择或专门提供一些能够表现事物与现象之间的联系与关系的内容，让幼儿感知、发现或参与操作活动，并引导他们去分析、比较、判断、推理。如水的三态变化与温度的关系；物体膨胀或收缩与温度的关系；重量、平衡与重心的关系；物体运动与作用力的关系。此外，我们还可以选择一些具有类属关系的事物，让幼儿进行比较、分析、归纳、分类，形成类概念，发展观察力与思维能力。

（三）用材料开启幼儿探究活动

教育家布鲁纳说："学习的最好刺激，乃是对所学材料的兴趣。"活动中的材料具有暗示性，能够激发幼儿的操作兴趣。幼儿科学教育活动中的材料，归根结底是为幼儿感知、观察、操作准备的。幼儿通过看看、摸摸、捏捏、敲敲等摆弄活动，会产生很强的探索欲望。在活动之前，教师先给出材料，由材料导入活动，可增强活动的有效性。

如在"各种各样的木头"这一活动中，教师在桌上摆放了很多不同形状、不同材质、不同颜色的木头，幼儿见了便忍不住要去摆弄。教师请幼儿看一看、摸一摸、敲一敲自己面前的木头，说说发现了什么。幼儿专心致志地摆弄起了面前的木头，很自然地就进入了探索的过程。

(四)选择不同的形式组织探究活动

1. 开展探索式的科学探究

探索式的科学探究在于引导幼儿提出问题,教师指导幼儿在猜想和遐想的基础上,用感官或借助工具仪器,通过观察、实验和测量,把实验中观察的结果与已有的知识联系起来,形成超越已有知识和当前观察结果的新的理解。

如在"小汽车爬坡"活动中,教师为幼儿准备光滑的塑料坡、粗糙的泡沫板和革基布面的斜坡,让幼儿做出预测:哪种斜坡上车的速度快,哪种斜坡上车的速度慢? 并把预测的结果写出来,接着进行试验,把汽车在不同斜坡上的速度记录下来,在实验中验证自己的假设,获得科学事实和科学数据的"证据"。

2. 引导发现式的科学探究

发现式的科学探究过程,不再是教师单方面"教"的过程,也不是一个简单的"教师教、幼儿学"的过程,而是在教师引导下幼儿发现问题、解决问题、形成概念、获得知识和经验的过程。

幼儿在学习科学活动中,操作是必不可少的一个环节。幼儿对操作这一环节是很感兴趣的,因为可以自己动手来完成,所以他们就想自己动手来试一试。而在试一试的过程中,有好多都是需要对比观察才能够更加理解的知识点。如在开展"水不见了"的活动时,一上课教师就给幼儿准备了容易吸水的材料:海绵、毛巾等;还有不容易吸水的材料:石子、泡沫等。每个幼儿都有一份这样的材料和一只塑料杯子。在操作时,教师让幼儿自己摆弄,幼儿很感兴趣,津津有味地玩起来,许多幼儿为自己的发现兴奋不已,争着把自己的发现告诉给同伴和教师。这时,教师一边引导幼儿观察,一边提出问题:"小朋友,通过观察,你们发现了什么?"幼儿争着说:"容易吸水的是毛巾和海绵。"还有的幼儿说:"泡沫也能吸水。"于是教师引导幼儿再次实验,进行观察。很快,幼儿兴奋地举起了小手,纷纷告诉教师,原来这些材料中容易吸水的只有海绵和毛巾。这是把疑问转化为实际操作,尝试发现探究科学知识的过程。

在组织物理知识活动时,要注意以下四个标准:

第一,儿童可以通过自己的动作使物体产生运动。

物理知识活动的基本点是儿童对无意的作用以及对物体反应的观察,因此,应选择那些儿童能通过自己的动作而产生某些变化的活动。如:儿童用吸管吹动一颗弹珠,这个活动符合这一标准;用磁铁吸引铁块,铁块的运动是磁铁导致的,不是由儿童的动作直接产生的,这个活动不符合这个标准。

第二,儿童的动作不是单一的,而是允许多种变化的。

当儿童动作的变化导致了物体的相应变化,儿童就会有机会建构两者之间的关系。例如:在"滚球"游戏中,如果儿童因为击球时太偏了,而没有击中目标,他

就会通过变化他的动作来调整。

第三,物体的反应必须是能被观察到的。

运动时一个物体出现对儿童动作的明显的可被观察的反应,这对于儿童建构动作与动作结果之间的对应关系是必需的。然而,教师选择的材料有可能妨碍物体反应的可观察性。例如:在"玩水"游戏中,水在不透明管子中的流动会阻碍儿童对水运动的观察。

第四,物体的反应必须是即时出现的。

物体的反应如果是立即出现的,那么动作与物体反应之间的对应关系就容易建立。例如:儿童拉动绳子,使旗在旗杆上缓缓上升,作为拉绳的结果,儿童立即就能看到旗在向上运动。

有些物理知识活动主要依赖于观察而不是动作。这类活动不同于那些设计物体运动的活动,物体的变化主要取决于物体自身的变化。儿童在混合糖与水的时候,可能采用与混合沙和水时完全相同的动作,但是这两个动作产生的结果却是截然不同的。

选择和组织这类物理知识活动主要的标准是:考察原始人类是如何作用于周围其他事物的。在原始社会里,人类对烧煮、种植、狩猎和艺术活动感兴趣。幼儿学习周围物体的性质,就好比原始人类观察事物并建构知识一样。例如:儿童会认为在地上的落叶如果被种植和浇灌就会再生长,他们会把落叶埋在地下让它"长出树"来。电和以电驱动的机器是近代才发明的,这些材料对幼儿不适用。科学的发展史可以被用来作为幼儿选择这类物理知识的依据。

不管是哪种类型的物理知识活动,很重要的一点是:物理知识活动不是为了教儿童科学概念、原理或让儿童对某种事物现象作解释,不是通过教师去陈述或者演示已经准备好了的知识和概念,而是让儿童通过动作作用于物体来建构知识。在组织物理知识活动时需要制订一些教学原则:

(1)开始活动

原则之一:以最大程度增加儿童主动性的方式引入活动。具体引入活动的方式是:

取出会自然吸引儿童的材料。

向儿童出示材料,并说:"你能用这些材料做些什么?"

原则之二:从平时的游戏开始。

(2)活动的继续

原则之一:在儿童主动进行活动时,注意儿童在想些什么,不要去干扰儿童。

原则之二:鼓励儿童与其他儿童的交互作用。

原则之三:在物理知识活动中整合各方面的发展。

（3）活动以后

让儿童通过讨论,总结出他们做了些什么,能发现什么,以及如何产生一个期望达到的结果。

五、活动建议

活动主题:水

活动准备

大水盆或桌面大小的水槽、各种玻璃瓶、塑胶杯子、勺子、吸管、导管、塑料硬水管(30厘米长)、漏斗、喷枪、笔管、圆筒(纸轴)、纸杯、小铁网、肥皂、大钉子、细铁丝、制冰盒、海绵、量杯、量匙、电磁炉或酒精灯、烧杯、小锅盖、滴管、水车、沙拉油、方糖、酱油,用作"浮沉"实验的小件物品若干。

区角活动

· 在水槽内放入各种大小瓶子、杯子、水管、漏斗、勺子、海绵等可以玩水的器具,让幼儿自由"戏水",体验水的特性。

· 将小冰块放入烧杯内,在电磁炉或酒精灯上慢慢加热。让幼儿观察冰融化成水的过程。等水冒气后用小锅盖悬在离杯口约 15 厘米处,观察蒸气遇冷变回水珠的现象。最后,再让幼儿将冷却的水倒入制冰盒,放入冰箱,让水凝固成冰。

· 将 3 个不同形状的容器,盛满水后并排放好,然后在每个容器前摆上相同数量的小杯子,让幼儿一一将容器的水倒入杯子,或用勺子把水舀进杯子内,比较一下哪个容器装的水多。

· 在一条长 30 厘米的塑料硬水管上,等距戳出四五个圆孔,然后将管子直立插入水龙头。打开水龙头,观察各圆孔所喷出的水柱是否有长短不同的现象,为什么?

· 让幼儿在 4 杯水内分别放入方糖、一勺沙拉油、小石子、一勺酱油,观察它们的溶解性。

· 让幼儿用粗糙的砂纸磨出或用剪刀剪出肥皂屑,放入小杯内,在加入温开水后,用筷子搅拌。水与肥皂屑的比例,由幼儿自己实验决定。调好肥皂水后,再利用各种素材做吹管,如各种大小的吸管(如果将管口剪开,会吹得更大)、铁丝环,水管的一端套上漏斗,或将吸管扎成一束,吸管上套个纸杯、笔管、铁网等。幼儿也可以动动脑筋,想想还有什么东西可以用来吹泡泡。

· 将一只小水桶盛水后放在桌子上,另将一空桶放在地上,然后将一个透明导管的两端分别摆在两个桶内。请幼儿在导管的下端吸一下,然后观察水是如何源源不断地流入空桶内的。

· 也可将美劳区的"浮水印"和"滴画"活动移到科学区来。

物质科学

·将4个小杯子,两两并排放,其中两个盛约半杯的颜料水。然后将相同长度的玻璃纸条及卫生纸条分别架在两个杯子的中间。让幼儿观察颜料水经卫生纸条慢慢"跑"到另一个空杯里的"毛细管现象",而玻璃纸却无法出现同样效果。

六、案例分析

案例　小手摸一摸(小班)

活动目标

1. 知道物体有冷热、软硬、粗糙和光滑等特征。

2. 用手触摸感知物体的方法可增强孩子的感知能力。

3. 学会用语言表达自己对不同物体的感受。

活动准备

两小瓶水(一热一冷)、一小块海绵、一块积木、一张砂纸(正面粗糙反面光滑)、摸袋,教室里布置各种软硬、粗糙、光滑的材料。如:地毯、海绵垫、金属物体、光滑和粗糙的木头等。

活动过程

一、激发幼儿动手触摸的兴趣。

师:桌上有很多东西,请你们用手摸一摸、捏一捏,说一说你有什么感觉。

幼儿自由操作、表达。

二、引导幼儿通过触摸,感知物体的不同特征。

师:这两瓶水摸上去感觉一样吗? 有什么不同? 捏捏海绵和积木有什么不一样? 摸摸砂纸的正面和反面有什么不一样? (要让幼儿说出冷热、软硬、粗糙、光滑等词)

师:我们能用手摸出冷、热、软、硬、粗糙、光滑,我们的小手很能干,现在请你用手摸摸自己,说说你有什么感觉。

幼:脸是热的,毛衣是软软的,纽扣是硬硬的、光滑的。

师:再请你摸摸教室里的东西,说说你有什么感觉?

幼:地毯是软软的、粗糙的,海绵垫是凉凉的、软软的,墙是硬硬的。

三、玩"奇妙的口袋"游戏。

师:我们怎样才能知道东西是冷的、热的,软的、硬的,粗糙的还是光滑的? (幼:用手摸摸、捏捏。)

1. 教师出示"奇妙的口袋"。幼儿试着摸摸口袋里的东西,说说摸上去有什么感觉,猜猜可能是什么东西。

2. 幼儿尝试操作并说出自己的感受。

四、师生共同小结。

师：今天大家用小手摸一摸、捏一捏，知道了××是冷的，××是热的，××是软的，××是硬的，××是光滑的，××是粗糙的。我们还可以到外面去摸摸其他的东西，再把自己的感觉告诉大家。

活动评价

布娃娃、板刷、海绵、塑料球等，这些都是幼儿经常接触的东西，利用它们作为科学探究的对象，会使他们发现和感受到周围世界的神奇，体验和领悟到科学并不遥远，其实就在自己的身边。活动中，教师通过"奇妙的口袋"这个游戏，让幼儿触摸各种不同的东西，从而感受柔软、坚硬、光滑、粗糙，并尝试用自己的语言大胆地表述出来。

（案例提供：南京市第一幼儿园　王超）

案例　挑战空隙（大班）

活动目标

1. 通过操作感知物体与物体之间是有空隙的，探索合理、有序地安排空间。

2. 能积极动脑筋想办法把所有材料全部装进容器里，体验成功的快乐。

3. 感受合理地安排空间给人们生活带来的方便。

活动准备

蚕豆、核桃、米、托盘、塑料小碗、小勺、视频、图片。

活动过程

一、提出问题。

1. 师：我们一起来看看托盘里都有些什么东西。

2. 师：这些材料都混在了一起，要请小朋友来帮帮忙，用最快最好的方法把核桃、蚕豆、米分别装在托盘前面的三个小碗里。

3. 师：米又小又多，小朋友们在装的时候要小心一点，动作慢一些，不能把米撒在地上，因为米是粮食，可不能浪费。我给小朋友提供了小勺，你们需要的时候，可以用小勺来舀米。

二、幼儿操作。

1. 师：你们是用什么方法这么快就分好的呢？

2. 师：你们都很能干，帮助我把材料都分开了，谢谢你们！下面我还要请小朋友再来帮个忙，把这三碗材料全部装进一个透明的杯子里。下面请你们试一试吧！记住自己杯子的号码，不要拿错哦！

三、幼儿再次操作,尝试将三样材料全部装进容器里。

四、幼儿围坐成半圆,交流经验。

1. 师:谁愿意来说说看,你刚才有没有把三样材料都装进杯子里,你是怎么装的? 先装的什么,后装的什么?

2. 师:刚才好多小朋友都没有将三样材料全部装进去,实际上是能装进去的。我这就有一杯是一个小朋友动脑筋想办法装进去的,我们一起来研究研究,他是怎么把三样材料装进去的?(对比材料装进去和没装进去的杯子,发现空隙。)

3. 师幼共同讨论填满空隙的方法。

五、幼儿第三次操作。

师:下面再请大家试一次,看看这一次可不可以把三样材料都装进杯子里。请完成的小朋友将装满的杯子放在前面的小桌上,并将小碗、托盘收好。

六、播放视频,教师小结。

1. 师:杯子大小还是一样没有变化,装的东西却变多了。其实在我们的生活中也会用到这种方法,叫作合理利用空间,你们听说过吗? 你知道生活中哪些做法是合理利用空间的呢? 举个例子吧!

2. 师:我带来了两段视频,讲的就是合理利用空间的做法。我们一起来看看吧!

3. 小结:今天我们学会利用空隙,会将小空隙利用起来,让空间变大。回家以后,你仔细看看家里还有哪些空间是可以再利用起来的,和爸爸妈妈一起把家变得更舒服一些。

活动评价

合理有序地安排空间,会给人们的生活带来方便,同时又能够促进人们更好地生活。活动来源于生活又服务于生活,借助于日常生活中常见的核桃、蚕豆、米等,让幼儿在不断尝试操作材料的过程中,进一步发现、了解空隙,掌握合理利用空间的方法,获得经验,不追求答案的唯一性。教师重点关注幼儿的表达和交流,将幼儿的个体经验通过交流、提升,成为集体经验,并关注幼儿的学习。

（案例提供:南京市第一幼儿园　许茹）

第二节　力和运动

一、基础知识

(一)力

力是物体对物体的作用,施力物体和受力物体接触时不一定有力的存在,而不接触却可能存在力的作用。

1. 力的作用效果。(1)改变物体的形状;(2)改变物体的运动状态,包括改变物体速度的大小、物体运动的方向。

2. 力的作用是相互的。当甲物体对乙物体有力的作用时,乙物体也会对甲物体产生力的作用。

(二)摩擦力

1. 摩擦力。相互接触的物体发生相对运动或有相对运动趋势时,在接触面产生的阻碍物体发生相对运动的力。

2. 增大摩擦的方法。(1)增大压力;(2)增大接触面的粗糙程度。

3. 减小摩擦的方法。(1)减小压力;(2)减小接触面的粗糙程度;(3)变滑动摩擦为滚动摩擦。

车把、轮胎、脚踏板、车闸等处要利用摩擦。车把、轮胎、脚踏板刻有粗糙的花纹,通过增大接触面的粗糙程度来增大摩擦。自行车上所有转轴如中轴、前后轴、飞轮、龙头的转轴、脚踏板的转轴等部件都要减少摩擦,主要是利用滚珠轴承和添加润滑油来减少摩擦。

(三)物体的运动

物体运动同物质和能量一样,是物质世界的一个重要组成部分。一切物体都在运动:原子和分子、恒星和行星、月亮和地球、地球表面和地球表面上的一切物体,以及所有生命体和生命体的每一部分。宇宙中不存在处于完全静止状态的物体。

因为一切物体都在运动,所以没有固定的衡量标准可以用来描述物体的运动。所有运动都与我们选取什么点和物作为参照系有关。例如,参照地球表面,停着的汽车就没在运动。但是,由于地球绕轴心自转,这辆汽车每小时绕地心运动大约 1000 英里。假设一辆公共汽车正在公路上行驶,一个人在车内通道上行走,如果以汽车为参照系,就会有一个速度,以公路为参照系,就会有另一个速度,以地球为参照系,还会有一个速度。

运动的改变——加速、减速和改变方向,都是由于力的作用。在没有不均衡外力作用的情况下,任何物体的运动都会维持恒定的速度和既定的方向。当不均衡的外力作用于物体时,物体的运动就会发生改变。物体运动的方向取决于作用力的方向,物体可以改变它的速度(如下落的苹果),或改变它的方向(如月亮的弧形轨道),或者既改变速度又改变方向(如飞动的皮球)。这种不均衡的作用力越大,对物体运动的既定速度和方向的改变就越快。对所给的外力来说,物件越大越重,物体速度和方向的改变就越慢。而且,不论什么时候,如果物体 A 向物体 B 施加一个力,物体 B 就会向物体 A 返回相同的力。例如,磁铁 B 对铁钉 A 产生一种拉力,铁钉 A 对磁

铁 B 也产生了同样的拉力,但是力的方向相反。在最常见的现象中,物体表面之间的摩擦力使对运动的描述变得很复杂、很困难,但是基本原理仍旧适用。

二、核心概念

(一)力和运动的科学概念系统

核心概念	基本科学概念或原理	具体的事实性知识	科学活动事例	核心研究能力
力和运动	物体在一段时间内的位置变化可以描述物体的运动状态。	往空中投掷小球,小球能够飞离一段距离。	能飞的球	测量
	改变作用力的大小或方向,会导致运动的变化(使物体开始运动、停止、加速或减速等)。	可以用木块挡住滚动的小球,让其停下来。	挡住它的路	推理
	在日常生活中,我们观察到的每一个运动着的物体最终都会停止运动。	让小球在地面上滚动,小球最终会停在某个地方。	它能走多远	预测
	物体运动变化的程度与力的大小有关。	用力推小球,小球能够在地面上滚得更远一点。	看看谁的力气大	表达交流
	非自发性的运动需要力的作用。	放在地面上的小球,用力拨动一下,小球会滚动,如果不动它,小球就不会动。	它自己会动吗	预测

(二)具体概念分析

1. 核心概念

改变物体运动(或静止)的状态,必须有力的作用。作用力的大小、方向影响着物体的运动状态,物体的质量(本单元使用载重来表达)也影响着运动状态。

2. 具体概念

(1)"我们的小车"

重力是作用在物体上的向下的拉力或压力;足够的拉力能够使静止的物体运动起来,拉力越大,物体运动得越快。

(2)给小车装上动力

物体被拉长、压缩、弯曲时能产生弹力。橡皮筋的弹力能够带动小车运动。

橡皮筋产生的弹力越大,带动小车运动的速度也越快。

(3)小车载重

在一定的动力作用下,小车的运动速度与小车的载重量是有关系的:载重量越大,运动的速度越慢。

小车的载重量的大小与改变其运动状态的力的大小也是有关系的:小车的载重量越大,启动小车所需的力量就越大,阻止小车运动的力量也越大。

（4）运动与摩擦力

摩擦力的大小与两个物体接触面的光滑程度也有关：表面越光滑,摩擦力越小;表面越粗糙,摩擦力越大。

摩擦力的大小与物体的重量有关：物体越重,摩擦力越大;物体越轻,摩擦力越小。

摩擦力的大小还与物体的运动方式（滚动还是滑动）有关：相同重量的物体,一般在滚动状态下比在滑动状态下产生的摩擦力要小。

三、教学策略

（一）重视探究问题的提出,激发探究的愿望

探究性提问是幼儿自主探究的开端,其目的在于促使幼儿产生疑问,激发强烈的探究欲望和学习愿望。幼儿在问题的启发下,注意力高度集中,能积极主动地投入探究活动,在实际操作中解决问题。

为了让幼儿更好地投入到活动中去,在进入教室之前,我领着幼儿在室外活动了一下。随后我放开音乐,幼儿听着音乐《碰碰车》来到了教室,看到地上放着各类玩具,顿时来了兴趣。我趁机说:"小朋友们,地上放了这么多的玩具,我好想玩一玩,你们想玩吗?"说完,我就独自拿着玩具玩起来,小朋友也跟着玩起来。在我的启发和引导下,幼儿开始了活动中的第一次尝试,在这一环节中,教师给了幼儿自由探索的空间和材料,让幼儿通过尝试,发现物体自己是不动的,只有去推它、碰它才会移动。我来到幼儿中间,问身边的几个幼儿:"文文、佳佳,你们在玩什么? 你怎么玩的?"文文说:"我在玩积木,我可以搭高楼。"佳佳说:"我在和皮球玩,我碰它就滚;我在玩汽车,我一推它就跑。"幼儿有各种回答,我没有阻止孩子,但当一名幼儿回答关于本次活动的主题（我碰它就动,我推它就动）时,我及时抓住机会,引出话题:"小朋友说的真棒,放在地上的东西,自己是不动的,那你能用什么办法让它动起来呢?"

幼儿再次尝试,这次尝试,我提出了明确的要求,因此幼儿比较投入。这时我仔细观察幼儿的操作:一方面发现幼儿操作中的创造性思维,给予肯定;另一方面,也帮助了一些操作有困难的幼儿,给予引导,使幼儿都能有所发现。过了一会儿,幼儿都争先恐后地来到我身边向我演示,等幼儿围坐在我身边时,我问:"谁能主动说说你是怎样让物体动起来的?"幼儿回答:"我是用手推的,一推我的积木就动起来了。""我是用手拉的,一拉我的汽车就跑起来了。""我是用嘴巴吹的,一吹纸就飘起来了。""我是用脚踢的,一踢皮球就动了。"幼儿边说边演示给其他小朋友看。在这次尝试中,幼儿很专注,也很投入。

（二）重视探究过程的指导,提高探究的能力

探究能力是幼儿学习科学的基础。教师在指导探究的过程中,要精心组织、

物质科学

策划探究活动,不仅要明确探究目标,还要预测探究过程中可能出现的问题,对选择的方法要有充分的认识,使幼儿通过探究学会观察周围的事物,提出问题或对所学的内容提出各种假设,在猜想和遐想的基础上,通过实验和测量来收集资料,得出结论,逐步形成科学探究的能力。

今天,老师在小朋友的椅子下准备了许多好玩的东西,请小朋友把它们拿起来,看看是什么?(幼儿回答)我们给这些玩具起一个很好听的大名字叫——物体。(举例说明教室里的桌子、椅子、布娃娃等都是物体。)我们怎样让这些物体都动起来呢?请小朋友来玩一玩,一会儿告诉大家你是怎么玩的。(教师加入到幼儿游戏的行列。)幼儿自由发言:我用手拍皮球、我用手扔沙包、我用手推小汽车、我用手转球……(指导幼儿注意动词的准确运用。)教师小结:只有我们给物体用了力,物体才会运动,所以说物体的运动需要力。你们看,我们把玩具收了起来,它们怎么不动了呢?哦,因为这会儿我们没有给它们用力。

通过幼儿的操作活动引导幼儿发现力的大小与物体运动的关系。师:小朋友,现在老师请你们再来玩一玩,你们要体验一下,轻轻地用力物体会怎样?用力很大时,物体又会怎样?玩过之后,把你的发现告诉大家。(教师参与幼儿的活动,结合过程指导幼儿用正确的语言表达自己的发现。)幼儿操作后自由发言:用力大的时候,物体就扔得高;用力大的时候,物体就滚得远;用力小的时候,物体就动得慢,滚不远。

让幼儿再次玩小汽车等玩具,感受和发现用力的方向与物体运动的关系。让幼儿玩"开小汽车"的游戏,请幼儿都蹲在一个地方,朝不同的方向"开"小汽车,引导幼儿想一想:小汽车为什么会向那边运动?幼儿自由玩各种玩具,使这些玩具向不同的方向运动。教师小结:我们向哪个方向用力,物体就向哪个方向运动。

(三)重视合作与交流,感受探究的乐趣

科学活动不仅强调幼儿亲身经历探究和发现的过程,也倡导提高幼儿合作学习的意识和能力。因此,教师要鼓励幼儿把探究的过程表达出来,积极地与同伴交流自己的看法,分享探究的乐趣,倾听鉴别同伴的观察结果,梳理头脑中的信息,感受探究的乐趣,形成科学思考的态度。

"我想让小汽车动,我没有用手,我把绳子系在积木上,一拉绳子小汽车就动了。""我把木板的一头放在高处,一头放在低处,把汽车放在高处,一动木板汽车就自己跑下来了。""我把纸往空中一扔,然后不断地吹,纸就动起来了。"幼儿越说越兴奋,总结出:让物体移动,用的力不一样,物体移动的也不一样,用力大,物体就动得又快又远;用力小,物体就动得又慢又近。看到幼儿积极的表现,于是我把延伸活动放到了室外。通过这个活动,让幼儿进一步体验力和运动的关系。

（四）重视个别探究和小组探究，为个体发展创造空间

由于幼儿探究的兴趣点不同，因此教师要尊重幼儿个体的需要，支持幼儿自发产生的个别探究和小组探究活动，为幼儿个体的发展创造条件。

四、案例分析

案例　滚滚滚（小班）

设计意图

小班幼儿尚未意识到"滚动"现象背后所蕴含的科学原理，他们更多的是在日常生活的滚球、滚圈游戏中，由好奇、觉得好玩而引发出无意识的"探究行为"。不必要求小班幼儿准确地掌握和理解"滚动"这个科学概念，而是强调让幼儿在无意识地玩的过程中，亲身经历探究和发现的过程，引导幼儿关注并探索"滚动"这一科学现象，自然地获取和丰富科学的经验。这些经验可能是幼儿能够感受却不能用语言表达出来的，但教师不能低估它们对于幼儿的意义。

活动目标

1. 愿意参与探索活动，初步对不同物体滚动的现象感兴趣。

2. 在探索、观察各种物体滚动的过程中，初步感知发现滚动物体的基本特征。

3. 体验和探索滚动游戏的乐趣。

活动准备

师生共同搜集各种能滚动的物体：有比较容易滚动的；有比较难滚动的。如光盘、圆锥、圆台物体。

活动过程

1. 教师出示皮球，引起幼儿对滚动物体的关注和认识。

(1)帮助幼儿了解使物体滚动的方法，并用简单的语词描述"用手向前推"。

师：我们大家都玩过滚球的游戏，怎样使球能滚起来呢？

(2)引导幼儿观察了解"滚动"的现象。

师：球滚起来是什么样的？请一名小朋友与老师玩滚球。

(3)引导幼儿学习用语词和动作表达球滚动的状态：咕噜咕噜不停转动，从这头移到了那头。

师：请你用动作和声音来学学球滚起来的样子。

2. 探索尝试各种材料的滚动。

(1)引导幼儿迁移已有的经验，自由大胆地说出各种能滚动的物体。

师：你们还知道哪些东西能滚动呢？你们带来了哪些能滚动的东西呢？

物质科学

（2）引导幼儿自由猜测物体能否滚动。

师：这儿有许多好玩的材料是你们从家里带来的，也有老师找来的。它们能滚起来吗？你知道怎么能使它们滚起来吗？

（3）教师交代游戏规则：请每人选择一样材料，试着想办法使它能滚动起来；强调玩的时候要找空的地方，看谁能使它滚起来。

3. 幼儿自由选择物品尝试探索。

教师请幼儿将材料放在椅子下，组织大家集中交流并操作演示。

师：你玩的是什么材料，能滚起来吗？你是怎样使它滚起来的？

4. 幼儿再次尝试滚动不同的材料。

师：请把自己的材料放在桌上，再选择一个不同的材料来玩，看它能不能滚起来。

引导幼儿探究比较难滚的材料，促进幼儿不断探索的欲望。

⎡活动延伸⎦

1. 引导幼儿探索怎样使正方形的纸滚动起来（如把它揉成团、折成球状等），鼓励幼儿用不同的线条表示物体滚动时的样子。

2. 幼儿在家寻找一些能滚动的东西带到幼儿园的活动区中。教师也可有意识地提供一些能滚动的东西（如圆锥体玩具、圆柱体玩具等）。

3. 结合音乐活动，引导幼儿跟随音乐，用身体各部位的动作来表现各种滚动的状态。如歌曲《小老鼠上灯台》中的"叽里咕噜滚下来"，律动《小熊运西瓜》中西瓜滚走等。

（案例提供：南京市北京东路小学附属幼儿园　张琴）

案例　不倒的娃娃（大班）

⎡活动目标⎦

1. 通过实验探究发现"不倒的娃娃"不倒的原因：其底部中心处置有重物。

2. 能小心细致地拆不倒娃娃，并能边观察边发现其中的秘密。

3. 体验不断探索寻找答案的乐趣。

⎡活动准备⎦

1. 经验准备：幼儿有玩过玩具不倒翁的经验。

2. 物质准备：实验材料"蛋娃娃"（由蛋形玩具自制而成，其中有一部分是不倒的娃娃，有一部分是无法站立的娃娃）若干，小石块、小铁块、小沙包、玻璃球、油泥、胶带、记录表一张等。

3. 区域设置：幼儿操作和记录讨论的区域可以分成两个地方，以免桌上的东西多，影响幼儿操作。

一、创设情境，提出问题。

1. 幼儿观察并描述蛋娃娃的外形。

师：这里有一些有趣的小娃娃，它是什么样子的？

幼：像鸡蛋一样的娃娃。

幼：它有点像椭圆形，它的上面小，下面大，像个鸡蛋。

师：它的名字就叫蛋娃娃。

2. 幼儿自由玩蛋娃娃。

有的幼儿在旋转着蛋娃娃，有的幼儿在滚动着蛋娃娃。

3. 集体交流。

师：你们在玩的时候有什么发现？

幼：我用手推它，它就会摇来摇去。

幼：我的娃娃能站起来。

幼：我用手一拧，它就会转圈。

师：我们现在来做一个游戏，请小朋友在桌子上玩蛋娃娃，但注意听老师的口令，老师一说"停"，你们就要立刻停止游戏，并把蛋娃娃留在原处。

4. 幼儿有的在桌面上旋转蛋娃娃，有的在桌面上滚动蛋娃娃。突然，教师说了一声"停"，所有幼儿的手都离开了蛋娃娃。

师：我们看见了什么？

幼：有的蛋娃娃是站着的，有的是躺着的。

师：我们让所有的娃娃都站着好不好？

幼：好。（有几个幼儿用手将站着的蛋娃娃扶起来，但是一松手，这些蛋娃娃立即又倒下了，反复了几次，都是如此。）

师：那我们让所有的蛋娃娃都躺着好不好？

幼：好。（有几个幼儿用手将躺着的蛋娃娃按倒，但是一松手，这些蛋娃娃立即又站了起来，反复了几次，都是如此。）

幼：有的蛋娃娃总是倒不下去，有的蛋娃娃总是站不住。（教师在集体记录单上记下幼儿的发现。）

二、猜测实验。

1. 自由猜测。

师：为什么有的娃娃能站起来不倒，有的娃娃却站不起来？

幼：我的娃娃有点轻，所以站不起来。

幼：我觉得我的娃娃有磁性，能吸在桌上。

幼：我的娃娃有点重，能站起来。

2. 比较研究。

发现不倒娃娃与倒着娃娃的不同之处，并交流记录。

师：请拿不倒娃娃和拿倒着娃娃的小朋友交换玩一玩，看看你们的蛋娃娃究竟有什么不一样。

幼：我发现我的娃娃有点重，里面好像有东西，所以能把它撑起来，就不会倒了。

幼：我发现我的娃娃轻一点，站不起来，他的娃娃重一点，就能站起来。

幼：我的娃娃也有点重，就能站起来。

幼：我的娃娃轻，站不起来。

师：我们今天有了第一个发现，不倒的蛋娃娃要比站不住的蛋娃娃重一些。

3. 实验验证。

师：刚才有的小朋友说不倒的蛋娃娃比较重一点，是因为它的身体里有东西，你们能猜一猜是什么吗？

幼：我觉得里面可能有石头。

师：为什么？

幼：石头重，一压就站起来了。

幼：我觉得里面是铁。

幼：我觉得里面放的是沙子。

幼：我觉得里面有根弹簧，手一弹，蛋娃娃就站起来了。

教师提供空心蛋娃娃、鹅卵石、小铁块、小沙包、玻璃球、油泥、胶带等材料，幼儿根据自己的想法，自由选择材料，尝试让蛋娃娃站起来。

4. 幼儿观察比较自己制作的不倒娃娃。

师：为什么有的蛋娃娃放了东西能站起来，有的还是站不起来？

幼：可能油泥放得太少了。

幼：也可能是太多了。

5. 探究蛋娃娃不倒的原因。

(1) 自由探究。

幼儿拆卸原先的不倒娃娃，观察不倒娃娃的内部结构，验证自己的想法。

(2) 交流。

师：你们现在知道蛋娃娃为什么能站起来了吗？

幼：蛋娃娃身体下面有石头，还用胶带粘住了。

幼：我看见蛋娃娃身体里有油泥粘在下面，我放的石头没有粘在娃娃的下面，它在里面会滚，就站不起来。

幼：铁块是粘在蛋娃娃身体下面的，我把油泥粘在头上了，所以站不起来。

师：原来蛋娃娃能站起来不倒，是它身体的下面要有石头、铁块这些重的东西，而且还要把这些东西固定在它的身体里。（集体记录幼儿的发现）

（3）迁移经验，继续完成不倒娃娃的制作。

（4）师生共同总结：不倒娃娃底部有重物，而且还要固定。

三、活动延伸

在区域游戏中，提供不倒娃娃的操作材料，鼓励幼儿继续探索，体验自由探究的乐趣。

表 5-1　实验记录表

操作材料	鹅卵石	铁块	沙子	油泥	玻璃球
猜想结果					
实验结果					

倒着的娃娃　　　　　　不倒的娃娃

活动评价

"不倒娃娃为什么不倒呢"，"不倒娃娃里有什么"……幼儿对"不倒娃娃"充满好奇，不断追问各种问题。这是个实验性较强，又比较符合大班操作的教育活动。在操作活动中，教师要提示幼儿折一点，仔细观察，再折一点，再仔细观察，边"折"边"发现"。同时，教师留意观察幼儿的发现，并鼓励幼儿用语言表达出来，在不断探索和交流中体验"发现"的乐趣。

（案例提供：南京市第一幼儿园　李金花）

第六章　生命科学

第一节　生物特征与需求

一、基础知识

（一）生物与非生物

1. 生物与非生物的区别

生物的特征也就是生物与非生物区别的最基本标准，即生物的基本组成单位是蛋白质和核酸；生物能进行呼吸；生物能排出体内产生的废物，能与外界环境进行物质和能量交换，因此能通过新陈代谢实现自我更新；生物能对外界刺激做出反应，并适应周围的环境；生物能进行生长和繁殖，并能将自身的遗传物质传递给后代。在以上这些特征中最基础的是新陈代谢，它是一切生命活动的基础。

2. 动物与植物的主要区别

动物不能进行光合作用，必须从外界摄取现成的有机物养活自己，属于异养；植物从外界吸收碳酸盐和二氧化碳，通过光合作用制造有机物，属于自养；动物能进行自由快速的运动，植物不能。

（二）植物的根、茎

1. 根的特征和种类

根是由种子胚根发育而成的器官。根一般不分节、不生叶、没有芽，通常向地下生长。根对植物有固定作用，起到从土壤吸收水分和肥料的作用。

支持根　许多陆生植物可从茎上长出许多不定根，向下深入土中，形成支持植物地上部分的辅助根系。如：玉米、高粱、甘蔗等禾本科植物。

板根　很多热带植物在根与树干相接的部位形成板壁状部分，能加强树木的稳固性，支持巨大的树冠。

气生根　一些植物能从茎上产生暴露于空气中的不定根，气生根比较粗大而常缺乏根毛,能从空气中吸收水分,也有附着作用。如:蓬莱蕉、吊兰等。

附生根 热带的菊科植物及一些藤本植物,可以从茎上生出许多不定根,用以帮助植物体附着于树皮或其他物体上。如:常春藤、络石、凌霄等。

肥大直根 其形态粗大单一,由主根发育而成,是贮藏根的一种,根肥大,贮藏丰富的营养物质。如:胡萝卜、萝卜、甜菜等。

块根 也是贮藏根的一种,它是由侧根和不定根发育而成。如:甘薯、大丽花等。

寄生根 这些植物生出的不定根伸入寄主体内,吸收水分和养料,如:菟丝子、列当、槲寄生等。

呼吸根 生长在沿海或沼泽地带的植物,其根的部分深埋在泥中或水面以下,造成呼吸作用的困难,因此长有露出地面的呼吸根。如:海滩上的红树、池塘水龙等。

2. 茎的概念和种类

茎是由种子幼胚的胚芽向地上生长的部分。茎分节,节上有叶,叶与茎交叉的内角叫叶腋,叶腋里生有芽。茎把根和叶联结在一起,并把叶举在空中。茎一般分地上茎和地下茎两大类:地上茎有直立茎、匍匐茎、攀缘茎、缠绕茎;地下茎有根状茎、块茎、球茎、鳞茎。

直立茎 是指垂直地挺立在地面上的茎,大多数常见植物的茎都是这种茎。如:向日葵、玉米等。

匍匐茎 指平卧在地面上,在节上生长不定根的茎。如:甘薯、节节草等。

攀缘茎 是指以卷须等其他特有变态器官攀缘他物上升的茎。如:葡萄、黄瓜、豌豆。

缠绕茎 是指以茎本身缠绕他物上升的茎。如:牵牛花、菜豆、紫藤等。

根状茎 是指匍匐生长于土壤中的变态茎,根状茎贮藏着丰富的营养物质。如:莲的根状茎(藕)等。

块茎 是指短缩肥大的地下茎,顶端有顶芽,侧部有螺旋状排列的芽眼(侧芽),幼时可见退化的膜质叶,每个芽眼可以有几个芽,相当于腋芽的主芽和副芽。如:马铃薯、姜等。

球茎 是指肥大、短而扁圆的地下茎,顶端有粗壮的顶芽,有明显的节和节间,节上有干膜质的鳞片和腋芽,下部有多数不定根。如:荸荠、芋头等。

鳞茎 是指由多数肉质鳞片包裹着短缩茎,而成球形的地下茎。如:洋葱、蒜、郁金香等。

(三)植物体内物质运输

1. 木质部运输

木质部主要由导管或管胞组成。它们都是由已经死亡的、失去原生质的细胞

连接而成的运输管道，水分在其中流动通畅。水的流动方向是从水势高处向水势低处流动。白天叶片蒸腾失水，水势下降，水从土壤中经根系和茎向叶片流动，形成蒸腾流，其速度可达每小时几十米。

当你把一条带叶的柳枝放在水里切断，并立即插入滴有几滴红墨水的水里，在太阳光下照射几个小时后，再把枝条从横向切断，这时，你会发现断面上有红色的点点；若是再把枝条从纵向剖开，又可以看到，在茎的剖面上有一条条红色的细纹。这些点点或细纹，就是我们用眼睛看得出来的植物运水的"管子"，通常把它叫作"导管"。血管贯通于动物的全身，导管在植物体内也是纵横交错，交织成网。前面所说的枝条，如果让它在红墨水里再浸几天，那时又会发现，连叶子上的叶脉也染红了，这说明叶脉里也有导管，而且茎和叶子里的导管是相通的。

2. 韧皮部运输

韧皮部是高等植物输送叶片中合成的有机物的通道，和木质部的单向运输不同，韧皮部的运输是"就近收集，就近供应"的。例如，顶芽生长需要的能源物质来自植株上部接近顶芽叶的光合作用，这里的筛管将光合作用产生的糖向上运输至顶芽，根部所需的和所贮藏的糖类大多来自植株下部叶的光合作用。所谓上部和下部并无明确界限。实际上，在上部和下部之间存在着中间部分，这一部分韧皮部的运输有时上行，有时下行。只有到了秋季，植株生长停止，此时韧皮部的运输才全部是下行的，有用的物质就全被转移到根等部分贮藏起来。

筛管由筛管分子所构成，虽然也是由很多细胞连接成的，但在它们细胞的连接处并未完全打通，而是由一层像米筛一样有很多细孔的"筛板"隔着。它的运输机制和死的导管、管胞不同。有机物质在筛管里运输的速度，每小时大约 0.7 米—1.7 米。筛管的装卸和运输路线是：从制造营养物质的器官收集"装载"物质，运送到身体各处需要或贮存营养物质的器官组织，如生长尖、根等处，再将这些物质"卸下"，交给这些器官。

筛管在树木的"皮"内。俗话说"树怕剥皮"，树剥了皮，就等于切断了运输食物的道路，植物就要饿死。可以用柳枝来做一个实验：把折下的柳枝下部的树皮剥去一圈，然后再插到水里。过不了几天，在伤口上方就会长出新根；伤口的下方则因得不到上面运来的有机物，便逐渐枯死。

二、核心概念

（一）生命科学概念系统

幼儿园科学教育中的生命科学教育是以人为中心，围绕"人在自然生态关系中的地位和作用"构建起来的。人作为自然的个体，处于生态系统中能量金字塔的顶端，而人本身也是被探索的对象。同时，作为科学的主动探索者，人又将自然界中的科学现象和规律运用于社会,促进科学和社会的联系与发展。生命科学教育的内容主要有人体与健康、动植物、生态环境、生命现象等几个方面,设计活动时可从以下几个方面进行考虑:

1. 生物的形态结构与功能的关系

生物的形态结构与生理功能是密切相连、相互适应的。如人的手指,由许多小的指骨构成,结构复杂,但活动灵巧,可以做很多事;雌蚊子的口器像刺,可以刺入动物皮肤中吸血;青蛙的后肢发达,适于跳跃。

2. 生物的形态结构、生活方式与生活环境的关系

生物的形态结构和生活方式是对环境长期适应的结果,生物的形态结构和生活方式是与环境相统一的。认识生物长什么样、怎样生活、怎样行走、怎样睡觉、住在哪里、吃什么时,都要联系它们生活的环境。如生活在水分稀少的沙漠中的植物都有发达的根系,便于吸收水分;生活在森林中的猴子长着长长的前臂,以便在树上攀缘、爬行。

3. 生物的适应性变化与环境变化的关系

生物有适应环境变化的能力,在认识季节环境变化时,应考虑植物在不同季节是怎样变化的,动物的身体以及生活习性是怎样适应季节变化的,生活在不同地区的人类又是怎样适应季节变化的等等。如冬天植物凋零,动物毛皮增厚,活动减少(某些动物还会冬眠);人的添衣取暖等都是适应环境变化的表现。

4. 生物的新陈代谢、生长发育与环境的关系

生物的生长、生活离不开环境,教师在设计认识生物的活动时,还可以从生物新陈代谢和生长发育的角度考虑:生物是怎样长大的? 它们的生长需要什么条件? 它们是如何摄入食物、排出身体内的废物的? 在认识环境要素时,同样要考虑它们与动植物乃至人类的生长有什么关系,人类为什么要保护环境。例如:通过实验设计认识植物生长离不开阳光、空气、水等环境要素;人体每天要摄入食物、排出废物和吸入空气、呼出废气来进行自我更新;认识土壤时,让幼儿探索土壤里有什么,从而使幼儿了解土壤是宝贵的,是动植物和人类生存不可缺少的环境条件。

5. 生物与生物之间的关系

生物与生物之间往往存在着一定的食物关系,有些生物是友好互助关系,有些是捕食关系等,许多生物之间形成了食物链。因此,认识生物之间的相互关系,就应考虑该生物与其他生物之间有什么关系;吃什么、怎样捕食并躲避敌害;我们为什么要爱护生物等等。

6. 人类与生物的关系

人类的基本生活吃、穿、住、行都离不开生物,生物有多种用途,但是为了使人

类在地球上能世世代代繁衍生存下去,绝不能用掠夺式的行为把地球上的生物资源用光,或破坏生物的生活环境,使其因失去栖息之地而招致物种灭绝。所以,要让幼儿意识到草木水土等自然万物的荣衰与自己生活的密切关系,让他们从小懂得人与自然万物息息相关的道理,启发幼儿可持续发展思想的萌芽。如让幼儿懂得节约粮食和水、利用废旧物品制作玩具等方式培养幼儿珍惜自然资源的意识。

核心概念	具体概念
生物的多样性	1. 生命体有一定的基本需求,动植物的基本需求不同,动物和人类需要空气、水和食物;而植物生长则需要空气、水、养分和阳光。 2. 植物具有多样性,不同的植物有不同的生长环境以及外部特征;不同植物的果实长在不同的地方。 3. 动物具有多样性,每一种动物都有区别于其他动物的外部特征及生活习性。
生物的变化	1. 人们在成长的过程中,体重、身高等外貌特征都在发生变化;成长需要摄取不同的食物。 2. 植物在不同的季节会有不同的变化;阳光和水分会影响植物的生长。 3. 动物从出生开始也在不断地变化中,基本的食物和营养会影响动物的生长。 4. 人类、植物和动物有不同的生命周期,即不同的生长变化过程。
动物与植物之间的相互作用	1. 植物为动物提供食物。如:小白兔吃萝卜、熊猫吃竹子等。 2. 植物为动物提供栖息之处。如:松鼠的家在树洞里,小鸟的家在树枝上,许多动物的家在森林里。 3. 有些动物能为植物传递花粉和种子。如:蜜蜂采蜜,花儿开得更鲜艳。 4. 动物的粪便可以给植物当肥料;动物还能给植物抓害虫。

植物核心概念

植物是有生命的物体,自然界里的植物是多种多样的。我们可以通过有目的地观察去了解和区别它们。

具体概念

(1)从图中获得的信息是有限的,要对事物有更多的了解就必须亲自去观察真实的事物。

(2)真正的观察是有目的地看,观察是科学探究的一种基本方法。

(3)树是一种植物,是有生命的,有许多可观察的特征。树的生长与周围的动物、植物和环境密切相关。

(4)通过观察大树的形状、叶子、树皮等来描述大树的特点。

(5)画、拓印、写观察记录是观察中的常用方法。

（6）树叶是各种各样的。同一种树的叶子具有共同的基本特征，不同树的叶子在形状、大小、颜色等方面各不相同。

（7）一片完整的叶子具有共同的构造，包括叶片和叶柄。

（8）植物叶子的叶片、叶柄、叶脉、叶缘是多种多样的。

动物核心概念

动物是有生命的物体，自然界里的动物是多种多样的。我们可以从身体构造、运动的方式、食物的种类等方面观察动物，了解动物的不同特征。

具体概念

自然界里的小动物是多种多样的，不同的小动物生活在不同的环境中。

在不受干扰的情况下使用放大镜，进行实地调查并记录是观察小动物的好办法。

（1）蜗牛。

蜗牛有特殊的身体构造和运动方式，是为了适应周围的自然环境。

蜗牛对食物有选择，并采取独特的摄取食物的方法，以满足自身的需要。

（2）蚂蚁。

观察像蚂蚁这种特殊的小动物需要解决用什么方法去观察的问题。

蚂蚁的身体构造分为头、胸和腹三部分。与蜗牛相比，蚂蚁的身体构造更像蝗虫。

（二）幼儿生命概念的发展阶段

以"生命"概念为例，皮亚杰用临床法对儿童的"生命"概念进行了研究。他向不同年龄的儿童询问"什么是活的？"得到了各种有趣的回答。皮亚杰据此发现了儿童"生命"概念发展的若干阶段。

第一阶段（6岁以下）：儿童认为凡是活动着的物体都是有生命的。这个阶段的儿童根据"活动"来界定生命的概念，更为有趣的是儿童始终把活动是否对人类有作用作为判断的依据。下面是皮亚杰与威尔的对话[①]：

皮：太阳是活着的吗？

威：是的。

皮：为什么？

威：因为它会发光。

皮：蜡烛是不是活的？

威：不是。

皮：为什么呢？

——————————

① Piaget J. The Child's Conception of the World[M]. London：Routledge & Paul Kegan. 1929：194－206. 转引自张俊. 幼儿园科学教育[M]. 北京：人民教育出版社. 2004：24－28.

威:噢,是的。因为它会发光。它发光的时候就活着,不发光的时候就死了。

皮:自行车是活的吗?

威:不是。它骑的时候是活的,不骑的时候就死掉了。

皮:山是不是活的呢?

威:不是。

皮:为什么?

威:因为它什么也没做!

皮:树是不是活的?

威:不是,它结果子的时候是活的,树上什么也没有时就死了。

皮:手表是活的吗?

威:是的。

皮:为什么?

威:因为它在走。

皮:板凳呢?

威:不是。

皮:为什么?

威:它只是给人坐的。

皮:炉子是活的吗?

威:是的。它会烧茶、做饭。

皮:铃是活的吗?

威:是,它会响。

威尔甚至说毒药也是活的,因为它能够杀死我们。由此可见,"活的"对于儿童而言意味着会做某件事或会移动。

第二阶段(6—8岁):儿童认为凡是运动的物体都是有生命的。运动的确是反映生命存在的一种形式,儿童能认识到这一点是一大进步。首先,在儿童眼中,生命与运动有着天然的联系,他们以此质疑并界定着生命的概念。当一个6岁半的幼儿被问及"树叶是否死去"时,他先回答"是的",然后又说"树叶会随着风飘走"。皮亚杰指出,儿童在对自然界的理解中,混淆了机械运动和生物运动。下面是皮亚杰与赛斯的对话:

皮:马是活着的吗?

赛:是的。

皮:那么桌子呢?

赛:不是。

皮:为什么?

赛:因为桌子是做出来的。

皮:月亮是活的吗?

赛:不是,因为它总是待在一个地方。

皮:它从来没有动过吗?

赛:有时候会动的。

皮:什么时候?

赛:当你走路的时候。

皮:那它是不是活着的呢?

赛:是活着的。

皮:为什么?

赛:因为它会走路。

皮:云是不是活着的?

赛:是的。

皮:为什么?

赛:因为它会轻轻地飘,也会很快地飘动。

第三阶段(9-12岁):儿童认为生命是一种发生在动物和植物身上的自发性的运动。随着年龄的增长,儿童已经能够对不同形式的运动加以辨认,能真正区分毫无理由的运动和自发的运动,并能把自发的运动和生命的存在相联系。对生命概念的理解也达到了全新的阶段。下面是皮亚杰和桑特的对话:

皮:你知道活着是什么意思吗?

桑:知道。

皮:昆虫是不是活着的?

桑:是的。如果它不是活的话它就不能飞了。

皮:自行车呢?

桑:不是。

皮:为什么不是。

桑:是我们让它行走的。

皮:马是活的吗?

桑:是。

皮:为什么?

桑:它能帮助人类。

皮:云是不是活的?

桑:是的。

皮:为什么?

桑:噢,不是。

皮:为什么呢?

桑:云不是活的,如果它们是活的,那么就能爱上哪儿就上哪儿了。

皮:那么风是活的吗?

桑:是的。

皮:为什么?

桑:它是活的,因为风会让云飘啊。

皮:小溪是活的吗?

桑:是的。因为水一直在流动。

皮:汽车是活的吗?

桑:不,是发动机让它动的。

皮:那发动机是不是活的呢?

桑:不是,发动机是人造出来的。

皮:太阳是活的吗?

桑:是的,太阳在白天能发光。

皮亚杰总结了儿童"泛灵论"思想的三个发展阶段:

第一阶段(4—5岁):儿童认为任何事物的活动都是有目的、有意识的。在这个阶段中,主体和客体完全混淆、相互渗透。现实常常被想象为魔幻般的活动。

第二阶段:(4—6岁到8—9岁):儿童开始能区分主客体,但是主观意向仍附着于客体之上。儿童认为主体可以采取某些方式渗透于客体之中(如语言、形象、姿势等)。魔幻和泛灵论依然是构成该阶段的基本成分。

第三阶段(8—9岁到11—12岁):主客体开始分离,儿童开始认识到主体不必追随于客体。魔幻和泛灵论的成分趋于消失。

三、教学策略

(一)什么是概念图

概念图是一种用来组织与表征知识的工具。通常将有关某一主题不同级别的概念或命题置于方框或圆圈中,再用线将相关的概念和命题连接,形成关于该主题的概念或命题网络。这种把概念之间的意义联系以科学命题的形式有机地结合起来的空间网络结构图,叫概念图。

概念图包括节点、连线、层级和命题4个基本要素。其中节点表示概念,连线表示概念之间的陈述,命题是概念之间通过某个连接词而形成的意义关系。层级可有两层含义:第一,是指同一层面中的层级结构,即同一知识领域中的概念依据其概括性水平不同而分层排布,概括性最强的主级概念位于最上层,从属的逐级放在其下,而最下层为例证;第二,是不同层面的层级结构,即不同知识领域的概念图可以就某一概念实现超链接。

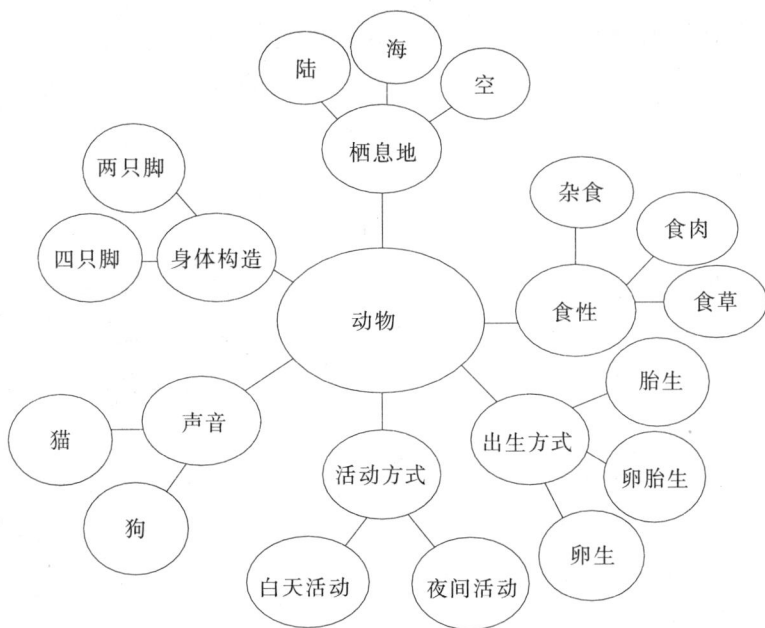

图 6-1 以"动物"为主题的概念图

(二)概念图的应用

概念图是创作的工具。画一幅概念图好比经历一次头脑风暴。当一个人把自己的想法顺利地写下来时,想法会变得更加清晰,头脑也会接受新想法。这些新的想法可能与已经写下来的想法有联系,也可能会引发新的念头。

概念图是交流的工具。一个人制作的概念图代表了一种组织信息或思想的方法。它是可以被其他人共享的东西。一组人制作的概念图代表了集体的思想。无论哪一种情况,概念图可用作人们讨论概念和概念之间关系的交流的工具。他们可以设法赞同一个共同的结构,以此作为进一步研究的基础。

概念图是学习的工具。建构主义的学习理论认为,要记住知识,并懂得意义,那么,新知识就应当与现有的知识结构整合。概念图的作用是促进这个过程的形成。这是因为概念图可以把整合的过程清晰地呈现出来,并使学习者看到概念之间的关系。研究发现,在学习中使用概念图的幼儿,在较长一段时间以后,其知识的保持超过不用概念图学习的幼儿。用画概念图和看概念图学习的幼儿,他们的知识面也比死记硬背学习的幼儿宽,更能解决问题。研究人员还发现,当幼儿试图用图来表示对知识的理解时,他们最肯动脑筋。

概念图是评价的工具。通过概念图可以了解学习者在解释内容时被误解的概

念。幼儿对概念的理解常常出现不完全或者有缺陷的情况,结果造成了误解。幼儿画的概念图表达了他们对概念正确的或错误的理解,有助于教师判断被幼儿误解的概念,找出影响教学效率的原因。

(三)如何构建概念图

制作概念图可以使新旧知识之间、概念之间的关系清晰可见,迫使学习者将这些关系外化。从这个意义上说,概念图帮助幼儿了解知识的结构,了解知识构建的过程。这就是帮助幼儿学会学习。那么,怎样构建概念图?

1. 确定关键概念和概念等级

一旦知识领域选定了,接下来便是确定关键概念,并把它们一一列出来。然后对这些关键概念进行排序,从最一般、最概括的概念到最特殊、最具体的概念依次排列。虽然这样的排列是很粗糙的,但能帮助我们确立概念图的结构。

2. 初步拟定概念图的纵向分层和横向分支

在这一步骤中,可以把所有的概念写在活动的纸片上,然后把这些纸片按照概念的分层和分支在工作平台(如黑板、卡纸)上进行排列,初步拟定概念图的分布。利用活动纸片的好处就是允许学习者移动概念,以修改概念图的层级分布。

3. 建立概念之间的连接,并在连线上用连接词标明两者之间的关系

概念之间的联系有时很复杂,但一般可以分为同一知识领域的连接和不同知识领域的连接。特别是交叉连接,它是判断一个概念图好坏的重要标准之一。交叉连接是不同知识领域概念之间的相互关系。交叉连接需要学习者的横向思维,也是发现和形成概念间新关系,产生新知识的重要一环。所以,从这一点来看,构建概念图也是一项极好的创造性工作。当然,任何概念之间都可以形成某种联系,我们应该选择最有意义并适合于当前知识背景的交叉连接。

下面以"苹果"主题为例,看看如何构建概念图:

选择主题:教师通过评估可以确定幼儿喜欢的主题。一个幼儿感兴趣的主题就是他们的话题。这里要提示一点,对于节日主题的选定,需要了解本班幼儿的家庭背景,教师要尊重家庭的多样性,以免引起争议。因此,在设计有关节日的主题课程时需要告知家长。如果有家长不同意,教师要尊重家长的反对意见。

制作概念图:根据幼儿的兴趣选择主题后,教师就要开始制作流程图了。示例图:关于苹果的主题。流程图由总概念、分支概念以及简短描述组成。教师通过运用主题课程教给幼儿"环境与人类是互相连接的"。

主题目标:流程图准备好后,概括主题就变得很容易了。再看一看这个流程图,苹果这个单元的副标题包括味道、颜色、大小、组成部分、用途、种植过程和制作方法。

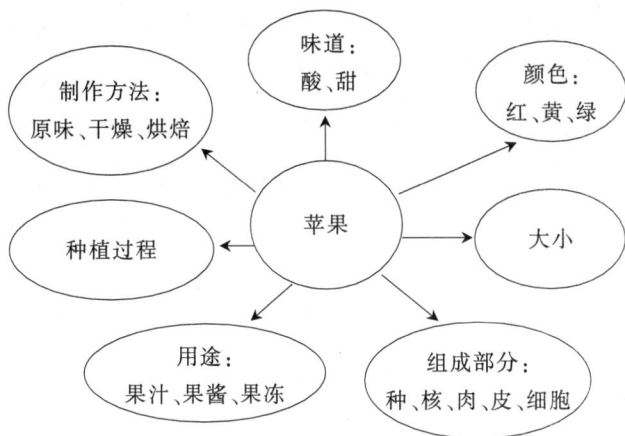

图 6-2　以"苹果"为主题的概念图

　　我们把每一个副标题作为一个目标,这是因为每一个副标题都包含着一个教学目的。在某些情况下副标题可以合并。把"苹果"作为教学主题,幼儿可以通过参与活动体验并学习到:苹果的大小组成部分;苹果可以制成那些吃的;苹果可以怎样烹饪;苹果的颜色;苹果的种植过程;苹果的味道;苹果的大小。

　　概念必须与目标一致,然而概念要更具体。教师研究目标,写下概念,并用幼儿易懂的、简短的句子加以解释。还是以"苹果"主题为例,概念包括:

　　苹果长在树上;种子种在土壤里,之后长成苹果树;长有很多苹果树的地方是果园;水和阳光能让苹果树长大;苹果树发芽开花;苹果是一种水果;一个苹果由五部分组成:种、核、果肉、果皮和细胞;苹果有红的、绿的、黄的;苹果有大有小;苹果可以做成苹果布丁、苹果派、苹果酱,还能做苹果蛋糕、苹果馅饼、苹果汁。

四、拓展阅读

一位孩子的收集过程①

　　收集有关"小蜜蜂"的信息,任务一经发布,蒋亦杰第一个找到了图书角的"幼儿百科知识丛书"。在那本书上,我曾向幼儿讲过有关蝴蝶的生长过程。当时为了证实老师所讲或是为了更好地了解蝴蝶,蒋亦杰在我放下这本书以后,就牢牢地盯住了。每天的自由活动,总见他对此书百翻不厌,而有关小蜜蜂的知识也确实在此书中出现。蒋亦杰不识字,翻到小蜜蜂这一页,便围着我不肯走。我虽然要安排其他的事情后再坐下来讲解,有些顾此失彼。但我很乐意,看到蒋亦杰为了收集蜜蜂的信息而着急和央求的神情,又怜又爱。经过我的讲解,蒋亦杰了解

　　① 张冬梅.一位孩子的收集过程.桂林:中华兴化科学教育网[EB/OL],2008[2008－01－04]. http://se.risechina.org/zqkj/200801/849.html

了有关小蜜蜂的第一个秘密：蜜蜂不会说话，但是发现蜜源后，会用跳舞的方法告诉同伴，圆圈舞、"∞字舞"各有其独特的意思。

为了扩大幼儿的阅读面，更多地从书中了解蜜蜂，我带他们去了幼儿园的图书馆和资料室。各类图书、挂图、磁带、碟片，深深吸引了他们。蒋亦杰非常兴奋，口里不停地说着："这么多书呀，这么多书呀！"小手拿了一本又一本，爱不释手，又似无从着手，眼里闪动着渴望和惊喜，一会儿他跑过来："张老师，我看中的书可以借吗？"我说："可以，但是请找找有关小蜜蜂的书。"蒋亦杰满意地"哦"了一声，又钻进了书架之间。书的种类多而杂，所以要找有关小蜜蜂的书实在是有些困难。幼儿只找到了一两张小图片，有些气馁，反而一些画面丰富的图书吸引了他们。蒋亦杰津津有味地看着，他找到了一本封面上有小蜜蜂的小书，但内容与蜜蜂无关，蒋亦杰并没有不高兴，转身放回那本书，然后又过来神秘地说："老师，我可以借这本书吗？"我一看是一本有关泥塑的书，又可爱又精彩，"为什么借这本书？"他说："我可以在捏橡皮泥的时候看它！"我有些犹豫，这本书与此次目的无关，但最后我还是为他借了这本书。本来收集"小蜜蜂"的信息就是为了搭一座桥，让孩子与知识之间有沟通。

一位小朋友说邻居的老爷爷家在养蜂，借工具老爷爷不肯，想请妈妈把它拍下来，便向我借了一台照相机。蒋亦杰见了，第一个跳起来："老师，我也要借。"我以为蒋亦杰的任性劲儿又来了，说："陈柯要拍小蜜蜂的秘密，你拍什么？""我也拍小蜜蜂的，真的！我看到小蜜蜂一直在我们家的门前飞来飞去的。"由于着急，蒋亦杰涨红了脸。解释合理，任务明确，让我没有理由拒绝他。我想："一台照相机，大家都要借怎么办？"在借照相机的过程中，我让蒋亦杰懂得了什么是秩序，什么是谦让，什么是拒绝。那次轮到蒋亦杰借照相机，我等到下班也不见他的父母，我不能把贵重的东西交给一个孩子，也无法解释清楚用法，便拒绝了。蒋亦杰没有生气，只是第二天还没放学，他的妈妈就来了。我向蒋亦杰的妈妈了解蒋亦杰收集信息的情况，从他妈妈口中我了解到了蒋亦杰对这次收集任务的执着。几天后，我从印出来的相片上看到飞舞的蜜蜂，排列整齐的蜂箱和蒋亦杰那专注的神情。

还有一位小朋友从碟片上看到了小蜜蜂，告诉大家有关蜜蜂"嗡嗡"叫的原因。小小碟片一下子又引起了蒋亦杰的兴趣。放了学，蒋亦杰在我身边绕来绕去，嬉皮笑脸，欲言又止。"什么事？"见我态度和蔼，蒋亦杰便说："老师能不能把同同的碟片和其他几盘都借我看一看呀？我要看看小蜜蜂的秘密，还有其他的本领我也想看看。"我笑着同意了。蒋亦杰掩饰不住内心的喜悦对我说："谢谢，张老师！"看到蒋亦杰又一次的努力和勇敢，我感到很欣慰。没一会儿，蒋亦杰又过来了，故作神秘地说："张老师，我要借走你所有的书、磁带、碟片。"说完，得意扬扬地走了。

教室的自然角养了几只小蜜蜂，亦杰几乎天天去观察小蜜蜂。这天午餐后，蒋亦杰又去了自然角。也许蒋亦杰想把落在玻璃窗上的小蜜蜂捉进瓶子,不曾想小蜜蜂生气了,用尾部的刺,刺入了蒋亦杰的中指。等我听见"哇"的一声,蒋亦杰已经捂着他的右手疼得转圈。我真是又生气又觉得好笑,知道蒋亦杰一哭是没有完的,上前帮他吹吹手指说:"亦杰,现在你知道被蜜蜂刺的滋味了吧? 还哭,你知道吗? 蜜蜂的刺连着胃部,刺了人蜜蜂也会死掉的。"蒋亦杰的哭声变小了,转身看到小蜜蜂真的摔在地板上,已经奄奄一息了。同情心使蒋亦杰停止了哭泣。他把小蜜蜂放入瓶中,又让我看他拔出的刺。窗台上真的有一根棕色的细刺,刺的上部有一段白色的东西,蒋亦杰也许已经明白了那白色的东西就是小蜜蜂为之付出生命的胃呀!

午睡时,蒋亦杰又伸出略肿的小手,告诉我还疼,睡不着。我在蒋亦杰的耳边说:"何伟乐的书上不是告诉我们,被蜜蜂刺了会治病吗? 亦杰这只手,以后就不会得关节炎了!"蒋亦杰咧开嘴笑了。"蜜蜂的死"和"不得关节炎"这两大理由终于平衡了他还在疼痛的感觉。知识可以使一个孩子坚强,使一个孩子学会享受平衡,不是吗?

在此案例中,直接给予幼儿"蜜蜂的知识"其实就是给予幼儿一种样品,而让幼儿进行收集"蜜蜂信息"的活动则是要他们"品尝"获得样品的滋味。蒋亦杰小朋友就是在这个"品尝"的过程中成了一个地道的主动探求者。他能运用多种渠道(翻阅、借阅图书,看碟片、实地观察、用拍摄的图片说明等)进行有关蜜蜂信息的收集活动,体现了他学习的积极性和责任感,提高了与教师、同伴交往的能力及自主解决问题的能力,使蒋亦杰的学习过程成为一个主动获得知识的过程。

教师应该相信幼儿有获得信息和解决问题的能力,应给予幼儿充分的时间、空间,以及精神、物质上的支持,满足幼儿自主学习的需要。在此过程中,我在了解蒋亦杰个性的基础上,欣赏他为了学习而付出的种种努力,鼓励他积极"品尝"自主收集这一学习样品,分享他自主学习过程中的酸甜苦辣,帮助他保持学习的热情和乐趣,以接纳和赞赏的态度鼓励蒋亦杰个性化地学习,使我们的教学更接近理想的境界。

五、案例分析

案例 蚯蚓(大班)[1]

活动目标

1. 感知、了解蚯蚓的部分生理特征和生活习性。

---

[1] 丁月玲.大班科学活动:蚯蚓[J].早期教育(教师版),2012(6).

2. 学习用简单的方法探究事物,并能将记录的结果与同伴交流。

3. 产生对蚯蚓进一步探索的欲望,知道要保护蚯蚓,形成初步的环保意识。

活动准备

蚯蚓若干条,实验用品(尺、放大镜、玻璃板、软硬不同的泥土、手电、纸盒)。

活动过程

一、引入课题。

师:昨天晚上,我听到窗台上两盆花在聊天。一盆说:"我盆里的泥土太硬了,紧紧地裹着我的根部,我吸收营养都困难。你看,我都快枯萎了。"另一盆说:"我盆里的泥土松松的、软软的,我可以尽情地吸收养分。你看,我长得多茂盛。"为什么两盆泥土会不一样呢? 这里面有什么秘密? 倒出来看看,原来是小蚯蚓在帮花儿松土,花儿才长得茂盛、葱绿。那我们帮花儿谢谢小蚯蚓。

二、幼儿自主探究,实验并记录。

1. 师:小蚯蚓长得什么样子? 请你仔细地看一看、摸一摸,观察一下。每人用盒子拿一条蚯蚓去研究研究。

教师为幼儿提供放大镜和透明的小盒。幼儿交流的结果:蚯蚓是环节动物,细细长长的,没有眼睛、鼻子和耳朵。身上有许多水分,摸上去湿湿的。头部有环带。

2. 师:小蚯蚓是怎么运动的呢? 用动作学学。摸摸它的腹部,腹部有刚毛。蚯蚓是借助刚毛爬行的。

3. 师:小蚯蚓还有什么秘密呢? 它到底有多长? 蚯蚓在地上会爬,它在玻璃上、纸上会爬吗? 它喜欢什么环境,是干燥的还是潮湿的? 它为什么总是躲在泥土里? 它喜欢光吗? 我们来做几个实验研究研究。

教师出示表格,讲解操作方法与要求。幼儿交流探索的结果:蚯蚓有不同的长度;蚯蚓在玻璃上、纸上也会爬,蚯蚓没有眼睛,但是它可以感受到光。它喜欢生活在潮湿的泥土中。

三、拓展研究。

1. 师:我们发现了蚯蚓的这么多秘密,你还知道蚯蚓的什么秘密? 可以用蚯蚓养鸡、鸭、鱼等。蚯蚓是中药,叫地龙。蚯蚓还是一种菜,营养很好。现在有一些人专门养蚯蚓。

2. 师:2008 年北京举办奥运会,请小蚯蚓来帮忙,这是为什么呢? 蚯蚓会处理垃圾。小小蚯蚓真能干,是我们人类的好朋友。

四、延伸活动。

师:有一条蚯蚓受伤了,我们把它养在教室里,看看它会好吗? 会有什么变化?

把养好伤的蚯蚓送回家。

幼儿园科学教育的重要任务之一是形成幼儿的探索技能和发展他们对事物的理解能力。在实现本活动的认知目标过程中,将这两方面的任务渗透到幼儿挖蚯蚓和感知触摸蚯蚓的活动中,创设情境让幼儿探索蚯蚓的生活习性以及与自然和人类的关系。

在活动中,通过师生间的互相提问,如"你发现蚯蚓的秘密了吗?请你告诉好朋友"。又如"蚯蚓的鼻子、眼睛、耳朵在哪儿呢?请你找一找"等。启发幼儿运用典型特征观察法,准确抓住事物的主要特征,从而提高辨认事物的能力。

整个活动教师采用启发式的教学方法,引导幼儿对蚯蚓的外形及生活环境细致地观察,促使他们手脑并用,从而培养幼儿善于思考、富于想象的科学的探索能力。科学的启蒙教育就在于此。

案例 蜗牛的家(中班)

活动目标

1. 对身边自然界的物体感兴趣,有好奇心和求知欲,愿意探索。

2. 尝试选择最适合的材料给蜗牛建造生活的家。

3. 爱观察,能用较完整的语言表达自己对蜗牛的认识。

活动准备

花盆、纸盒、透明塑料杯、橡皮筋、硬纸板、普通纸、透明塑料纸等。

活动过程

1. 问题导入。

师:我们找到了这么多的蜗牛,让它们住哪里好呢?

幼:老师,我们给蜗牛找个家吧。

师:这个主意不错,哪里比较合适呢?

幼:放在我的抽屉里。

幼:放在自然角的花盆里。

师:哪种物品更适合做蜗牛的家呢?为什么?

幼:蜗牛喜欢吃草,所以要放在花盆里。

幼:蜗牛也喜欢水,所以要放在鱼缸里。

幼:抽屉里比较暖和,要养在抽屉里。

2. 幼儿探索、讨论。

师:老师也为小朋友准备了一些物品,有花盆、纸盒、鱼缸、透明塑料杯,你们可以按照自己的想法试一试哪种物品做蜗牛的家最合适。(有的幼儿把蜗牛放在

花盆里,有的把蜗牛放在纸盒里,没过一会儿蜗牛就爬走了。)

师:蜗牛去哪儿了?

幼:(兴奋、尖叫)蜗牛爬出去了,盒子很高都能爬出去。

塑料杯和鱼缸因为是透明的,幼儿更容易观察,他们看着蜗牛被放进去一会儿之后慢慢爬了出来。

幼:拿个东西把杯子口遮住,它就爬不出来了。(伙伴们纷纷行动,有的找来了纸,有的找来了硬纸板,盖在杯口上。)

师:不透气会把蜗牛闷死的。

幼:那在上面戳个洞吧。

幼:那样它会爬出来的。

经过一段时间的商量,幼儿决定在纸上弄出许多个小洞,然后用橡皮筋把纸套在杯子口上固定好。但时间不长,蜗牛分泌出的黏液把纸弄破了,它们又爬出来了。

最后,大家决定把普通纸换成透明塑料纸,无论蜗牛怎样折腾依然还在杯子里。

活动评价

幼儿科学活动不仅仅是科学经验的获得途径,还可以让幼儿通过自身的感知、操作、发现来探究和关注自然,萌发好奇心,对科学探索产生兴趣,并积累一定的科学经验和研究方法。活动特别注重幼儿的亲自操作、自我发现和及时地总结与讨论,目的是让幼儿在探究和总结中感受发现其中的乐趣,并学会从总结和讨论中不断发展。幼儿在操作前思考"哪些容器可以做蜗牛的家","怎样做蜗牛才不会爬出去","怎样才不会把蜗牛闷死"等问题,在思考的过程中根据操作的实际情况分析问题的原因并不断调整自己的想法与行为。

(案例提供:南京市北京东路小学附属幼儿园　马骏)

第二节　生命周期

一、基础知识

(一)动物的生命周期

1.人的生命周期。受精卵→婴儿期→幼儿期→儿童期→青春期→中年期→老年期→死亡。受精卵是个体发育的起点。

2.青蛙的生命周期:受精卵→胚胎→蝌蚪→幼蛙→成蛙→死亡或冬眠。

3.家蚕的发育:受精卵→幼虫→蛹→成虫。

4.蝗虫的发育:受精卵→成虫→出生。

5.动物的生命周期:动物的一生都要经历生长发育、生殖、死亡等生长时期。

蝌蚪是蛙的幼体,蛙类属脊椎动物、两栖类动物,蛙在整个生长发育过程中其外形变化程度较大,便于幼儿对其形态进行观察,小蝌蚪的外形可爱,动感较强,是幼儿观察活动的理想材料。

蛙的生长发育是一个连续变化的过程,不像家蚕那样明显地可分为四个生长发育期。所以在蛙的生长发育过程中,对其形态、习性的观察要比对家蚕的观察困难,幼儿在观察时还需要在教师的具体指导下进行。

对蝌蚪发育的过程可着重抓住卵期、卵胚期、外鳃期、后肢发育生出期、前肢生出期、尾萎缩期、尾消失期(幼蛙期)这七个生长发育期。

在观察过程中,教师可提问、设疑,让幼儿回答。为培养幼儿观察的技巧,可应用比较法,比较是培养观察力最基本、最广泛的应用方法。通过对各个生长发育期蝌蚪外形的变化进行比较,从而得出全面的认识。为了便于比较,可采用画图记录法和材料固定保存法。

画图记录法(幼儿):是把生物不同生长发育期的形态变化,用画图的形式记录下来。

材料固定保存法(教师):在观察一群蝌蚪时,每隔几天取出1—2个材料,放置于玻璃试管或烧杯中,用浓度为5%的福尔马林保存液浸泡防腐,在每个试管或烧杯上贴上取出的日期。然后按取出的时间顺序把材料从左向右排列,标注生长发育期的名称。

(二)植物的生命周期

1. 种子里含有丰富的淀粉、蛋白质、脂肪、无机盐等营养物质。种子萌发的内部条件:胚必须是活的,这是将来种子能发育成幼苗的结构基础,子叶或子叶中的营养物质是胚发育需要的营养物质的来源。

2. 芽是未发育的茎、叶或花。芽的结构有生长点、叶原基、幼叶、芽轴和芽原基等部分。

3. 花是被子植物的生殖器官。花由花被和花蕊组成,其中花萼和花瓣构成了花被,花蕊则由雄蕊和雌蕊构成。当花的各个组成部分发育成熟,花被展开,雄蕊和雌蕊显露出来,叫开花。传粉是指雄蕊中的花粉从花药中散出来,落到雌蕊柱头上的过程。传粉的方式:自花传粉和异花传粉。其中,异花传粉是普遍的传粉方式。异花传粉的途径:虫媒花,靠昆虫传粉,动力来自于昆虫;人工授粉:为了提高农作物的产量,人们常用人工的方法来传播花粉。完成传粉后,花粉受到柱头分泌的黏液的刺激,就萌发形成花粉管;花粉管穿过柱头伸入子房,一直到达胚珠。同时花粉管内形成2个精子。精子到达胚珠后,一个精子与胚珠内的卵细胞融合形成受精卵。受精后,花萼、花瓣、雄蕊、雌蕊的柱头和花柱一般都将凋落(也

有少数花萼不凋落,如草莓)。子房发育成果实,子房壁发育成果皮,胚珠发育成种子,珠被发育成种皮,受精卵发育成胚。营养繁殖是指许多被子植物还可以用营养器官,即根、茎、叶进行繁殖的生殖方式。人工的营养繁殖方法有四种:分根、压条、扦插、嫁接。

4. 植物的一生跟动物相似,具有生命周期。植物的种族在这种生命周期的循环中不断地得以延续。

植物的叶是有一定寿命的,也就是在一定的生活期终结时,叶就枯死了。各种植物叶的生活期的长短是不同的。一般植物的叶,生活期不过几个月而已,但也有生活期在一年以上或多年的。一年生植物的叶随植物的死亡而死亡。常绿植物的叶,生活期一般较长,例如:女贞叶可活 1—3 年,松叶可活 3—5 年,罗汉松叶可活 2—8 年,冷杉叶可活 3—10 年,紫杉叶可活 6—10 年。

叶枯死后,或残留在植株上,如稻、蚕豆、豌豆等草本植物;或随即脱落,称为落叶,如多数树木的叶。树木的落叶有两种情况:一种是每当寒冷或干旱季节到来时,树上所有的叶同时枯死脱落,仅存秃枝,这种树木被称为落叶树,如悬铃木、栎、桃、柳、水杉等;另一种是在春、夏季时,新叶生发后,老叶才逐渐枯落,因此,落叶有先后,而不是集中在一个时期内,就全树看,终年常绿,这种树木被称为常绿树,如茶、黄杨、樟、广玉兰、枇杷、松等。实际上,落叶树和常绿树都是要落叶的,只是落叶的情况有差异罢了。

植物的叶经过一定时期的生理活动,细胞内产生大量的代谢产物。特别是一些矿物质的积累,引起叶细胞功能的衰退,渐次衰老,终至死亡,这是落叶的内在因素。落叶树的落叶总是在不良季节中进行,这就是外因的影响。温带地区,冬季干冷,根的吸收困难,而蒸腾强度并没有减弱,这时缺水的情况也促进叶的枯落。热带地区,旱季到来,环境缺水,也同样促进树叶的枯落。叶的枯落可大大地减少蒸腾作用,对植物是极为有利的。深秋或旱季落叶,可以看作是植物避免过度蒸腾的一种适应现象。植物在历史长期发展的过程中,形成了这种习性,自然的选择又巩固了这些能在不良季节会落叶的植物种类。这样,就形成了一些植物一定的发育节律,每年的不良季节,在内因和外因的综合影响下,出现一种植物适应环境的落叶现象。

叶为什么会脱落? 脱落后的叶痕为什么会那样的光滑呢? 这是因为在叶柄基部或靠近叶柄基部的某些细胞,由于细胞的或生物化学的性质的变化,最终产生了离区。离区包括离层和保护层。

在叶将落时,叶柄基部或靠近基部的部分,有一个区域内的薄壁组织细胞开始分裂,产生一群小型细胞,以后这群细胞的外层细胞壁胶化,细胞成为游离的状态。因此,支持力量变得异常薄弱,这个区域就被称为离层。因为支持力弱,由于叶的重力,再加上风的摇曳,叶就从离层脱落。有些植物叶的脱落,也可能只是物理学性质的机械断裂。紧接在离层下,就是保护层,它是由一些保护物质如栓质、伤胶等沉积在数层细胞的细胞壁和胞间隙中所形成的。在木本植物中,保护层迟早会被保护层下发育的周皮所代替,以后还会与茎的其他部分的周皮相联结。保护层的这些特点,都能避免水分的散失和昆虫、真菌、细菌等的伤害。

二、核心概念

(一)生命周期概念系统

核心概念	具体概念
有机的生命循环	1.每种植物都会产生足够的种子,以延续它们的物种。植物从种子开始经过一系列的生长过程,重新产生种子,完成一个生命周期。 2.植物的后代与原来的植物可以十分相似,也可以有细微的不同。 3.动物从幼体开始经过一系列的变化,到新的幼体生成,完成一个生命周期;每一种动物繁殖后代的方式都不一样。 4.动物的后代与原来的动物可以十分相像,也可以有一些细微的不同。

(二)具体概念分析

1. 核心概念

(1)众多的动物或植物有着各自不同的需求,有些动物或植物又有相同的需求。这些需求可以成为对它们进行分类的标准。

(2)动物和植物有相同的生命需求,都是有生命的物体——生物。

2. 具体概念

(1)动物的身体结构、生活环境、生长过程各不相同,但都需要空气、水和食物。

(2)根据动物的不同特点,可以将动物分成不同的类别。常见的动物可以分为哺乳类、鸟类、鱼类、昆虫类和其他动物类。

(3)动物具有共同的特点。

(4)大多数植物的绿叶能吸收二氧化碳,产生氧气,并把阳光、二氧化碳和水制成生长所需的养料。

(5)植物通过根吸收水分和养料,并且根具有固定植物的作用。

(6)植物通过茎输送水分和养料,茎还具有支撑植物,使其能充分接受阳光照射的作用。

(7)植物的生长过程、繁殖方式、构造和生活环境多种多样,但植物也具有共同的特点。

(8)动物和植物既有不同之处也有相同之处,且都属于生物。人也是生物。

(三)幼儿对"生长"概念的认知

在众多区分生物与非生物的特征中,生长特征对幼儿而言是比较直观,相对比较容易认识的。有研究者认为,生长是儿童朴素生物理论的核心概念。

如果幼儿能够正确认识生长,就能够认识到:第一,只有生物体能够生长,非

生物体不能生长。第二，生长是物体由小变大的过程。第三，生长是单向不可逆的过程，即生物体总是由小变大，不能由大变小。第四，生长是自然现象，而非心理现象，因此不能用心理解释机制去解释生长（如想长大就长大）。

罗森格林等人研究了儿童对动物、植物和人造物在生长特征上的区别。他们发现，儿童认为动物和植物都会表现出生长特征而人造物不会。他们给儿童看一个中等大小的标准刺激，然后给儿童看与标准刺激相似的大、中、小三种图片，让儿童选择最能代表经历一段时间后标准刺激的图片。结果表明，儿童认为人造物是不会随时间的推移而有所改变的。儿童认为，经历一段时间后，人造物仍保持原来的大小，而动物和植物会随时间的推移而发生变化：不会变小，可能会变大。

采用基本相同的方法，我国学者根据不同教育条件下的 3—6 岁儿童对生长现象的认识进行了研究。结果发现，幼儿对生长现象已经有所认识。表现在他们已经开始认识到，只有生物体才能生长，而且将不可逆、由小变大作为生长的重要特征，而不是颜色、形状等。他们对生长的原因进行了解释。动物生长的原因是：吃饭、喝水；因为像人一样，因为有妈妈，因为它是动物，因为有生命等。植物生长的原因是：因为浇水、施肥；因为是人种的；因为是让人吃的。非生物不生长的原因是：因为没有嘴巴，没有眼睛；因为不能吃饭，不能喝水；因为是人造出来的。这说明，幼儿已经表现出对生长的一定的认识，但这些认识还较为粗糙。

(四)幼儿对"繁殖"概念的认知

一些研究主要从儿童对动植物繁殖概念的认知发展阶段、动植物繁殖特征的认知等角度来考察儿童对动植物繁殖的认知。皮亚杰通过儿童对动物繁殖概念的认识发现：儿童对动物繁殖的认识经历了由低到高的四个发展阶段，即初步认识、部分理解、基本理解和成熟稳定。[①]

4 岁儿童能理解动物的亲代来源，即对动物繁殖有初步认识，但大部分儿童还不能理解各类动物的亲代繁殖特性。

5 岁儿童处于从不理解到理解的过渡时期，既能理解动物的代际来源也能理解亲代繁殖。

6 岁儿童能基本理解动物繁殖的特性，并能理解子代源自亲代，亲代产生子代的特性。

7 岁儿童能理解"代代繁殖"这一繁殖特性，且在概念水平上解释动物能繁殖以及非生物不能繁殖的人数相对增多。

在皮亚杰阶段论的基础上，戈德曼等人又进一步细化和延伸了儿童生命繁殖

---

① Jean Piaget. The Child's Conception of Physical Causality[M]. London: K. Paul, Trench, Trubner & Co. ltd. ,1930:96.

概念发展阶段理论。他把3—15岁儿童对出生和怀孕的认识分成六个阶段。[①]

第一阶段(3—5岁)的儿童持"地理论"观点,认为婴儿出生之前就一直存在,只是后来到母亲体内。

第二阶段(6—7岁)的儿童持"制造论"观点,认为医生或是父亲机械地制造婴儿,也有的儿童认为孩子是在母亲"消化"过程中产生的。

第三阶段(8—10岁)的儿童持"农学论"观点,认为一个鸡蛋和一粒种子合在一起进入母亲体内,最后父亲剪断了脐带,孩子就出生了。

第四阶段(11—12岁)的儿童持"服告论"观点,这时期儿童的解释比较符合事实,有一定的生物过程意识,认为一个卵和一个小东西粘在一起,经慢慢聚拢,孩子就是从这时开始成长的。

第五阶段(13—14岁)的儿童持"微型论"观点,相信婴儿在形成之初很小。他们可能持"卵源论"观点,认为卵子被精子激活;或是持"微生物论"观点,认为精子把卵子作为孵卵器。

第六阶段(15岁以后)的儿童持"现实主义"观点,能明白卵子和精子是两个分开的实体,结合在一起形成另一个完整的个体。他们能理解概念的物质因果关系。

(五)幼儿对"死亡"概念的认知

幼儿几乎每天都经历死亡,和成人一样,死亡是他们生活中很自然的一部分。对于幼儿,死亡经验包括踩死昆虫、花的枯萎、宠物的死亡、亲友的逝去。同时还包括动画片、电影、戏剧和新闻里的死亡等等,这些经验可以激发幼儿一系列的情感,但是即使是很小的死亡事件也可能会给他们带来巨大的影响。通过小的死亡事件,儿童可以从中习得关于生命的科学知识,培养有关忍受不愉快的积极情绪。成功地面对死亡和处理悲伤情绪是儿童健康发展的关键,也是树立健康人生观的重要时期。

皮亚杰提出儿童对死亡认知理解的四个阶段[②]:

第一阶段(0—2岁),婴幼儿没有确切的死亡概念,认为死亡只有"在这里和不在这里、有和没有、存在和消失"的区别。对于"死亡",孩子有分离或剥夺的情绪感受。

第二阶段(3—6岁),幼儿认为死亡是真实的,生者和死者会分离,死者是不动的。

第三阶段(7—10岁),儿童认为死亡是不可逆的,死亡有内在的和外在的原因。儿童对死亡的恐惧增加,他认为死亡会发生在每个人的身上,但只发生在老年的时候。

第四阶段(11岁以后),青少年把死亡看成是整个生命过程的一部分,且具有个人的意义。他们认为死亡是最终的事件,死者已没有生理机能,并对死亡感到焦虑。

① Ronald J. Goldman & Juliette D. G. Goldman. How Children Perceive the Origin of Babies and the Roles of Mothers and Fathers in Procreation: A Cross—National Study[J]. Child Development,1982,vol 53(2):491—504. 转引自郑洁. 儿童生命繁殖概念研究[J].教育评论,2010(6).

② 明玉君.儿童对死亡认知发展及教育策略[J].教育探究,2009(2).

1948 年玛丽亚·纳吉曾以 378 位 3—10 岁的儿童作为研究对象,探讨儿童对死亡的看法,推断出儿童对死亡理解的三个阶段,并且提出这三个阶段是相关的。

第一阶段(3—5 岁),儿童认为死亡是暂时且可逆转的现象,他们把死亡看成是死者去旅行或睡着了,他们相信死者是会回来的,他们认为死者会像活着的时候一样进行各种活动:吃东西、想事情。

第二阶段(6—8 岁),儿童了解到死亡是生命的终结且是永久的现象,但不认为死亡是不可避免的,也不会将自己和死亡联系在一起,他们以为死亡只会发生在年纪较大的人身上,以为只要跑快点不被抓到就不会死亡。他们经常将死亡拟人化,认为死亡是天使、精灵或恶魔把人抓走了。

第三阶段(9—10 岁),儿童对死亡有了成熟的理解,了解到每个人都不免一死,自己有一天也会死。

三、教学策略

(一)用情境激发幼儿探索的热情

自然角里种植了各种植物,让幼儿感受到植物种类的繁多,不同的根、不同的叶子、不同的茎、不同的花和果实。我们把植物种在不同的地方,让幼儿观察、探索、发现植物在不同的土质、不同的阳光、不同的水分条件下如何生长……然而,教师会发现幼儿对植物的关注和探究常常是零散的和偶然的,也是短暂的和片面的。为了引导幼儿不断关注和探究植物,教师以自然角里的植物为背景,创设幼儿喜爱的故事情节:拔萝卜、三只小猪、娃娃农庄……从此自然角以其丰富的情感、有趣的故事情节和勃勃的生机,吸引着幼儿不断地关注、探索。

(二)用问题引领探究的方向

一个引领探究方向、指向科学概念的问题,就能让幼儿在积极愉快的活动中获得有意义的概念和经验。

西红柿什么时候死的?[①]

"你们看,这株西红柿死了。"

"不是死了,是蔫了。"

"蔫了就是死了。"

"这株西红柿还没有死。你看,这里还是活的。"

"哪里还是活的?"

"这里。我爸爸说,里边干了才是死了。这里是湿的,就是没有死。"

---

① 朱家雄.记录让幼儿的学习看得见[M].福州:福建人民出版社,2010:83—84.

"一定是死了,要不放到这里干什么?"

"我知道了。这一株西红柿的叶子已经死了,因为它的叶子已经蔫了;但是它的茎还没有死,因为这里边还没有干。"

"这么说,它既是死的又是活的?"

"它是有点死了。"

"你看,这里有一个掉到地上的西红柿。我想它也死了。"

"它还是活的。它里边有水。"

"它没在'树'上就是死了。"

"是活的。烂了才是死的。"

"这个西红柿还可以吃的,没有烂。"

"如果你吃它,你就是吃活的东西。"

一株西红柿是"死"还是"活",即使一个儿童学专业的成人回答,也不是一个简单的问题。让人感到吃惊的是,幼儿居然能如此有哲理地讨论这个不容易解答的问题:蔫了就是死了、黄了就是死了、没有在地里就是死了、干了就是死了、腐烂了就是死了、掉到地上就是死了、没在植株上就是死了……让成人常感到不可思议的是:儿童对事物的认识,常常依据自己已有的经验,当他们的思维没有受到限制时,他们会创造自己的"理论"。例如"西红柿是活的,烂了才是死的。""这个西红柿还可以吃,没有烂。""如果你吃它,你就是在吃活的东西。"这样的"理论"是非正式的、直觉的,与我们日常所理解的"理论"概念不同。有人认为,儿童认知的发展就是一系列"朴素理论"的形成和发展的过程。

(三)指导幼儿测量记录植物的生长变化

测量、记录植物的生长变化,是幼儿对自然关注的焦点问题。幼儿的观察集中在怎样知道自己种植的植物一天长多高,他们热切地盼望着,用什么样的方法来实现这一愿望。材料能引起幼儿不断地探究并与之相互作用:教师可在小班提供适宜的能引起幼儿兴趣的测量工具。用废旧材料瓶剪成逼真、生动的各种幼儿喜爱的小动物形象,比如兔子的长耳朵、长颈鹿的脖子等,能成为幼儿测量植物的好帮手,这种方法便于测量和固定。

中班的幼儿用的是形象加数字的测量尺,便于幼儿从形象向抽象的数字过渡。在教师和幼儿共同讨论"什么样的尺用起来方便"之后,幼儿设计并制作出"蛋糕盒上的升降尺、能伸缩的螃蟹尺",体验了技术设计的过程。有了尺,用怎样的方法来设计尺上的刻度并使之成为幼儿主动参与的活动呢?用心爱的奥特曼贴纸、用毛线绳打结、用彩笔画上一条龙等记录方法,而小贝壳记录卡成为中班幼儿记录种子变化的又一新尝试。

大班的幼儿则用接近于标准工具的标有数字的测量尺。他们自己尝试着用不同材料设计制作各种测量尺,有用冰糕棍连起来做的折叠尺,大大卷盒做的盒

尺,把小木棍插在土里,用橡皮泥做刻度的木棒尺,曲别针挂在吊尺上。

总之,这些测量尺成为幼儿良好的探究工具,在探究和测量的过程中,幼儿获得了严谨的科学态度和精神,不仅发现了植物的变化,发展了技术设计能力,而且教师也获得了许多实用的教学经验。

（四）用适当的方法帮助幼儿概括和提升经验

在幼儿探究的每一个小阶段结束时,教师都要引导幼儿用语言表达他们的感受、发现和想法。在活动中,幼儿经过探究并获得了直接的经验,丰富了他们的词汇(美丽、魔术),并能用自己的语言描述他们看到的事物。如"我的这片叶子好小哦！是绿色的。""我的这片叶子是红色的。""这片叶子是黄色的,有点枯掉了。""这片叶子卷起来了。""很大很大的叶子,好像焦掉了。"活动不仅激发出了幼儿对自然现象的探索兴趣,而且他们的语言表达能力也得到了很好的发展。

（五）家长协助开展活动,满足幼儿的探究需求

活动的开展离不开家长的参与和支持。教师可以倡议家长根据自家条件和幼儿一起饲养小动物,以满足幼儿的探究需求。教师指导家长在饲养过程中要多关注幼儿,多与幼儿沟通、交流,以引导幼儿在喂养、观察、记录、猜想、查资料等活动中丰富体验。如春天时,建议家长和幼儿(大班)一起养蚕,记录蚕的生长情况。在家里养蚕,幼儿有随时观察的便利,许多幼儿观察到了蚕蜕皮、结茧的过程,并做了详细的记录。为了让幼儿更多地关注动物,观察和了解动物,教师还可以与附近农户、养殖场建立联系,带幼儿定期去观察、喂养动物,听农民伯伯介绍有关动物的趣闻、趣事,帮助幼儿积累更多的关于"生命周期"的经验。

四、活动建议

探究主题:动植物培养箱

活动目的

建造培养箱是让儿童体验植物或动物生命体的封闭式生态系统的一种方式。

活动准备

1. 研究。

探究培养箱的目的和创造性。这一系统可以是封闭的植物生命体系统(仅有少量的水),或者是能养育昆虫如蟋蟀、蜗牛、蜥蜴、变色龙、青蛙或蟾蜍的植物和环境。如果要让动物在培养箱中定居,就要研究这种动物的生活环境以及如何对其进行照料和处理。如果你放入一种蜥蜴科的动物,就要在晚间和周末检测教室的温度,并在周末和假期安排必要的照料。

2. 问题。

儿童对植物生命体或动物生命体感兴趣吗？安排好对培养箱的长期照料了吗？培养箱将放在教室的什么地方？儿童是否有能力处理小植物并把它们移植到培养箱里？有没有一个植物园或植物苗圃供儿童参观并研究植物的需要和如何获得给养？

3. 收集材料。

可以用大饮料瓶、干净的塑料瓶或玻璃瓶、玻璃缸制成的培养箱。培养箱所需的材料包括：炭和沙子、盆栽土壤、喷雾器，以及诸如常春藤、紫罗兰这样的小植物。

活动过程

1. 探究。

可在持续的培养体验中逐渐生成这项探究主题，或将其作为园艺活动后继续探究植物的方式。儿童可以首先参观植物园或苗圃（花房）的室内环境。他们可以在这里感受温度和湿度，闻闻植物的气味，看看植物怎样生长，并通过观察了解植物学家怎样照料植物。在继续探究时，他们可以去宠物店挑选一只小动物，把它养在培养箱里。

2. 识别。

识别生态系统的组成部分、植物的名字、植物的各个部分，以及建立培养箱的步骤。

3. 分类。

将植物按大小、生长区域以及植物在培养箱中生长所需的元素进行分类。

4. 比较。

将培养箱中植物的需要和室内、室外植物的需要进行比较。

5. 假设。

在培养箱中生长的植物需要什么？植物最喜欢什么？这种（患病或死亡的）植物发生了什么？想在培养箱中生存，动物需要什么？

6. 归纳。

所有植物（室外、室内、培养箱中）的生长都需要的条件。植物和动物可在一个生命系统中共同生存。建成培养箱后，教师问儿童他们在培养箱中放了什么，并问他们这些东西怎样帮助植物和动物不断生长。给幼儿提供看起来或感觉上和儿童放进培养箱中的东西相似的材料，与幼儿做一张拼贴画，如把装饰用草当作植物，把砂纸当作沙，把黑纸巾当作泥土。把这些材料与记号笔和彩色铅笔一起放在培养箱周围，这样儿童就可以描绘这个培养箱了。儿童可以分享关于培养箱和里边物品清单的故事，在集体时间回顾这些故事。

7. 拓展经验。

在获得了许多种植拓展经验后,年龄稍微大点的儿童可能想通过去除培养箱的一部分(光、泥土、温度)来研究植物所需的必要成分。在培养箱中尝试种植多种不同的植物。

五、案例分析

案例　蚕宝宝(大班)

活动安排

时间:晨间接待、课间自由活动、餐后等时间段。

地点:自然角的饲养角。

方式:分组观察或与幼儿个别交流。

活动内容

观察蚕宝宝的生长变化,并引导幼儿用图表的方式记录下自己的发现和问题。

活动过程

日常观察一:

1. 教师介绍蚕宝宝,调动幼儿照料蚕宝宝的兴趣。

师:我们的自然角来了一位客人,你们知道它是谁吗?

2. 了解幼儿对蚕宝宝的已有经验。

师:你们知道蚕宝宝喜欢吃什么?

3. 组织幼儿初次观察蚕宝宝。

师:现在的蚕宝宝是什么样的? 它是怎么吃桑叶的? 是怎么爬行的? 谁会用动作学一学?

4. 教师抛出问题,引导幼儿持续观察蚕宝宝的变化。

师:蚕宝宝一直都是这样的吗? 它会有什么变化? 怎么才能发现蚕宝宝发生变化了?

日常观察二:

1. 教师带领个别幼儿为蚕宝宝换桑叶,打扫蚕宝宝的"房间"。

师:蚕宝宝的"房间"里有许多吃剩的桑叶,我们来把蚕宝宝的房间打扫干净。轻轻地把蚕宝宝拿出来,不要弄伤蚕宝宝。

2. 教师和幼儿共同为蚕宝宝打扫"房间"。

师:你发现它的房间里有什么? 为什么会蜕皮? 长大的蚕宝宝是什么样的?

3. 教师引导幼儿用图表的方式将观察到的现象和问题画下来,并以展板的形式将幼儿的发现陈列在自然角,供幼儿相互交流。

师:把你的发现和问题画下来。看看这些问题别人能不能帮你解决。

日常观察三:

1. 教师引导幼儿观察记录表,帮助幼儿回忆已有的发现及相应的问题。

师:(1)这是我们上次观察蚕宝宝的记录表,我们已经有了哪些发现?

(2)有哪些问题是我们已经解决的?(教师在已解决的问题上打钩)

(3)还有什么问题是我们不懂的?怎么解决我们不知道的问题?(查阅资料、请教家长等)

2. 教师组织幼儿交流新发现,并引导幼儿进行记录。

师:现在,你们又有什么新发现?请把你的发现记录下来。

活动评价

喜爱动物是每个幼儿的天性,当看到软绵绵、胖乎乎的蚕宝宝时,幼儿会不自觉地被它所吸引。在饲养、照料蚕宝宝的过程中,幼儿可以观察到蚕宝宝生命中的四个阶段,每一个阶段的变化都深深地吸引着他们,不断产生这样或者那样的疑问。日常中的每一次观察和讨论,都不断激起幼儿持续观察的兴趣和探究欲。在组织活动的时候教师要注意以下几个方面:

1. 教师可采用值日生轮流喂养蚕宝宝的方式,让每位幼儿都有机会接触到蚕宝宝。

2. 教师要引导幼儿及时记录下自己的发现和疑问,并以文字的方式在记录单上记录,供家长和他人阅读。

3. 幼儿自由观察一段时间后,教师要组织幼儿用集中交流的方式,交流自己的发现和疑问,并鼓励幼儿寻找解答问题的不同途径。对于积极参与活动的幼儿和家长要及时给予肯定。

4. 教师可把个别幼儿的有价值的发现和疑问,及时反馈给全班的幼儿,引导全班幼儿围绕一个话题进行深入的观察、研究。

(案例提供:南京市北京东路小学附属幼儿园　马骏)

第七章　地球科学

一、基础知识

(一)地球

1. 地球的自转

地球围绕自己的轴(地轴)的旋转运动,叫地球自转。地轴是连接地球南北两极并通过地心的假想轴。地轴不是直立着的,而是有 23 度 26 分的倾斜,即地球是"斜着身子"自转的。地球自转的方向是自西向东。地球自转的角速度大约是每小时 15 度。地球自转的线速度以赤道最快,两极最小。

2. 地球的公转

地球按照一定轨道围绕太阳的旋转运动。从地球北极上空看,地球的公转方向是自西向东,呈逆时针方向。地球公转轨道的形状是一个接近正圆的椭圆,太阳位于椭圆的一个焦点上。每年大约 1 月 4 日,地球距离太阳最近,为近日点;大约 7 月 4 日,地球距离太阳最远,为远日点。地球在近日点附近时公转速度快,在远日点附近时,公转速度慢。

(二)太阳

1. 太阳的视运动观察

太阳每天东升西落,这实际是地球公转运动的结果,叫太阳周日视运动;同时太阳在天穹上自西向东移动,每日约 1 度,不易被人们察觉。但是,通过多次观察日落后靠近太阳的星座变化就能发现。太阳日复一日,从一个星座移到另一个星座经过 1 年时间,太阳转了一周,实际是地球绕太阳一周的结果,叫太阳周年视运动。

2. 正午太阳高度的观察

太阳高度是太阳高度角的简称,表示太阳光线与当地地平面的倾角,即看太阳的仰角。任何一瞬间,地球各地的昼夜状态都可以用太阳高度来表示。正午太阳高度(H)即一天中的最大太阳高度,出现的时刻为 12 时。其变化规律是:在直射点上正午太阳高度为 90 度,正午太阳高度的变化规律为由直射点向南北双向递减。正午太阳高度的变化呈现年变化,它表示在地球公转过程中,各地正午太阳高度的季节变化。

3. 昼夜长短变化

因具体地点和季节而异。地球赤道与黄道(绕日轨道)呈23度26分的交角,每年夏至、冬至太阳直射北、南回归线,春分、秋分直射赤道。在太阳直射时,太阳升得早落得晚,白天也就长一些。我们这里位于北回归线以北,所以,夏至昼长夜短,冬至昼短夜长。纬度不同情况就不一样。夏至:北半球昼长夜短(北极圈内为极昼),南半球反之;冬至:北半球昼短夜长(北极圈内为极夜),南半球反之;春分、秋分:全球昼夜等长。赤道全年昼夜等长;太阳直射点在南、北回归线间移动。

(三)月亮

1. 月相变化的观测

由于月亮、地球和太阳三者的相对位置发生周期性变化,我们在地球上看到的月亮就出现了圆缺的变化。这种现象,通常被称作月相变化。月亮的黑暗正对着我们,我们看不见,叫作"朔";当月亮走到与太阳的方向正相对的时候,就可以看到圆圆的月亮,叫作"望"。

月亮由朔(或望)到下一次朔(或望)所经历的时间间隔,叫作朔望月。它是规定我国农历月份长短的基础。因而观测月相变化需1个月时间。

表 7-1 月相的变化

月相	月相特点	同太阳出没时间比较	月出	月落	夜晚见月情形	农历日期
新月	月面没有明亮部分	同升同落	清晨	黄昏	彻夜不见	初一
上弦月	月面西边半圆明亮	后升后落	正午	半夜	上半夜仅见于西半边天空	初七、初八
满月	月面全部明亮	此升彼落	黄昏	清晨	通宵可见	十五、十六
下弦月	月面东边半圆明亮	早升先落	半夜	正午	下半夜仅见于东半边天空	二十二、二十三

2. 月亮的东移的观测

月亮每天从东方升起的时刻比前一天大约晚50分钟,这是由于月亮绕地球旋转而地球又绕太阳旋转造成的。如果连续几个晚上观测月亮在星空中的位置,还可以发现它在天穹上逐日向东移动。

3. 月面概况观察

肉眼看到的月面上一块块黑暗的区域,叫"洋"或"海"(实际上没有一滴水),月面南部有凹凸不平的地区,有一些圆环状的东西,那是环形山。用小型望远镜就能清晰地看到月面上的高山和平原,仔细观测,还可以看到环形山、"海"等许多

结构细节。

(四)辨别方向

辨别方向实际上是辨认北方(或南方、东方、西方),根据北极星的位置来确定北方是个好方法,但只能在黑夜使用,所以用指南针辨别方向成为最常用的方法之一。

辨别方向的常用方法。用指南针定方向很简易又很正确,方法是:用手捧住指南针,将指南针放在水平位置上,让指针自由摆动后稳定下来,指针所指方向即南方。磁针方向与真北极方向并不完全一致,要进行磁偏角、磁倾角的矫正,对幼儿来说,不矫正也可通用。此外还可用手表、太阳在天空中的位置、竹竿的影子、植物生长的情况、建筑物朝向等来确定方向。

二、核心概念

(一)地球科学概念系统

核心概念	具体概念
自然现象的多样性	1.宇宙中有太阳、月亮和星星,它们的大小不同,我们能看到它们的时间也不一样;一个月中不同的时间观察到的月亮形状也会不同。 2.每天有不同的天气,有的时候下雨,有的时候阴天,还有的时候晴朗。 3.一年有春、夏、秋、冬四季,每个季节人们穿不同的衣服、吃不同的东西、做不同的事情。 4.自然界中有不同的自然灾害。如地震、台风、洪水等。
自然现象的变化	1.观察昼夜变化,白天黑夜轮流交替;观察太阳东升西落;观察月相的变化;观察影子的长短变化。 2.天气的变化瞬息万变,能从晴朗变为阴雨,也能从阴雨变为晴朗。 3.季节在变化,随着四季的变化,气温也发生变化;动物与植物能适应季节的变化;如动物迁徙、筑巢、冬眠、储存食物、改变颜色等。 4.地球表面在不断变化。如,小河会慢慢干涸、小山不见了、一座高楼拔地而起等。
日夜循环与四季的循环	1.白天黑夜相替交换的规律;白天工作,晚上休息。 2.太阳东升西落与昼夜交替的关系;太阳出来是白天,太阳下山是晚上。 3.四季循环的规律,春、夏、秋、冬交替出现。 4.伴随四季的变化,气温也呈现有规律的循环:从温暖到炎热,从炎热到凉爽,从凉爽到温暖,又从温暖到炎热。

(二)具体概念分析

1. 核心概念

地球具有自己的运动规律,人类认识为这个客观事实曾付出了艰辛的努力。地球的自转产生了昼夜交替的现象。由于地球自转轴的倾斜,在公转时产生了四季变化。昼夜和四季的变化影响着地球生物的生长节律和生活习性。

2. 具体概念

（1）昼夜交替的解释

由于地球的不停自转，所以地球上出现白天和黑夜，而且昼夜交替。

（2）地球上为什么会有四季

由于地球是倾斜着绕太阳公转的，所以地球上被太阳光直射的区域会不断变化，这就使地球上产生了四季变化。

（3）昼夜、四季与动植物

地球的自转和公转，使地球上产生了多样的环境、气候与生物。

三、教学策略

（一）充分利用社区资源开展活动

天文学作为人类认识宇宙的一门自然学科有着悠久的历史，特别是进入 21 世纪以来，随着航天技术的迅猛发展，进一步加快了人类向太空未知领域的探索。各地天文馆在天文科普教学方面具有不可替代的优势。近年来，太阳厅、天象厅、数字宇宙剧场、4D 科普剧场陆续开放，成为幼儿近距离互动探索宇宙世界的窗口。天文科普活动有助于幼儿认知人类生存的环境，培养幼儿的科学兴趣、诚信、博爱和宽容的精神，从小树立正确的世界观和宇宙观。

为激发幼儿对科学的兴趣，在快乐的心境中认知天文知识，可以联合当地天文馆开设"幼儿天文启蒙系列教育活动"，比如"星星是我的好朋友"，"仰望星空、宇宙畅想"，"我和星空有个约会"，"月亮日记"，"星星小剧场"等主题活动。随着活动开展的逐渐深入，幼儿越发对自己身处的宇宙惊叹不已，想象着自己在未来也能飞上天去探索星空和宇宙。他们用自己的方式开动脑筋，寻找、观察天上的星星和月亮，想象着天上发生的故事。让幼儿创编《我喜欢的星座》《我设计的星座》和《星座故事》等故事。在记录月亮阴晴圆缺的《月亮日记》中，幼儿通过连续的观察惊讶地发现，原来月相的变化是有规律的，幼儿因此深刻地感受到宇宙万物运行的刚健有力、周而复始和生生不息的精神。

（二）通过科学游戏方式开展探索活动

游戏是幼儿最喜欢的活动，幼儿的思维方式以具体形象思维为主，他们认识事物的主要途径是直接感知。因此在幼儿园进行地球科学教育时，要避免小学化、成人化，不能以上课为主，而要以丰富多彩的游戏为主；不能以教师的讲授为主，而要以幼儿主动的自由操作为主；不需要幼儿去掌握那些抽象、枯燥、难懂的概念，而要幼儿去发现、去积累生动具体的地球科学经验，体验成功的欢乐，让幼儿在玩中学习地球科学，在探索活动中学习地球科学，这才是培养科学创新精神的最佳途径。

(三)引导幼儿探索—表征—再探索—再表征

何谓表征？表征是儿童根据自己的知识经验水平，将自己探究的各种结果及体验，通过外化的形式表现出来。幼儿的表征手段，不仅仅是人类特有的口语和书面语，还包括幼儿的动作、手势、姿态、表情、绘画、雕塑、照片、表演等一切可以表达思想和感情的方式。科技活动对幼儿发展的促进是多方面的，在此，从表征能力的发展特点这一角度进行表述。科技活动为幼儿创造了宽松的物质和人文环境，幼儿自由自在地探索操作，思维活跃，不受约束，在表征的过程中会不由自主地迸发出想象的火花，体验着快乐。

在"神秘的宇宙"主题活动中，幼儿对宇宙中的各种星球产生了兴趣。在进入主题前，为了激发幼儿对宇宙的喜爱、向往，我们引导幼儿将自己想对星星说的话进行表征。师生共同收集关于宇宙的图片、资料，布置了"问题墙"，幼儿用绘画表征了"星星你长得什么样？""天上有多少颗星星？""你们是从哪里来的？""可以让我看见你们吗？"随着主题活动的深入，我们进行了科技活动"我们的家——地球""可爱的小星星"等，幼儿对宇宙产生了新的热点："星星上面有什么？""地球有朋友吗？""天上哪颗星星最美丽？""宇宙中哪颗星星最亮？""哪颗星星离我们的地球最近？"

于是，我们选择了优秀儿童歌曲《我和星星打电话》，让幼儿表达自己对宇宙的好奇。在学唱歌曲的过程中，幼儿十分喜爱歌词中的问题，"你离我们有多远？你那上面有什么？"这些正是幼儿感兴趣的话题。于是，幼儿纷纷扎堆在科技资料室里，看影碟、翻图书，还让老师上网查找相关资料。幼儿解决了一些问题，同时又有了新的发现。怎样帮助幼儿让冒出的小火花绽放异彩呢？接着，我们设计了创编歌曲《我和星星打电话》歌词的活动，鼓励幼儿将自己的问题编成歌词进行演唱。

幼儿首先分组将自己的问题运用绘画、文字、数字表征的形式，做好经验准备，然后再过渡到将自己的问题编成歌词进行演唱。小叶在纸上画着"一团火，几棵树，几个人"，她唱道："小火星，你好吗？你那上面有树吗？你那上面有人吗？"天天在纸上写着："水"，画了"一个大大的游泳池，许多小朋友在游泳"，他唱道："小水星，你好吗？你那上面有水吗？有没有游泳池？可以让我们游泳吗？"磊磊在纸上写着"100"，他问道："太阳系，你有多少星宝宝？是不是100个？"在科技活动开展的过程中，不断激发幼儿的求知欲望。

(四)利用多媒体技术让科学探究从静态走向动态

著名心理学家皮亚杰在认知发展理论中指出：儿童的认知是在与周围环境的交互作用中发展起来的。这一点对于开展科学启蒙活动尤为重要，因此应采用科学活动大环境与科学活动小布景结合起来的方式，充分调动幼儿主动观察、主动发现、主动探索的欲望。而素材光碟等现代网络技术给我们创设环境提供了便利。如创设《会变的月亮》《美丽的太阳系》等,通过多媒体把教学内容进行处理以后,教师可以通过画面的重组、声音的配置、动画的增加、镜头的特写等方面让地球科学更具有可视性和可观察性。这样既能充分调动幼儿多种感官,促使他们主动参与活动,从而达到事半功倍的效果,而且通过完整的画面和情景的播放,也能使幼儿更容易理解天文知识。为幼儿营造浓厚的科学氛围,捕捉一些幼儿感兴趣和喜爱的科学信息,让幼儿每天生活在充满科学气息的环境中。

四、活动建议

1. 认北斗七星

北斗七星是大熊星座的一部分,七星组成一个大勺的形状,它像古时量粮食用的斗。在北天极附近呈斗状排列的还有小熊座,被称为"小斗"。它范围很小,很容易与大熊座区分。

我国古代就是用黄昏后北斗七星的斗柄的指向来划分季节的:"斗柄东指,天下皆春;斗柄南指,天下皆夏;斗柄西指,天下皆秋;斗柄北指,天下皆冬。"

2. 找北极星

北极星位于小熊座末端,是小熊座中最亮的星。寻找北极星的方法是把大熊星座北斗七星的斗边(天璇 β 与天枢 α)延长 5 倍处看到的那颗即是。或先找到仙后座(由五颗呈 W 形排列),其最亮的 α 星,从它向前面的一颗不太亮的 K 星联系并延长到大约 5 倍处就可找到北极星。

五、案例分析

案例 月亮的变化(大班)

活动目标

1. 感知月亮的变化,知道这样的变化是有一定规律的。
2. 学会观察月相的变化过程,结合儿歌,感知月相的变化规律。
3. 通过简单的观察学习,对天文学产生一定的兴趣。

活动准备

有关月亮的变化过程的视频;以"图加文"形式呈现的儿歌、故事《月亮裁衣》;月相图、圆形的饼干。

活动过程

1. 导入。

师:吃月饼的节日是什么节?(幼:中秋节。)农历八月十五是中秋节,你们知

2. 故事欣赏《月亮裁衣》。

教师讲述故事并提问。

(1)彩虹妹妹来帮月亮姐姐量了几次尺寸?(四次)

(2)第一次是什么时候?(初一)月亮姐姐的身形像什么?(像条线)

(3)第二次是什么时候?(初五)月亮姐姐的身形像什么?(像小船)

(4)第三次是什么时候?(初十)月亮姐姐的身形像什么?(像半圆)

(5)第四次是什么时候?(十五)月亮姐姐的身形像什么?(像圆盘)

(6)彩虹妹妹做的衣服,月亮姐姐为什么每次都穿不下?

3. 观察月亮变化的过程。

(1)师:月亮姐姐是不断变化着的,到底是怎样变化的呢?让我们一起来看一段短片。

(2)师:你们发现了什么?(根据幼儿的回答出示月相图)

(3)小结:月亮是不断变化的,而且是有规律地变化着。

4. 学儿歌,掌握月亮变化的规律。

师:月亮到底是按什么样的规律变化的呢?让我们一起来学一首儿歌《看月亮》。

教师出示并朗诵儿歌,幼儿学习。

5. 游戏。

(1)师:接下来,请小朋友去洗洗小手,我们要做一个好玩的游戏。(出示饼干)让我们像广告中的小明星那样吧,扭一扭,初一看……(平移)

(2)师:每个小朋友咬一口,大家注意要轻轻地咬,并咬出不一样的大小,有的变成初一的月亮,有的变成初五的月亮,还有的变成初十或者十五六的月亮,大家试试看吧!做完以后可以相互说一说你变的是什么时候的月亮。

6. 结束。

师:小朋友们,我们今天的活动就要结束啦,了解月亮的变化是不是很有意思呀?其实天空中有趣的东西可多了,我们可以经常去关注一下哦!

活动评价

本节活动首先利用生动的故事导入来激发幼儿学习的兴趣,教师声情并茂地完整讲述故事时,幼儿听得专心致志;接着就是观看月亮变化的视频,让幼儿形象直观地了解半个月的时间里月亮的变化过程,使抽象的知识变得简单,易于理解和接受;再通过儿歌的学习,使幼儿初步了解月亮的形状变化和时间的关系,激发幼儿探索的兴趣;最后通过游戏模拟月亮的变化,使幼儿在轻松、愉快的气氛中自然地接受本次活动的教学内容。

看月亮

初一看,一条线。

初二三,眉毛弯。

初五六,挂银镰。

初七八,像小船。

初九十,且半圆。

十五六,像玉盘。

（案例提供:南京市第一幼儿园　张灵）

第八章　材料及其性质

第一节　弹　性

一、基础知识

（一）弹性的定义

1. 什么叫弹性

弹性是物体本身的一种性质。一个物体在外力的作用下会发生形变，当外力撤销后物体能够恢复原来大小和形状的性质叫作弹性。所有的物体都具有弹性，不同物体弹性的大小不同。弹力由发生形变的物体产生，它的作用是使物体恢复到原来的形状。弹力的大小与物体的种类、形状，以及所发生形变的大小等多种因素有关。

2. 物体的形变

物体在受到外界的作用时发生形状的变化，简称形变。形变是物体受到外力作用的结果。常见的形变有下列四种基本情况：

（1）拉伸形变和压缩形变。用力拉一根橡皮筋，橡皮筋会被拉长，此时的形变为拉伸形变。

（2）剪切形变。用橡皮擦纸上的字，看到橡皮出现与擦纸方向平行的形变，此种形变为剪切形变。

（3）扭转形变。用手转动橡皮，发现橡皮"被拧成麻花"，此时的形变为扭转形变。

（4）弯曲形变。站在一块木板上，木板发生弯曲，木板的形变为弯曲形变。

实际上，形变大多是多种形变的组合。例如弹簧是用钢丝卷制而成的，弹簧在被拉伸时发生的形变既有拉伸形变，也有剪切形变、扭转形变和弯曲形变。

（二）弹性的限度

物体的弹性是有一定限度的。当物体所受的外力在这个限度以内时，外力撤销后物体能够恢复原来的大小和形状；如果物体所受的外力超过了这个限度，外力撤销后物体就不能恢复原状,这个限度叫弹性限度。不同物体的弹性限度不同,同一物体的弹性限度也不是固定不变的,它随温度升高而减小。钢的弹性比较大,弹性限度也比较大,所以一般情况下将钢丝做成弹簧,汽车的减震装置也是用钢板做成的。

如果物体受到的拉力过大,使物体上某处相邻的两点被拉得过开,物体就无法回到原来的位置。其表现是物体无法恢复原来的形状甚至被拉断,这就是物体具有弹性限度的原因。如果外力撤去之后,物体能够保持其形状的改变,就说明物体具有范性,现在常把范性称作塑性。

二、核心概念

1. 核心概念

弹性是物体的一种性质。一个物体在外力的作用下会发生形变,当外力撤销后物体能够恢复原来的大小和形状。

2. 具体概念

能够探究发现生活中弹性物体的共同点。

物体发生形变时会产生弹力。

弹力的大小与方向。

弹簧拉伸长度与拉力之间的关系。

在我们的生活中,有哪些地方应用了物体的弹性。

三、教学策略

(一)活动要激发幼儿的探究兴趣

随着科学技术的迅猛发展,弹性在人们生活中的应用越来越广泛。幼儿在日常生活中接触了许多弹性物体,并且非常感兴趣。幼儿的科学教育是科学启蒙教育,重在激发幼儿的认识兴趣和探究欲望。根据《3－6岁儿童学习与发展指南》的内容,教师要引导幼儿对身边常见事物和现象的特点、变化规律产生兴趣和探究的欲望。教师要抓住幼儿的兴趣点,设计教育活动。教师要尽量创造条件让幼儿实际参加探究活动,使他们感受科学探究的过程和方法,体验发现的乐趣。激发幼儿探索科学现象的兴趣,培养幼儿创造性思维和对科学的探索精神。

(二)活动要调动幼儿原有的经验

教师可以准备有弹性的物体,如蹦蹦床、弹簧、橡皮筋、皮球、气球、钢琴等,以及没有弹性的物体。让幼儿试着用跳一跳、拉一拉、压一压、捏一捏、吹一吹、弹一弹、敲一敲等多种方法进行自由探索,鼓励幼儿大胆尝试,把探索情况记录下来。因为记录有助于培养幼儿尊重科学的态度,有助于幼儿理清思路,把零散的知识系统化。然后请幼儿分组,互相讲述记录结果,并把幼儿的记录结果用投影仪展

示出来，让幼儿获得成功的体验。

（三）活动要联系生活实际

科学活动最基本的特点就是让幼儿从身边的自然事物开始学习，以形成对自然进行探究的态度、技能和获取关于自然的知识。从而由个别到一般进行研究，使幼儿知道科学就在身边，把课堂和生活联系起来，加深幼儿对物体弹性的认识和理解。教师以"找一找生活中有哪些弹性物品"来引导幼儿开动脑筋，发散幼儿的思维。向幼儿提出问题后，不要急于让幼儿回答，而是让他们七嘴八舌地议论，互相补充、互相启发、充分思考。

（四）活动要鼓励幼儿自己探究

科学教育的目标强调幼儿能运用各种感官动手动脑、探究问题。作为幼儿学习活动的支持者、合作者、引导者，教师要为幼儿提供大量的丰富的操作材料，创设一种宽松融洽的氛围，引导幼儿主动积极地参与活动，直接操作、反复体验、主动探索，通过玩一玩、说一说、记一记、想一想、找一找、做一做等多种形式，让幼儿真正体验和了解弹性的特征，并激发幼儿学科学的浓厚兴趣。

鼓励幼儿自己制作弹性玩具。教师准备铁丝、纸、易拉罐、笔、棉花、布、石头、木块、橡皮筋等操作材料，请幼儿动脑筋利用这些材料制作出弹性物体或玩具。进一步发展幼儿的动手能力、创造思维能力，由此激发幼儿对弹性现象的好奇心和探索欲望。

教育活动的结束不是学习的结束，而是探索的开始。所以，教师将活动进一步延伸：让幼儿回家玩一玩有弹性的物体，在区角活动继续制作有弹性的物体和玩具。引导幼儿继续体验和关注弹性现象，发展幼儿的观察、比较、分析、动手创造能力，从而激发幼儿爱科学的积极情感。

四、案例分析

案例　伸缩型圆珠笔里有什么（大班）

活动目标

1. 初步探索伸缩型圆珠笔的基本结构，了解其内部的主要零件。
2. 通过猜测、拆装、记录、比较等方法进行探索。
3. 体验在拆、装操作中进行探究的快乐。

活动准备

各种伸缩型的圆珠笔数只（笔管不透明）；记录表、记录用的铅笔等；展示区有各种圆珠笔，幼儿观察、使用过，对圆珠笔有一定的了解。

一、游戏情境导入。

1. 教师以"藏猫猫"的形式出示圆珠笔,激发幼儿的兴趣并提问。

师:教师今天带来了一位朋友,你们猜他是谁?(教师从口袋里迅速取出,再收回口袋)对,是一支圆珠笔。(教师边说边用笔在纸上画)咦,怎么画不出来呢?

2. 教师请一幼儿帮助解决此问题。

3. 幼儿按按钮,笔芯伸出来,教师画了简单的笑脸,幼儿很高兴。

二、引导幼儿猜测、记录圆珠笔里可能有什么。

1. 师:这种能伸缩的圆珠笔的笔芯为什么可以一伸一缩,里面可能会有些什么呢?

2. 教师提供给幼儿每人一支笔,幼儿边操作边感受,猜测里面可能有什么,并记录自己的猜测结果。

3. 幼儿互相交流猜测情况,并阐述猜测的原因,教师进行集体记录。

三、幼儿拆笔实验,探索可伸缩圆珠笔里面有哪些零件,并进行记录。

师:那里面到底有哪些零件呢?怎样才能知道?

1. 教师提出拆笔要求:

(1)幼儿拆下的零部件要全部放入自己的小罐子中,不要和同伴的笔混淆。

(2)幼儿把自己看到的零部件如实地进行记录。

2. 幼儿尝试拆开伸缩型圆珠笔,观察、记录其内部结构,教师巡回观察指导。

3. 交流探索记录的情况,教师进行集体记录。

4. 教师进行小结,引导幼儿观察记录表。

师:这是我们把笔拆开后看到的零件,有弹簧、笔芯,还有这两个小零件,比我们猜到的要多多了。所以,以后我们不知道一样东西里有什么的时候,我们就可以用这种"拆开来看"的方法,不过要注意安全,要和大人说一声。

四、装笔活动,鼓励幼儿自己把拆开的圆珠笔组装起来。

如果组装不成功,教师引导幼儿带着自己的疑问,作为下次活动探究的重点。

活动延伸

在活动区展示一些可伸缩的圆珠笔。

1. 引导幼儿继续猜测、探究,发现它们的内部构造是相同的。

2. 继续尝试将拆开的圆珠笔进行组装。

活动评价

活动的产生是一次偶然的机会,教师发现大班幼儿在观察、认识学习用品时,对伸缩型圆珠笔很感兴趣,幼儿自己就开始探究"为什么这种圆珠笔能一伸一缩?"于是教师决定设计一个探究式的科学活动。教师对普通圆珠笔和伸缩型圆

珠笔进行比较后发现：普通圆珠笔里只有一支笔芯，而伸缩型圆珠笔里有 4 个部件：弹簧、笔芯和两个小部件，加上笔管中的特殊构造，它们之间的配合完成了笔芯伸缩的功能！于是将活动设计为通过"拆、装伸缩型圆珠笔"来探究里面的部件，因为组装有一定的困难，所以此次活动仅定位在"拆开来"、观察、记录。而"装起来"则放在活动延伸或下一个活动中引导幼儿继续进行探究，所以此次活动可以设计为一个系列的关于伸缩型圆珠笔的探究活动。

（案例提供：南京市第一幼儿园　孙莉）

第二节　浮　沉

一、基础知识

(一)浮力的定义

浮力概念的形成可以追溯到远古时代，人类在长期生活中体验到物体在水中变轻，水对物体有向上托的作用，这种作用被形象地称为浮力。它的定义为：流体作用于沉浸在其中的物体的向上托的力，实质是流体对浸入其中的物体各侧面压力的合力。流体指任何流动的物体，即液体和气体，本节内容中所指为液体的浮力。浮力是根据其力的效果来命名的，具备力的三要素——大小、方向、作用点。

(二)浮力产生的原因

液体(或气体)对位于其中的物体是有作用力的，这个作用力表现为对物体的压力，我们把物体单位面积上受到的压力称为压强。在液体(或气体)内，不同深度处压强的大小不同，压强的大小随深度的增加而增大。位于密度为 ρ 的液体中的物体，在深度为 h 处受到的压强为 $p = \rho g h$。

浸在液体(或气体)中的物体，其上、下面浸没的深度不同，物体下部受到液体向上的压强比物体上部受到液体向下的压强大。所以，物体受到液体(或气体)向上的压力比向下的压力大，表现为浸在液体(或气体)中的物体受到液体(或气体)向上的压力，这就是我们通常所说的浮力。浮力是由于液体(或气体)对物体向上、向下的压力差产生的。

如果一个物体的下表面不与液体接触，它就不会受到液体对物体的浮力。例如，如果我们在过河时，脚踩进淤泥中，脚的底部不与水接触，此时脚就不受水的浮力，需要花费比较大的气力才能把脚拔出来。

(三)浮力的大小

浸在液体中的物体受到向上的浮力，浮力的大小等于物体所排开液体受到的重力。我们可以用实验的方法证明阿基米德原理，也可以用简单的推理说明这个原理。

在右图的容器中装有密度为 ρ 的液体，液体中的物体为一个长方体。长方体的长、宽、高分别为 a、b、c，这个长方体的六个面都受到液体的压强。已知物体侧面受到液体压力的大小相等、方向相反、合力为零。若长方体的上底浸没的深度为 h，则上底处受到液体的压强为 $p_上=\rho gh$。此时，下底浸没的深度为 $c+h$，下底处受到液体的压强为 $p_下=\rho g(c+h)$。上下底面的面积均为 ab，它们受到的压力分别为 $F_上=p_上ab$、$F_下=p_上ab$，将上下底面受到的压强数值带入，可知这个长方体受到的压力差为：

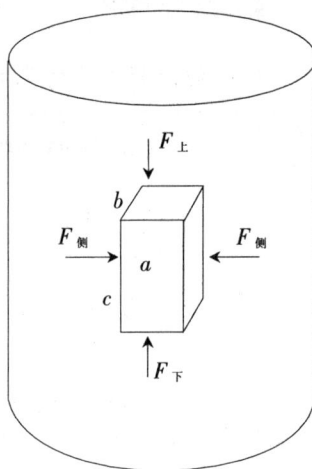

图 8-1　浮力

$$F=F_下-F_上=ab\rho g(c+h)-ab\rho gh=ab\rho gc$$

由于长方体的体积 $V=abc$，所以可将上式改写为 $F=\rho gV$

为了便于推导规律，我们选用的物体是长方体。可以证明各种形状的物体均遵从这个规律。公式中的 F 为浸在液体中物体所受到液体的作用力，也就是它受到液体的浮力。

公式中的 ρgV 为物体所排开液体的重力 $G_排$。上述规律可以简单地说成是浸没在液体中的物体，受到液体向上的浮力，浮力的大小等于物体排开液体的重力，数学表达式为 $F_浮=G_排$。这个规律称为阿基米德原理。

将物体排开液体的重力关系 $G_排=\rho_液 gV_排$ 带入，也可以把阿基米德原理写作 $F_浮=\rho_液 gV_排$。

(四)物体的浮沉

浸在液体中的物体受到浮力和重力，其上浮还是下沉，是浮力和重力共同作用的结果。判断浸在液体中物体是上浮还是下沉，只能在确定物体的重力 G 与物体受到的浮力 $F_浮$ 后，通过比较这两个力的大小关系确定。当物体受到的浮力大于它的重力时，物体上浮；当物体受到的浮力小于它的重力时，物体下沉。

(五)控制物体浮沉的方法

控制物体浮沉的方法有很多，无论我们采用哪种方法，其目的都是改变物体重力与所受浮力之间的关系。如果物体确定，即物体所受到的重力确定，通过增大(或减小)液体对物体的浮力，就能够使物体上浮(或下沉)。如果物体受到的浮力确定，通过增大(或减小)物体的重力，就能够使物体下沉(或上浮)。

例如，在水中加入盐、糖等物质后，水的密度 $\rho_液$ 加大，由 $G_排=\rho_液 gV_排$ 知道物体所受到的浮力加大，原来沉在底部的物体可以向上浮起。轮船由江河驶入大海时，船会上浮，也是这个道理。

179

材料及其性质

二、核心概念

(一)浮沉科学概念系统

核心概念	基本科学概念或原理	具体的事实性知识	科学活动示例
浮沉	物体在水中会受到浮力的作用。	在装有空心小皮球的杯子里，装一些水后，小皮球会浮起来。	让它浮起来
	有些物体在水中会下沉，有些物体会上浮。	把塑料积木放入水槽中，积木会浮起来；把小铁块放入水槽中，小铁块会沉下去。	谁会浮谁会沉
	物体在水中的浮沉状态与物体本身的特征有关（物体的体积、重量、材质等）。	大而重的积木也能漂浮在水面上，小而轻的橡皮泥却会在水中沉下去。	它们是沉还是浮
	通过改变物体的特征，可以使物体下沉或上浮。	把橡皮泥捏成空的，橡皮泥能够在水中浮起来。	不沉的橡皮泥
	借助其他物体可以改变物体的浮沉状态。	下沉的小铁块放在积木上就会浮起来。	神奇的小铁块
	生活中有许多浮沉的现象。	航行的船只、潜水艇、漂浮的树叶等。	生活中的浮沉现象

(二)具体概念分析

1. 核心概念

物体在液体中浮沉的原因不但可以被发现，而且还可以利用其原理改变物体的浮沉状态，并以此来制造各种工具。

2. 具体概念

(1)物体在水中是沉还是浮

物体在水中是沉还是浮，与物体的重量和体积有关。

体积相同的物体，重量轻的浮的可能性大。

重量相同的物体，体积大的比小的浮的可能性大。

(2)改变物体在水中的浮沉

物体在水中的浮沉是可以被改变的。

改变物体的体积和重量可以改变其浮沉状态。

我们利用物体浮沉可以被改变的原理制造工具。

(3)马铃薯在水中是沉还是浮

物体在液体中的浮沉，和液体的性质有关。

改变液体的性质，可以改变物体在这个液体中的浮沉状态。

(4)造一艘小船

物体浸在水中的部分越大，受到的浮力就越大。

三、教学策略

(一)活动目标可以深入至对"浮力"的体验与理解

虽然"浮力"在物理学上是属于比较抽象的概念,但这个概念最初也是基于人们对有关现象的认识、理解而提出的。幼儿的生活中同样大量存在着这些现象,他们也会对其形成自己的认识和理解。根据研究发现,幼儿对于"浮力"是可以体验到的,他们能够意识到浮力的存在,并有自己的相对稳定的认识。因此,有关"浮沉"的教学活动不必局限于幼儿对于浮沉现象的体验,可以聚焦于"浮力",较深入地开展下去。如:对水的"浮力"的体验活动等。从测查结果来看,"浮力的作用点"对于幼儿来说难以捉摸,他们倾向于将其理解为"水的压力的作用点",因而在幼儿还不具备"重心"概念的情况下,不适宜直接将"浮力的作用点"作为教学内容来开展活动;幼儿对浮力的大小、方向相对容易理解,教师可以通过活动设计让幼儿去感知。

教学指向"浮力"并不是以幼儿掌握"浮力"的科学表述为最终目标,在教学中可以纳入"浮力",但并不是要求幼儿最终能够获得科学意义上的、准确的浮力概念。毕竟在幼儿阶段,没有相关的知识背景做铺垫,也难以形成"密度""重心"等概念,教学应该是促进幼儿的已有概念朝着科学的方向发展,同时培养起科学的态度和思维。因此,教师应该让幼儿充分展现出他们已有的认识,并对其进行分析解读,然后去思考如何让其向科学概念逐步靠近,而不仅仅纠缠于"浮力"本身的科学意义。

(二)可开展"浮沉"系列活动

"浮沉"现象涉及的知识点比较多,对不同年龄阶段的幼儿应有不同的侧重点,形成系列活动逐步加深幼儿对"浮沉"的相关认识。小班幼儿可以侧重于对"浮沉"现象的大量体验,获得丰富的感性经验;中班幼儿可以尝试对"浮沉"现象进行解释、讨论,开始感受、体验水的"浮力";教师可以为大班幼儿提供更多的体验"浮力"的机会,并在教学中更多地指向这一核心概念。

(三)紧紧抓住"游戏化""情境化"等适合幼儿的活动形式

在教学中涉及科学概念并不是让幼儿进行严格意义上的从概念出发的学习,而是通过游戏的方式探究科学概念的内涵,以促成幼儿的概念转变与科学思维的启蒙。游戏情境可以让幼儿创造性地验证和运用科学概念,当学习者将概念用动作表演出来的时候,学习者对概念的记忆便会增强。有研究表明,简单的自发游戏和科学是问题解决过程中互为补充的两个方面,科学为活动提供结构,而游戏则激发幼儿的创造性行为,养成对问题解决的积极态度。在"浮沉"的系列活动中,除了让幼儿进行实验操作外,还可以给予他们大量的与水亲密接触的游戏机会。比如:在戏水池中感受水对身体的作用力。

(四)材料的提供需要精心设计

从收集材料到开展"浮沉"的活动,可以看到教师非常注重一次活动里呈现给幼儿的材料的多样性。各种不同的材料确实可以给幼儿提供大量的感性经验,但在"浮沉"这一比较复杂且容易出现迷思概念的现象中,一次性给幼儿提供多种材料而不加以科学的引导则不能促进其概念的转变,反而容易造成更多的迷思概念。首先应该根据本次活动的具体目标和材料所蕴含的可能传达给幼儿的意义来选择材料,材料的投放顺序也需要根据目标事先设计,然后循序渐进地增加材料的使用难度。

"浮沉"活动更适合分层地投放材料,同时需要教师的有效引导。如:给幼儿提供一盆水、一个软木塞、一小块木头、一颗弹球、一只乒乓球、一块海绵、一块石头、一只橡皮泥做的小球和一个带盖的透明小瓶子。当幼儿面对好玩的水和各种物品时,他们急于把东西一个接一个地扔进水里去,甚至把一小盒的东西都倒进水里去,心满意足地用他喜欢的方式在水里摆弄和操作这些物品。在这个过程中,他们发现有的东西浮起来,有的东西沉下去。随着教师引导幼儿关注"什么样的东西上浮,什么样的东西下沉",幼儿逐渐发现轻的东西浮起来,重的东西沉下去。后来,他们进一步发现同样大小的东西,重的下沉,轻的上浮。教师及时为幼儿提供一些诸如海绵之类的东西,幼儿用各种方式操作这些材料,逐渐地,幼儿发现了里面"有空儿""有空气"的东西会上浮的秘密。

(五)开放式提问为幼儿的猜想与假设提供机会

让幼儿大胆猜想,寻求解决问题的办法。如:把木块、铁块、橡皮泥、玻璃球等放在水里,什么东西会浮在水面,什么东西会沉在水里,请幼儿自己猜想、记录并讲给他人听。接着,教师又设计了两个讨论问题的情境:一是出示一个塑料空瓶,把它放进水里,让幼儿观察"怎样使浮在水面上的塑料瓶沉下去呢";二是出示五个一样大小的红色小圆球,并告诉幼儿其中有四个木球,一个铁球,请幼儿想个办法,把铁球找出来。提出的问题对幼儿来说新奇而有趣,因此幼儿的思维很快活跃起来,他们积极参加讨论,提出各种解决问题的办法。有的说放在水里,有的说用天平称,有的说用石头敲等方法。

创造性思维更多地表现在解决问题的过程中,教师可以在科学活动中不断提出一些富有启发性的问题,引导幼儿去讨论、观察、分析、比较、判断和推理,鼓励幼儿大胆猜想,寻求解决问题的办法。教师要多提具有假设性、比较性、重新定义性、起源性、应用性、分析性的问题。如"你发现了什么","你认为怎么样"以促进幼儿进行多角度、深入的思考。

(六)活动开始前做好充分准备,尽量避免容易出现的混乱局面

由于幼儿在"浮沉"教学活动中会接触到水,活动中容易出现一些细节上的问

题而使场面失控。比如：幼儿把水洒在桌上、弄湿衣服、幼儿之间发生争抢等。这些问题是可以通过教师事先的准备和设计避免的。比如：在幼儿衣服外面套上防水的围裙、多准备吸水性好的抹布等。

四、案例分析

案例　浮沉（大班）

【活动目标】

1. 感知物体在水中的浮沉现象。

2. 大胆探索、尝试使物体浮或沉的不同方法，发展探索精神。

3. 培养合作能力，初步学习两人合作进行实验。

【活动安排】

时间：夏季。

地点：室外。

【活动过程】

一、游戏基本内容方法一。

请幼儿收集不同质地的玩具材料，如金属钥匙、塑料玩具、玻璃球、积木、橡皮泥等，放到水里观察现象。

1. 猜测：带来的物品放到水里会怎样？

2. 了解规则：不能用手碰水，轻轻地把物品贴近水面后松手。

3. 观察物体在水中的现象：哪些浮在水面上？哪些沉到了水底？

帮助幼儿理解浮沉是指物体在水中的什么位置。

4. 幼儿自由选择材料，观察物体在水中的现象并相互交流自己的发现。

二、游戏基本内容方法二。

请幼儿自带一个水果（苹果、梨子、橙子、杧果、枇杷、樱桃、荔枝）在室外的大盆里玩"洗水果"的游戏，先猜测再观察水果在水中的浮沉现象。

1. 猜测：带来的水果哪些会浮在水面上？哪些会沉到水底？

2. 明确规则：不能用手碰水，轻轻地把水果贴近水面后松手。

3. 观察：哪些水果浮在水面上？哪些水果沉到了水底？

4. 再次尝试，观察水果浮沉时的有趣现象。

5. 鼓励幼儿提出自己的想法和疑问，大胆说出自己对不同水果浮沉的认识。

三、游戏升级：橡皮泥的沉与浮。

1. 幼儿每人一团橡皮泥。

猜测：橡皮泥放到水里会怎样？

材料及其性质

观察:橡皮泥的浮沉现象。

思考:为什么橡皮泥会沉到水底?

2. 把橡皮泥切分成两半。

猜测:如果使橡皮泥变轻,再放到水中是沉还是浮呢?

观察:橡皮泥变轻后的浮沉现象。

思考:为什么橡皮泥还是沉到水底呢?

尝试探索:怎样使橡皮泥能够浮起来?

师幼现场观看交流并使橡皮泥浮起来的方法。

| 活动评价 |

水是日常生活中经常见到的,玩水也是幼儿非常喜爱的游戏。在嬉戏、玩耍中,幼儿会在不经意间发现浮沉这一熟悉又常见的科学现象,并产生浓厚的兴趣。幼儿在猜测、尝试、探索中感受并理解这一现象。教师有意识地提供材料,引导幼儿和水玩游戏,不断激发幼儿积极思维和探究的欲望。

(案例提供:南京市北京东路小学附属幼儿园　张琴)

案例　有趣的潜水艇(大班)

| 活动目标 |

1. 了解潜水艇下沉、上浮与水量的关系,并积极探索其中的原因。

2. 知道通过观察、比较、亲自试验等方法来证明自己的预测。

3. 愿意倾听同伴的讲述,体验与同伴合作的快乐。

| 活动准备 |

1. 经验准备:幼儿观看过有关潜水艇的科普视频,知道"潜水艇"的工作原理,积累相关的科学经验。

2. 物质准备:大缸、四个不同水位的"潜水艇"(瓶子),每组一套。参照标准:一个沉入水底,一个悬浮,一个浮在水面上,一个浮在水中;实验表格,每人一份;大号"潜水艇"(大瓶子)、杯子、漏斗、天平各一个。

3. 适合分组进行,幼儿人数以12—16人为宜。

| 活动过程 |

一、出示材料,引导幼儿猜测。

1. 观察。

教师出示四个有编号的"潜水艇","潜水艇"中装有不同量的水,引导幼儿观察。

师:桌上有四个潜水艇,潜水艇里有什么? 你可以玩一玩,它们有什么不同?

2. 预测。

师：老师有一个想法，四个潜水艇放入水里会怎么样？不要讲出来，只要把你的想法画在实验记录的上面。

3. 交流。

师：和旁边的小朋友谈谈自己的想法，你们的想法有什么不一样？

二、实验操作。

1. 提出实验要求。

师：四个潜水艇放到水里到底是什么样的？我们来做一个实验，做实验的时候，大家要仔细地看，把看到的实验结果画在实验记录的下面。

2. 幼儿小组合作，共同实验，并记录实验的结果。先记好的幼儿可以与自己的预测进行比较。

3. 幼儿集体交流实验报告。

(1)四个"潜水艇"在水中的位置一样吗？

(2)观察、比较后将四个"潜水艇"的位置进行排序。

师：看看你的实验记录，几号潜水艇浮在水的最上面？再看看水里，几号潜水艇浮在水的最上面？

幼儿确认后，教师将瓶子拿出来放在幼儿的面前。

师：看看自己的实验记录和桌上的瓶子，你有什么发现？

三、集体实验。

1. 教师总结。

师：通过实验，我们发现，装水多的"潜水艇"就会沉下去，装水少的"潜水艇"就会浮上来。

2. 提出新问题，让幼儿实验后比较。

教师出示1号"潜水艇"和2号"潜水艇"。幼儿参与操作，教师引导幼儿观察倒入瓶中的水。

师：猜猜看哪个"潜水艇"比较重。

3. 出示天平让幼儿验证谁重谁轻。

4. 幼儿实验，讨论"潜水艇放到水里会怎样呢？"

师：你们认为往瓶子里倒多少水，大瓶子会沉下去？

5. 幼儿用漏斗往大瓶子中不断地装水，一直装到预测的水位，并实验大瓶子和1号水瓶在水中的浮沉情况。幼儿不断地尝试，一直到大瓶子沉入水中。

6. 教师小结。

师：瓶子的大小和浮沉是没有关系的，瓶子中的装水量影响瓶子在水中的位置。

材料及其性质

活动延伸

在科学探索区,提供"潜水艇"的游戏材料,引导幼儿不断巩固对"浮沉"的认识,探索材料之间的关系。

活动评价

潜水艇是通过控制舱内的水量来实现下沉和上浮的,装水量的多少影响潜水艇在水中的位置。在活动中,幼儿借助间接的知识经验,预测四个不同水量的"潜水艇"在水中的位置。通过自己的猜测、实验、验证、再实验的过程,不断修正对浮沉的认识。最后通过1号"潜水艇"的实验,知道了瓶子的大小和浮沉是没有关系的。通过改变物体的条件,改变物体在水中的位置实现"下沉和上浮"的活动,是在关于水的科学游戏中更深层次的探索。

(案例提供:南京市第一幼儿园　李金花)

第三节　磁　性

一、基础知识

(一)磁性

磁铁具有吸引铁、钴、镍等物质的性质,叫作磁性。在磁性非常强的情况下,铝也可以被吸引。

1. 把磁体放到铁屑(或大头针)里,然后把它拿出来,磁体能吸引铁屑(或大头针)。

2. 磁体隔着某些物质(如木板、玻璃)放到铁屑(或大头针)里,磁体仍有吸铁现象。

3. 把磁体放到木屑或铜片(粉)内,磁体不能把木屑或铜片吸起来。

(二)磁极

磁铁磁性最强的地方,每块磁铁都有两个磁极。

(三)磁化

使原来没有磁性的物体产生磁性的过程,叫作磁化。

磁化原理:磁性材料里面分成很多微小的区域,每一个微小区域就叫一个磁畴,每一个磁畴都有自己的磁矩(即一个微小的磁场)。一般情况下,各个磁畴的磁矩方向不同,磁场互相抵消,所以整个材料对外就不显磁性。当各个磁畴的方向趋于一致时,整块材料对外显示出磁性。所谓磁化就是让磁性材料中磁畴的磁矩方向变得一致。当对外不显磁性的材料被放进另一个强磁场中时,就会被磁化,但不是所有材料都可以被磁化的,只有少数金属及金属化合物可以被磁化。

磁化方法:1.用磁体的南极或北极,沿物体向一个方向摩擦几次;2.使物体与磁体吸引,一段时间后物体将具有磁性。

(四)磁场

磁体周围存在着磁场。磁场是看不见、摸不着的,人们可以根据它所表现出来的性质来认识它。磁场的基本性质是它对放入其中的磁体产生磁力的作用,磁体间的相互作用就是通过磁场发生的。磁场是有方向的,将小磁针放入磁场中不同的位置,小磁针的指向则不同。在磁场中某一点小磁针北极的指向,就是这一点磁场的方向。

二、核心概念

(一)磁性科学概念系统

核心概念	基本科学概念或原理	具体的事实性知识	科学活动示例	核心探究能力
磁铁	磁铁有不同的大小和形状。	条形磁铁、V形磁铁、U形磁铁、马蹄形磁铁、柱形磁铁、环形磁铁、圆形磁铁等。	给磁铁找家	分类
	磁铁能够吸引一些物体(含有铁的物体能够被磁铁吸引)。	金属钉子、回形针、铁圈等能被磁铁吸引,而部分硬币、铜丝、铝丝等则不能被磁铁吸引。	用磁铁钓鱼	观察表达交流
	磁铁不接触物体就能够使物体移动。	把钉子、回形针、小铁圈埋入细沙下面,它们也能够被磁铁吸引上来。	沙中取物	预测
	所有的磁铁,不论大小和形状都有两极,并且两极的磁力最大。	当我们把条形磁铁放在很多细铁钉中去时,磁铁的两端吸铁钉最多。	看看哪里最厉害	预测与推断
	两块磁铁的同极相互排斥,异极相互吸引。	当我们把许多磁铁近距离放在一起时,磁铁的位置会发生变化。	它们这么好	观察
	不同的磁铁有不同的磁力。	将回形针、小螺母、螺帽放在一张画有同心圆的小纸片上(圆心处),用不同的磁铁放在圆的边缘上,磁铁吸引东西的多少会不一样。	谁更强呢	预测与表达

(二)具体概念分析

1. 核心概念

磁铁具有特殊的性质。磁铁与铁、磁铁与磁铁之间的作用是相互的。

2. 具体概念

(1)磁铁的磁性

磁铁有磁性,磁铁两端的磁性最强,磁铁有两个磁极。

(2)磁铁的两极

磁铁能指南北方向,磁铁的两个磁极被称为磁铁的南极和北极。

两块磁铁相互作用时会出现同极相斥、异极相吸的现象。

(3)做一个小磁铁

通过磁化可以使小铁钉、钢针等铁制物品产生磁性,成为磁铁。

(4)指南针

指南针是指示方向的工具。

指南针是利用磁铁能指南北方向的性质制成的。

科学技术给人类与社会发展带来的好处。

三、教学策略

(一)确立活动中所包含的核心科学概念

在为幼儿选择科学活动内容时,我们经常发现教师自己都不是很明确这个内容所包含的科学概念是什么,因此反映在活动目标上就非常笼统、含糊。核心科学概念是教师在组织科学探究活动时应该关注的一个比较重要的问题,而实际上对核心科学概念的把握也是教师所面临的一个挑战,它要求教师在组织一个主题活动之前,必须积累或者了解与该主题有关的科学知识。因为一个科学主题往往包含多个知识点或者说概念,这些概念之间具有一定的逻辑关系,只有把握清楚这些概念的关系,才能把握活动中所要探究的问题。

以"磁铁"主题为例,它所包含的核心概念可以包括如下方面:

1. 磁铁能吸引一些物体。

2. 不同的磁铁有不同的磁力。

3. 磁铁能隔着一些材料吸引物体。

4. 磁铁能磁化另一些物体。

5. 磁铁的两端磁力最强。

6. 磁铁的两端有不同的指向。

教师应该明确所进行的活动中蕴含的核心科学概念,比如设计"磁铁能吸引什么?"这样的活动,围绕的核心科学概念事实上就是"磁铁能吸引一些物体"。而"哪块磁铁磁力最大? 哪块最小?"这样的活动,所包含的核心科学概念则是"不同的磁铁有不同的磁力"。

值得注意的是,有些教师在一个活动中,往往设计了包含多个核心科学概念的活动。这样幼儿并不知道要探究什么,多种变量关系使得幼儿在探究活动中"茫然不知所措",最后仅仅知道自己玩了磁铁,在动手过程中无法动脑,科学探究过程也失去了其本身的意义。

(二)在选择和组织科学教育内容上,要注重连续性和层次性

在设计和组织活动时,要注意活动之间的连续性和层次性,这种连续性主要表现为要给幼儿提供连续的对科学的理解和体验,而不是随意的、盲目的活动;层次性就是要注意活动的难易和重点,例如,并不是所有的活动都要让幼儿观察,因为有的活动侧重幼儿对于科学方法的认识。同时,注意不要把一个活动设计得过于宽泛,要挖掘一个活动的核心科学概念以及各个核心科学概念之间的递进关系,使活动能够成为顺应幼儿思维发展特点的连续的过程。

过程设计其实是一个支架结构,包括支撑的几个点和共同支撑起的几个点,脱离了中心和重心,就称不上是支架结构。如果盲目地整合网络教案,就会因为没有核心概念而使具体活动显得孤立、零散。关于"教学重点",每个一线教师都有关于此的前概念。据了解,教师普遍把教学重点理解为一个环节,然后在这个认为是重点的环节做足工夫,使之成为特色内容,想出各种体验活动和问题设计。比如某地区开展《磁铁有磁性》的"同课异构,连环跟进"研讨会,三位教师就在教学重点的定位上下功夫,A教师把"研究磁铁能吸引哪些物品"作为重点,B教师把"用磁铁来检验硬币"作为重点,C教师把"磁铁能隔着物品吸东西"作为重点。

(三)在探究活动过程中,要注重培养幼儿的归纳能力

由于磁铁的神奇特性很容易引起幼儿的探究和操作兴趣,为幼儿提供各种形状的磁铁以及铁钉、曲别针、大头针、木条、塑料片等材料。幼儿首先要花大量的时间去探索和检验周围的哪些东西可以被磁铁吸住。他们不仅乐于尝试教师提供的东西,而且乐于用磁铁探索周围的很多物品,如滑梯、转椅、书、各种饮料瓶等,看看磁铁能吸哪些东西,不能吸哪些东西。逐渐地,幼儿还会发现磁铁隔着玻璃板、纸板、书等物体也能吸着上面的东西走。幼儿还会发现磁铁能让小钉子或曲别针等东西一个挨一个连起来。磁铁有时两面能吸在一起,有时两面挨近有一股互相推的力让它们怎么也吸不到一起。随着经验的增多,幼儿还能够运用发现的这些特性和关系解决一些简单的实际问题。

四、活动建议

活动主题:磁性

活动准备

各式磁铁(圆形、马蹄形、磁棒、圆孔形)、磁粉、棉线、竹筷、水盆、厚纸片、回纹

针、塑胶片、剪刀、指南针、各种铁制与非铁制物品、汽车模型（铁制）、粗针、挂钩架、小纸盒、小铁钉、大浅盘。

区角活动

• 在一大浅盘上摆上各种小件物品，让幼儿测试磁铁的特点，或者拿着磁棒到处吸吸看，磁棒会吸住什么东西。

• 在一大浅盘上散放一堆回纹针，让幼儿实验各种磁力效应与"拉力游戏"。

• 将一磁棒悬挂起来，让幼儿观察：其中一端指向北方的是"北极"，另一端指向南方的是"南极"。再拿另一根磁棒，靠近挂起的磁棒两端，即可体验同极相斥和异极相吸的现象。

• 将指南针沿着磁棒边缘慢慢来回移动，观察指南针会有何反应。（指南针的一端永远会转向与磁棒同极的方向。）

• 将一纸板盖在磁棒上，并用胶带固定纸板。然后将磁粉轻轻撒在纸板上，看看磁粉会有什么变化。不要让幼儿将磁粉直接撒在磁棒上，否则将难以清除。

• 将磁棒的一端，按一个方向摩擦粗针或小铁钉，然后将粗针的一端靠近指南针，看看有什么结果。（粗针经过磁棒的摩擦，也变成一根磁棒了！）

• 一根经磁棒摩擦后的铁丝，被钳子剪成两段后，它是否仍有两极？再剪成两半呢？

• 用薄纸板剪一个"大脸"，并将"五官"做成活动式的（背后贴一只回形针）。完成后，将"大脸"固定在一个垫板上，幼儿拿磁铁在垫板下随意移动，观看五官的各种表情变化。也可按同样的方式画一座迷宫，让幼儿用磁力移动小汽车或人偶。

• 让幼儿剪裁塑胶片做一只小船，并别上一个回形针，然后将船放在盛水的浅盆上，用磁棒靠近小船约两三厘米处，慢慢移动，看看小船有何反应。或在玻璃杯内盛水，将小船放入后，用磁棒在杯底移动小船，并让幼儿实验：水的多少是否会影响磁力？

• 在一些竹筷上，各用棉线绑上三四个大头针或回形针，完成后将竹筷交错放在桌上。再将一垫板架在竹筷上方，然后用大磁棒在垫板上随意移动，看看回形针会有何反应。

• 让幼儿用竹筷、棉线、圆孔磁铁自制钓竿，再用纸板绘制小鱼，别上回形针，就可玩"钓鱼"的游戏了。

• 将竹筷立在一团纸黏土上（纸黏土晾干后，竹筷便可固定了），然后将两三个圆孔磁铁（直径比竹筷大），用同极相向的方式套在竹筷上。让幼儿压一下上方的磁铁，结果会是如何？为什么呢？

• 用小纸盒做成一节节"火车厢"，再在纸盒两端贴一磁铁片，就可以开火车了！

五、案例分析

案例 会翻跟斗的磁铁(大班)

【活动目标】

1. 探索磁铁的性质:磁铁的两端不一样。两块磁铁相碰,有时相互吸引,有时相互排斥。

2. 学习通过表格上的线索进行实验的方法,按顺序进行操作。

3. 讨论时能大胆地表达自己的意见。

【活动准备】

1. 经验准备:幼儿玩过磁性玩具,对磁铁的基本特性有所了解。

2. 物质准备:圆形磁铁(正极用红色表示,负极用白色表示),每人两个小隔板、磁力小车、记录表。

【活动过程】

一、激发幼儿兴趣。

1. 表演:教师表演"磁铁翻跟斗"的游戏。

教师出示磁铁和小盘子,表演游戏。

师:今天我准备了两块小磁铁,请你们看一个表演,我能让我的小磁铁翻跟斗。

教师表演"磁铁翻跟斗",引导幼儿观察磁铁是怎样翻跟斗的。

师:看看我的小磁铁是怎样翻跟斗的,你们想不想也来试一试?

2. 操作:幼儿进行操作,表达自己的发现。

幼:我的磁铁吸到一起啦!

幼:我的小磁铁翻起来了!

3. 讨论:小磁铁会翻跟斗吗?你还有哪些发现?

幼:我的小磁铁有的时候会翻跟斗,有的时候不会翻跟斗。

幼:我的小磁铁有时候会吸住,还有的时候大磁铁动,小磁铁也动。

4. 提问:两块磁铁上都有什么?(红颜色和白颜色)

教师演示磁铁不同的颜色朝向。

二、幼儿按照表格进行探索。

1. 介绍表格,提出问题。

师:表格上有哪些符号?这些符号分别表示什么?

师:可以做几次实验?第一次的实验怎么做呢?

教师总结:在表格中,问号表示猜测,"眼睛"表示看到的,先将自己的猜测记

录在问号下面,然后动手试一试,把自己看到的实验结果记录在"眼睛"下面。表格中的数字表示实验的顺序。

2. 幼儿操作,记下实验的结果。

操作要求:

(1)做一次,记录一次。

(2)用自己的方式记录。幼儿选择两种不同的标志记录即可,不要都是"√"和"×"。

3. 讨论实验的结果。

师:请你介绍一下实验的结果,在哪种方法中小磁铁能翻跟斗?

师:你在实验中有没有其他的新发现?

三、幼儿进一步探索。

师:如果将盘子拿走,两块磁铁放在一起会怎样呢?

幼儿通过实验发现:相同颜色碰在一起会翻跟斗,不同颜色碰在一起会吸住。

教师小结:原来磁铁的两端是不一样的,代表不同的磁力极。相同颜色(同极)碰在一起会翻跟斗,(异极)不同颜色碰在一起会吸起来。

$\boxed{\text{活动延伸}}$

教师提供磁力小车,提出新游戏要求:将磁铁放入磁力小车,幼儿的手和身体不能碰到小车,幼儿有什么办法让小车动起来?

$\boxed{\text{活动评价}}$

磁铁常被用于各种有趣的玩具,深受幼儿喜爱。活动通过"让磁铁翻跟斗"的小游戏,引导幼儿发现磁铁间存在相吸、相斥的现象。图表在实验活动中具有非常重要的作用,能否根据图表进行试验,将影响到幼儿的实验过程和结果。因此,教师首先要花费一定的时间讲解图表;同时在讲解过程中注意使用一些生动的语言,如"小磁铁会翻跟斗"等,调动幼儿探索的兴趣和动机。

(案例提供:南京市第一幼儿园 李金花)

第四节 声 音

一、基础知识

(一)声音的产生

声音是因物体的振动而产生的,正在发声的物体叫声源。

(二)声音的传播

1. 传播需要介质:固体、液体和气体。

2. 传播形式:声波。

3. 传播速度:声音的传播速度与温度、传播介质有关。温度越高,声音的传播速度越快;声音在固态物质中传播得最快,液态其次,气态最慢。在空气中(15℃)的传播速度为 340 米/秒。声音不能在真空中传播。

4. 传播实质:把声源的振动传播出去。遇到障碍物,声波将发生反射,形成回声。回声与原音的时间隔在 0.1 秒以上才能分辨出来。

(三)人的听觉

物体在 1 秒内振动的次数称为频率,其单位为赫兹。人类的听觉能力是有一定限度的,可以听到频率在 20 赫兹到 20000 赫兹之间的声音。据此,人们将低于 20 赫兹的声音称为次声波,超过 20000 赫兹的声音称为超声波。不同的动物,能够听到的声音的频率范围不同。

(四)声音的三个特性

1. 音调

我们感觉到的声音的高低叫音调。物体振动越快(频率越大),音调越高。

2. 响度

人们主观上感觉到的声音强弱叫响度。距离声源越近,振幅越大,响度越大。声音的响度用分贝来表示,分贝是声音大小的单位。

3. 音色

曾叫音品,是人们对音质的感觉。音色与发声体的性质、形状以及发声的方法等有关。

(五)噪声

人类是生活在一个声音的环境中,通过声音进行交谈、表达思想感情以及开展各种活动。但有些声音会给人类带来危害,例如震耳欲聋的机器声,呼啸而过的飞机声等。这些为人们生活和工作所不需要的声音叫噪声,从物理现象判断,一切无规律的或随机的声音信号叫噪声。噪声的判断还与人们的主观感觉和心理因素有关,即一切不希望存在的干扰声都叫噪声,例如在某些时候,某些情绪条件下音乐也可能是噪声。

环境噪声的来源有四种:一是交通噪声,包括汽车、火车和飞机等所产生的噪声;二是工厂噪声,如鼓风机、汽轮机、织布机和冲床等所产生的噪声;三是建筑施工噪声,像打桩机、挖土机和混凝土搅拌机等发出的声音;四是社会生活噪声,如高音喇叭、收录机等发出的过强声音。

二、核心概念

核心概念	基本科学概念或原理	具体的事实性知识	科学活动示例	核心探究能力
声音	声音是由物体的振动产生的。	敲打小鼓,小鼓能发出声音;摇动手铃,手铃会发出声音。	声音是怎么来的	观察
	许多物体能发出声音。	汽车鸣笛声、水流声、人的讲话声、动物的叫声、风声、门铃声等。	我们身边的声音	观察表达交流
	不同的物体能发出不同的声音。	厨房中的各种声音,如切菜声、炒菜声、搅拌声等等。	厨房音乐会	表达交流
	改变物体的振动方式,也会产生不同的声音。(有噪音和乐音之分)	将玉米种子放入盒子里,并用力地摇动盒子,会发出较大的声音;轻轻地摇动,则发出的声音较小。	我们来听听	观察表达交流
	我们可以听到一些声音,有些声音却听不到。	当别人大声说话时,我们能够很清楚地听到他们的说话声;当别人说悄悄话时,我们就很难听到他们说什么了。	声音的好处	表达交流
	在日常生活中,声音可以通过许多物体从一个地方传到另一个地方。	教师在活动室外面可以听到小朋友在说话;小朋友在教室里也能听到外面的鸟叫声;人们在钓鱼的时候保持安静,不让声音吓跑鱼儿。	挡不住的声音	预测与推断表达交流

三、教学策略

声音现象是与日常生活息息相关的内容,教学中教师应尽量设计一些简单、新颖和有趣的实验。这样有利于幼儿知识与技能的发展,会使全体幼儿都亲身经历实验的全过程,并在这种"经历"的基础上发展探究方法和情感态度与价值观。

声音是由物体的振动产生的,但声源的振动有时不太明显、不易观察。教学中可通过梳子、格尺、水杯、纸片、橡皮筋等物体的发声实验以及鼓面上或锣面上小纸片的跳动实验,让幼儿用眼观察、动手体验、动脑思考。这样收益会更大、印象会更深,也会使整个教学有悬念、有惊诧,更有成功的体验和欢乐。

声音能听到,但看不到,也摸不着,其传播要靠物质,这对幼儿来说很难理解。可通过幼儿制作土电话或对不同材料的传声进行比较,来了解声音只能通过物质传播,且在不同物质中传播的情况亦不同。声速概念不必涉及,但可介绍一些声音传播的应用。

关于声音的三要素,只要求幼儿能区分其大小和高低。活动中可通过"锯条振动发声""硬纸片拨梳子""皮筋琴""发音齿轮"等一些惟妙惟肖的土实验或发挥幼儿多才多艺的特点,让他们演奏各种乐器、演唱歌曲等,生动直观地探索出决定声音大小和高低的条件。

噪声影响人们的工作与生活,也损害人们的身心健康,是当今社会的四大公害之一。从环保角度出发,组织幼儿进行调查活动,通过比较各种声音,区分出乐声与噪声,了解噪声的危害和减弱噪声的方法,联系实际提高幼儿的环保意识,增强幼儿的现代公民应具有的常识,使自己成为一个有教养的人。

安全教育要时刻进行。通过这部分内容的学习,应使幼儿清楚知道:无限制地大声喊叫会损伤声带,保护耳朵十分重要,因此不能频繁地听过大的声音,以免损伤听力,也不要随便将异物放入耳朵,以免损坏耳膜;做发声实验时,注意不要过度地拉或弹拨绷紧的橡皮筋和琴弦,以免伤及眼睛和脸。

四、活动建议

活动主题:声音

⌈活动准备⌋

音叉、盛了水的大玻璃碗、手表、小石子、气球装水、漏斗、细铁线、吉他弦、棉线(上蜡)、辨音录音带与图卡、各种小乐器、日用品、布幔、木箱(抽屉)、纸杯、塑料杯、硬纸盒等废弃品、大红豆、小米、绿豆等颗粒状物品。

⌈区角活动⌋

• 引导幼儿利用各种器材,玩传音游戏。如将水管(或导管)套住漏斗,再用胶带封住衔接口,或将两个可乐瓶或纸杯底钻一小孔,然后用棉线(约两米长)及细铁丝两两相连,并在杯底各绑上一根牙签,再贴上胶带。完成后,请两人各执一个话筒,拉直管线后即可传话。幼儿可以比较一下哪一种材质的传音效果最好,也可将一个话筒固定在收音机的喇叭上(放小音量),然后手持另一个话筒,听听看会有什么效果。如果用手指抓住长线,声音便会中断!

• 分门别类录制生活中经常听见的各种声音,如交通工具、家用电器、动物的声音等,并绘制配对的图卡,让幼儿玩听游戏、找图卡的辨音游戏。

• 在一块布幔后,放置各种小件乐器和日常用品,如摇铃、响板、筷子、玻璃杯、纸盒、汤匙等。教师选一位幼儿在布幔后制造各种声响,让其他幼儿猜猜是什么声响。

材料及其性质

·将一根吉他弦的一端固定在木箱或木质抽屉上,让幼儿拨弦,实验如何控制声音的大小。另备一根木棒(制图用的三角尺更理想)让幼儿横架在木箱上,撑起音弦并随意移动位置,实验音的高低和音弦的长短有何关系。也可另绑一根弦于木箱上,但只固定弦的一端,另一端由幼儿自由向下拉紧或放松,实验音调的高低。在另一木箱上绑3—5根粗细不同的吉他弦(同样松紧度),让幼儿拨弦比较音调的高低会不会因弦的粗细不同而改变。

·引导幼儿利用硬纸盒、空罐、纸杯、木条等废弃品自制乐器。例如:

拿掉纸杯底部,罩上一张硫酸纸,用橡皮筋套紧,再在杯侧钻两三个小孔,将杯口靠近嘴边吹奏,听听它发出的声音像什么乐器。

在纸杯口的两侧各切一小刀,在刀口上套上一条橡皮筋,即可轻拨弹奏。也可以按同样的方式将数条橡皮筋,用不同松紧度绑在鞋盒上,弹奏不同的旋律!(如果再把鞋盒固定在木条上,就变成一把吉他了!)

将大红豆、绿豆、小米等装入玻璃瓶、塑料瓶或两只杯口相扣的纸杯内,把口封紧后,便做成了可摇出各种声调的沙铃。

将一张明信片大小的纸卡绕在笔管上,用胶带固定好后抽掉笔管,请幼儿压扁纸管的一端,便可吹"笛"了!

将两粒铜扣分别穿上一根约5厘米长的细线后,固定在一把圆扇的两侧,请幼儿双掌夹住扇柄来回搓动,有如玩拨浪鼓。

请一位幼儿将一只耳朵贴在桌面上,用手捂住另一只耳朵。然后教师在1米外的桌面上,将木条、海绵块与铁锅立起来,并轮流用铅笔敲打它们,请幼儿辨别哪一个声音最大,为什么?

五、案例分析

案例　怎么会有声音(中班)

活动目标

1. 知道纸振动能产生声音,各种纸振动产生的声音各不相同。

2. 通过观察和实验,分辨不同物体的声音,发展听觉分辨能力。

3. 注意保护听力,激发幼儿探索声音的兴趣。

活动准备

1. 不同的纸质材料若干:白纸、皱纹纸、卡纸、泡沫纸、涤纶纸。

2. 能振动发声的物品:纸盒、塑料盒、铁盒、橡皮筋、吉他、鼓等。

3. 教师记录表、录有声音的视频。

一、播放录音,激发幼儿探索声音的兴趣。

师:你听到了什么声音?这些声音是从哪里来的?怎么会有声音的呢?我们自己能不能发出一些声音?现在请你们自己来试一试,你能用什么东西发出声音?

二、探索用各种不同的方法让白纸发出声音。

1. 迁移经验,探索让纸发出声音的方法。

师:请小朋友们想一想,我们可以用什么办法让白纸发出声音呢?

2. 请幼儿动手操作。

3. 集体交流。

要求:纸都放在桌上,个体反馈的幼儿可以用纸演示。

幼儿个体反馈的同时,教师将课前准备的卡片贴在记录表格内,同时帮助幼儿总结方法。

4. 集体探索:为什么白纸会发出声音?

教师小结:在揉(拉、吹……)纸的时候,纸动了起来,所以它会发出声音。

三、探索不同的纸发出声音的不同。

1. 认识各种纸质材料。

师:老师还为你们准备了几种不同的纸,这种皱皱的纸叫皱纹纸;这种亮亮的纸叫涤纶纸;这种软软的纸叫泡沫纸;这种硬硬的,像卡片一样的纸叫卡纸。

2. 迁移"让白纸发出声音"的经验,使各种纸质材料发出声音。

师:请小朋友们用刚才让白纸发出声音的方法,让这些纸也发出声音。仔细听一听,这些纸发出的声音和白纸发出的声音是不是一样的?有什么不同?

3. 集体交流。

师:你拿的是哪种纸?用了什么方法?它发出的声音和白纸一样吗?有什么不一样?

4. 教师小结。

活动延伸

1. 教师准备了一些不同材料的盒子,如铁盒、纸盒、塑料盒,用各种方法让它们发出声音,比较它们发出的声音有什么不同。

2. 在区域游戏中投放不同的材料,让幼儿两两合作进行"听声辨物"的游戏。

活动评价

我们的周围充斥着各种各样的声音,在这个声音的世界里,有美妙的声音,也有令人烦躁的声音。但声音到底是怎样产生的呢?教师带着问题设计活动,让幼

197

材料及其性质

儿在操作、探索活动中,得知物体发生运动(振动)便会产生声音,将深奥的科学知识简单化、生活化,便于幼儿理解这一科学现象,建构科学知识的新框架。

(案例提供:南京市第一幼儿园　张灵)

第五节　光　影

一、基础知识

(一)光和颜色

1. 光的传播

光源是正在发光的物体,光的传播不需要介质。光在同一种均匀物质(固体、液体、气体)中是沿直线传播的。传播速度:在真空中最快,空气中次之,水中最慢。光在真空中传播的速度为 3×10^5 千米/秒。

2. 光的色散

白光是复色光,由红、橙、黄、绿、蓝、靛、紫七种单色光组成。

物体的颜色:透明物体的颜色是由透过的色光的颜色决定的。(其他色光被吸收)

不透明物体的颜色是由它反射的色光的颜色决定的。(其他色光被吸收)

白色物体可反射所有颜色的光,黑色物体则能吸收所有颜色的光。

(二)光的反射和折射

1. 光的反射

光从一种均匀的物质射向另一种均匀的物质时,会在两种物质的分界面上发生传播方向的改变,从而又返回到原先物质中的现象。光的反射定律:反射时,反射光线与入射光线、法线在同一平面内;反射光线和入射光线分居法线两侧;反射角等于入射角。

根据反射面的情况不同,反射又分为镜面反射和漫反射。漫反射使我们从不同的方向都能看到物体。光在反射时光路可逆。

2. 光的折射

光从一种透明介质射向另一种透明介质时,光的传播方向发生改变的现象。光的折射规律:光从空气斜射入水或其他透明物质时,折射光线、入射光线、法线在同一平面内,折射光线和入射光线分居法线两侧,折射角小于入射角;当光从其他透明物质斜射入空气时,折射角大于入射角。当入射角增大或减小时,折射角也随之增大或减小。

二、核心概念

(一)核心概念与具体概念

核心概念	基本科学概念或原理	具体的事实性知识	科学活动示例	核心探究能力
光	没有光就看不见任何物体。	夜晚,在漆黑的房间里我们能看见的东西很少。	光是怎么来的	观察
	生活中有很多会发光的物体。	手电筒、灯泡能够发光,太阳也是一个发光体。	我们身边的发光体	观察表达交流
	我们的眼睛是光的感受器。	白天我们可以看见许多物体,闭上眼睛,我们就什么也看不到了。	厨房音乐会	表达交流
	光在遇到障碍物之前是沿着直线传播的。	当我们把门开着时,可以看到门外面的小朋友,关起门来,就看不到了。	我们来看看	观察表达交流
	当光照射在不同透明物体上时(被遮挡),会形成影子。	中国民间传统游戏中的皮影戏;白天站在太阳底下,可以看到我们的影子;在灯光照射下,用手对着墙面可以做出各种动物的形状。	光的好处	表达交流
	光含有很多颜色。	小朋友平时玩吹泡泡,可以看到泡泡是五颜六色的。	五彩的泡泡	观察
	光的反射、折射、散射等会形成很多光学现象。	照镜子时我们可以看到镜子里有一个和自己一模一样的人;变化万花筒,可以看到好多好看的图案。	神秘的镜子,多彩的万花筒	观察表达交流

(二)儿童对光与影的认知

1. 儿童对影子现象的解释

皮亚杰将儿童对影子现象的解释划分为四个阶段。[1]

第一阶段(3—5岁)的幼儿认为影子是两种物体相互作用或介入的结果。一种来自内部,认为影子产生于物体自身;另一种来自外部,认为影子产生于树、黑夜和房间的角落等等。

第二阶段(6—7岁)的幼儿认为影子是源于物体本身的一种物质,是物体独自

---

[1] Jean Piaget. The Child's Conception of Physical Causality[M]. London: K. Paul, Trench, Trubner & Co. ltd. ,1930:180.

产生的附属物,没有特定的方向。

第三阶段(平均年龄 8 岁)的幼儿认为影子是物体的派生物,是一种把光赶跑了,而物体不得不把自己放在光源对面的派生物。

第四阶段(平均年龄 9 岁)的幼儿能够对影子做出正确的解释。

2. 儿童对光的概念的解释

雷纳等人归纳出幼儿对光的迷思概念主要表现在如下四点[①]:

第一,光是流动的,可以停下来。比如,儿童可能会认为,光照在墙上,会像水流到某个地方一样水会把流经的地方打湿,光也会在接触的地方留点光。如果用光照一张纸、一面镜,儿童可能会说镜子把光"发"回来了,但纸把光留在那里了(或光留在纸那里了)。

第二,光就像液体一样可以混合在一起。我们的日常经验是:当把两种颜色的东西混在一起时,会得到一种介于这两种颜色之间的颜色。比如,把红色的颜料和蓝色的颜料混在一起,通常会变成紫色。但对光来说,情况与此很不相同。儿童认识不到这种差异,他们通常会用液体混合的知识来解释不同颜色的光之间的相互作用。

第三,光与光的接触物之间会产生摩擦。他们会说,为什么光会随着距离的增大越来越弱呢?这是因为空气与光之间有一个摩擦力,这就使得光越来越弱,最后就什么也没有了。有的儿童认为,相同的光在黑夜会比在白天传得更远,那是因为光在白天传递的时候会有更大的摩擦力。

第四,光、颜色、影子等都是一个物体的某种内部属性。

3. 儿童对光与影认知的发展水平

德弗里斯详细地阐述了儿童认识影子现象的若干个发展阶段(水平)[②]:

水平 0:很少注意,甚至察觉不到影子。

当一个儿童被几次问及"那是什么"(影子)时。她没有反应。当笔者指着自己的影子,问她:"那是 Rheta 的影子吗?"她只是偶然地摸一摸,或者指着自己和玩具的影子。

水平 1:能意识到某些物体和影子的外形相似。

水平 1A:有限地意识到某些物体和它们投射的影子的外形相似。

儿童和影子的关系

---

① Miriam Reiner, James D. Slotta, Michelene T. H. Chi & Lauren B. Resnick. Naive Physics Reasoning: A Commitment to Substance—Based Conceptions. Cognition and Instruction[M]. 2000, vol 18(1):1—34. 转引自孙乘. 4—6 岁幼儿对影子现象的认知发展研究[D]. 长春:东北师范大学,2011(6).

② Kamii, C. & R. de Vries. Physical Knowledge in Preschool Education: Implications of Piaget, Theory Prentice—Hall[M]. Englewood Cliffs, New Jersey, 1978:39. 转引自朱家雄. 建构主义视野下的学前教育[M]. 上海:华东师范大学出版社,2009:103—106.

- 儿童注意到自己的身体与影子形状之间的相似性。

- 儿童不注意光的存在。

- 儿童把影子看作是某个物体的象征物。例如,当问一个儿童有关墙上影子的问题:"那是什么?"儿童不作回答,但当问他:"那是谁?"他回答:"Alan。"

- 儿童可能把影子看作是与自己无关的他人。例如,当一个儿童偶然地在墙上发现了自己的影子,他大叫:"他在那儿!"

水平1B:认为"物体—影子"与"物体—屏幕"间的因果关系都是由接近引起的。

物体和屏幕的关系

- 当物体靠近成像的屏幕时,儿童发现影子更多。儿童建构了一种因果假设,即只有当一个物体作用于另一个物体时,影子才会出现。于是,一个儿童为了让影子出现,不得不走近屏幕。

- 儿童没有意识到光源的存在是影子产生的一个因素。例如,当问一个儿童:"把灯关掉,影子会怎样?"他说:"影子还在。"

- 当影子没有出现或未形成期望的效果,儿童会认为影子没有遵守"接近的规则",物体的运动也没有发挥作用。由此,儿童往往会认为影子是独立存在的,并且具有单独行为的能力。例如,在一面被灯光照射着的墙(a)的对面是一面光线暗淡的墙(b)。一个儿童以为只需要靠近b,就能在b上制造一个影子了,结果当他发现b上面没有出现影子时,他埋怨说:"它(指影子)不过来。"再例如,一个儿童发现当他走到灯光的背后时,影子就没有了,说:"影子走了。它消失了。它到门外去了。它不在灯光里了。它也不在墙上了。"

水平2:意识到光源的作用。

水平2A:光是"物体—影子"和"物体—屏幕"关系的第三方。

- 儿童仍然认为物体和屏幕接近,或者认为物体的运动会形成影子。

- 儿童模糊地意识到光的存在是产生影子的一个因素。儿童不是把光—影子与物体整合起来考虑,而是关注房间里的灯光或影子周围的灯光区域这样的一般条件。例如,一个儿童看着灯,说影子是从灯光里来的,但当问他影子是如何从灯光里来的时候,他耸耸肩,说:"我不知道。"再例如,一个儿童说:"影子是由光做成的。"当问他影子是怎么来的时候时,他说:"我不知道……但影子确实是由光做的。光到处都存在,你走到哪儿,可以让影子跟到哪儿。"

水平2B:把光看作是特定的照明,并寻找解决现实问题的空间办法。

- 儿童意识到灯光的方向是决定影子在哪儿出现的一个因素,但是他们没有考虑光源和被照亮的区域之间的关系。例如,儿童说:"影子在那儿出现是因为有

灯光。"但是他们不能回答影子是怎么被投到墙上的。

• 通过对物体的试误操作,儿童偶然地在墙(W3)上制造了他们的影子。他们可能会想到移动灯光,照亮 W3,但他们不会站在灯光面前。他们仍没有意识到"灯光—物体"之间的关系,只是满足于被照亮的地方。

• 儿童依然相信即使没有看到影子,影子也是存在的,他们不会解释为什么影子有时在他们的身前,有时却在他们的身后。

水平 2C:儿童把光作为影子形成的积极因素。

• 儿童开始认为(有时)光在影子形成中发挥积极的作用。例如,"影子是由光形成的,只有光才能产生影子"。再如,"光照在你的身上,然后再把它反射回来"。

• 他们仍然相信看不见的影子继续存在,不能解释为什么影子有时在人的前面,而有时却在人的身后。

水平 3:空间关系的规律。

水平 3A:儿童从实践的感觉中发现了光源、物体和屏幕之间的空间关系。

• 他们能机械地感知,如何安排灯光和物体,以至在任何屏幕上都能产生影子。

• 不能理解或解释他们成功制造影子的原因。

• 没有意识到物体挡住光线的原因。例如,认为一个人身体的影子能"覆盖"手的影子。

水平 3B:儿童对空间关系概念解释。

• 儿童不需要身体操作,就能解释影子的形成是因为物体挡住了光线。例如,"影子是你走路的时候,你挡住了光线,在你挡住光线的地方就没有光线了,就变黑了,影子就形成了"。

• 儿童不能有逻辑地做出影子的出现是因为缺乏光线的结论。相反,儿童把影子看作是某种存在的东西,而不是消失的东西,儿童认为当看不到影子的时候,它仍然存在。例如,关于消失了的影子有这样的看法:"我的影子还在那儿,但是你挡住它了。""你正在妨碍我的影子。"

儿童缺乏影子暂存性的观念,他们认为,即使你看不见影子,它还是存在的。例如,相信影子"总是和你在一起的,只不过你不能一直看见它"。

水平 4:有关影子暂存性的推绎。

• 儿童不再认为影子具有任何的物质材料属性。

• 儿童有了一些关于影子暂存性的逻辑条件的推绎感觉,例如儿童考虑到光是一个人能看见自己影子的必要条件。例如,"如果你看见光,影子就在,如果你没看见光,影子就不在。""如果有一点点光,还是会有影子的。"

三、教学策略

(一)追随幼儿的兴趣,注重科学的启蒙

幼儿自出生以后,就对千姿百态、五光十色的大千世界充满好奇,在他们的头脑中充满了疑惑,他们想知道的东西太多了。再加上幼儿天性好问好动,常常会提出一些稀奇古怪的问题,做出令人不解的举动。如果成人敷衍了事,或置之不理,或阻止斥责,无形中就扼杀了幼儿科学探索精神的萌芽。例如,有一次稼稼指着天花板上的一个亮点对我说:"小琳老师,快看,太阳宝宝在墙上。"他的话引起了我和其他小朋友的注意。我们顺着稼稼手指的方向望去。果然在天花板上看见了一个圆圆的亮点。大家兴奋地叫着:"小太阳,小太阳。"阿予说:"小太阳在动呢。"菲菲问:"这个小太阳是从哪里来的啊?"这时我发现原来是袁老师手中的不锈钢盘子在太阳的直射下反射到天花板上。看到幼儿对亮点表现出的极大兴趣,我抓住时机告诉他们:"这是太阳宝宝来我们教室做客啦!它还有许多好朋友,我们一起邀请它们进来玩好吗?"大家一个劲儿地点头说好。我发给每个幼儿一面镜子,让他们把镜子放在阳光下。这下可热闹啦!宝宝们纷纷拿起镜子玩了起来,一场探索"如何让太阳宝宝进教室"的活动就由此展开了⋯⋯可见,幼儿与生俱来的好奇心是他们兴趣的原动力,更是他们求知、探索、创新的动力。

(二)指导幼儿在探究活动中运用粗浅的统计知识记录和表达

例如,我们发现幼儿对身边的影子十分感兴趣,抓住这个特点,教师生成探究活动,让幼儿用手电筒去探究小球影子的秘密。在探究过程中,他们观察到小球的影子一会儿在球的下面,一会儿在球的左边,一会儿又在球的右边;有时候影子很长,有时候影子又很短;手电筒动,影子就跟着动等等。我们尊重幼儿的点滴发现,因为这能激励他们进行更执着的探索。经过多次实验后,一些幼儿拿起笔在纸上零星地画着自己所发现的现象:有的幼儿在一个圆圈旁边又画了一个长方形表示手电筒;有的在表示手电筒的图形前面画一条一条的短线表示灯泡在发光;有的在小球的旁边画上黑色,表示球的影子。如果影子长,黑色部分就画长一些(从这里可以看出,幼儿能发现问题并有解决问题的内在愿望)。面对如此多的信息,幼儿表达起来很零乱,抓不住主要的东西,难以寻找规律。此时幼儿迫切需要有一种方法来帮助他们抓住主要的信息,并进行梳理(实际上,在教学中幼儿及教师都有这种梳理信息的需要)。教师应及时抓住这一契机,引导幼儿运用统计的方法来表达。通过教师的及时引导,幼儿将自己发现的影子与手电筒的光源关系以记录的形式表达:

材料及其性质

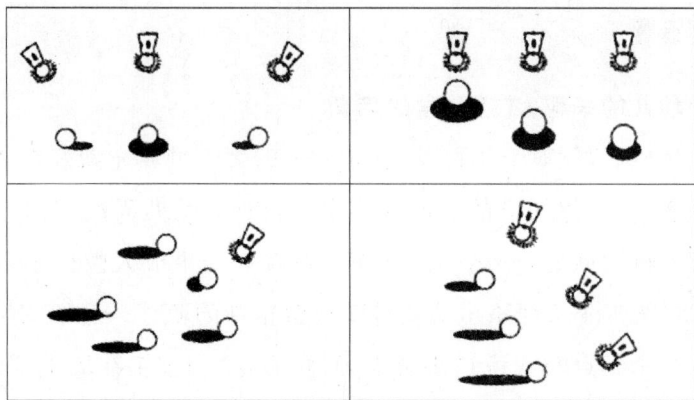

图 8-2　用手电筒探究小球影子的秘密

幼儿看了这些记录信息后思维清晰了,寻找到影子与手电筒的关系了,很快找出了影子变化的规律,说起来也有条理了。

四、活动建议

活动主题:光与影

活动目的

幼儿将探索有光和缺少光的不同情况,制造影子并探索自己和物体的影子。

教师准备

1. 研究。

阅读幼儿对影子的推理阶段研究。用各种光源,如太阳、手电筒、教室天花板上的灯、透明投影仪、幻灯放映机和透写桌做试验。为了取得不同的效果而选择最合适的光源。在晴朗的日子观察不同时间里的影子。确定所需的、可用的和补充灯光以及一天中最适合观察操场上和教室中的影子的时间。

2. 问题。

幼儿意识到他们自己的影子了吗? 他们对利用不同的光源来理解自己的影子感兴趣吗? 在每天的这个时刻天气是否晴朗?

3. 收集材料。

手电筒、透明投影仪、幻灯放映机、透写桌、照相机和从电器商店购买的附带材料、内侧涂黑的大盒子、幕布或白色被单、过滤器、花式桌布、方形的缎带和其他半透明材料的织品。此外还可加上标签板、压舌板和制作皮影木偶的遮蔽胶带。

4. 制作方法。

要同时使用黑盒子和手电筒来探索影子,用影偶剧院为影偶的表演提供舞台和材料。

5. 技术。

数码照相机、透明投影仪、幻灯放映机。

活动过程

1. 探索。

探索影子是物体被光阻挡的结果这个概念。幼儿既可以在室内也可在室外探索这一现象。教师以在室内使用幻灯机作为开始,将光透射在空白的墙上或白色被单上。幼儿可以通过改变自己的身体与光源和幕布之间的距离,探索如何使他们的影子变得时高时矮,时大时小。

幼儿还可以检验用杖头木偶形成的影子。尝试做一个木偶,用上面的洞代表眼睛,并画上图案,用裁剪出的形状代表其他部分。

2. 识别。

在晴朗的日子里识别室外的影子。让幼儿找到一个影子,并识别是什么东西挡住光而形成了影子。

教师分别为幼儿拍摄有影子和没影子时的照片。和一个小组的幼儿共同研究照片,看看他们能否只看表现幼儿影子的照片,就说出那个幼儿的名字。

3. 分类。

在一个房间里,用来自不同方向的光源做实验。分别在打开和关闭顶灯的情况下比较房间里的光。添加一个可以安放在不同地方,例如天花板、窗户和房间的一个暗角落的夹合式小灯(为安全起见,要把灯放在儿童够不着的地方)。分别试验能阻挡光和能透光的物体,尝试探索雨伞、围巾、大张干净的半透明塑料、大张海报纸板或卡片纸板,也可对桌布、雪花图案、缎带以及透明和不透明的织品进行探索。从这些经历中,幼儿可以获得对能形成影子和不能形成影子的物体的基本认识。列出一张关于能透光和不能透光的材料清单,在阳光下尝试这些材料并比较结果。

在室外时,让幼儿参与跟随和引导影子的游戏,由此来探索影子。是什么让影子改变了自己的形状?比较教师和不同幼儿的影子。观察清晨、中午和下午的影子。寻找晴天、阴天和雾天的影子。记录关于"发现影子"的班级日志。在晚上,请幼儿一家在室内和室外寻找幼儿的影子。请家长和幼儿把他们的发现填写在一张简单的图表上,并添加到编辑过的影子目录上。

4. 比较。

在室内使用黑盒子。幼儿可以比较从盒子内外分别看到的手电筒发出的光,然后可以尝试使用过滤器和不同材料,观察它们是否能形成不同的光影图案。

5. 对比。

教师使用一个强光源(例如幻灯机),和一些幼儿一起把一张纸贴在空白墙上,让他们安排一名幼儿的位置,使其影子能在纸上出现。连续几天做这项实验,

材料及其性质

使幼儿都拥有将影子变大或变小的经历。在某个时刻,幼儿或成人可以在一张大纸上画出其他人的影子。

通过透明投影仪,幼儿可以用小的物体,如微型动物塑像做实验,在幕布上认识它们的轮廓。幼儿也可以调查其他物体或自己剪裁物体。

6. 假设。

在室外向幼儿提出某些问题。例如:如果是阴天,你的影子在哪儿? 如果是晴天,你的影子在哪儿? 当你走进室内时你的影子去哪儿了?

7. 归纳。

在室内,教师可以打开光源进行提问、实验,然后总结:如果想让自己的影子变大,我可以站在这里;如果我想让这个物体的影子变小,可以把它们放在这里。

要求幼儿向父母或其他来访者解释影子形成的原因,以及如何改变它们。建一个影偶剧院,请幼儿在舞台上放大或缩小影子。

活动延伸

家长和幼儿一起在夜晚观察影子,也可以做影子游戏,加深了解影子形成的原因。

午后,选择室外一块地面平滑的地方,让一名幼儿在另一名幼儿站立时,用彩色粉笔画出后者的影子。教师问他们如果正在画画的幼儿跨过影子,会发生什么事? 让幼儿试一试躺在描绘出的影子的轮廓上,他的身体和地面上的轮廓大小是否一样? 如果站着的幼儿走动或坐下时影子会发生什么变化?

五、案例分析

案例　影子(大班)

活动目标

1. 知道什么是影子,初步了解影子形成的条件。

2. 推测并验证各种蝴蝶的影子,初步理解影子的成因是物体阻挡光线形成的。

3. 能用语言表达自己对影子的认识,并注意倾听同伴的发言。

活动准备

1. 经验准备:幼儿有猜测、观察记录的经验。

2. 物质准备:三人一组,每组三种蝴蝶图片(有画花纹的、有粘贴花纹的,有镂空花纹的);一个手电筒、一个纸盒;每人一张记录纸、一支笔。

活动过程

1. 教师通过谈话,了解幼儿对影子的已有经验。

师:小朋友,你们见过影子吗? 你知道影子是什么样的吗? 怎样才能看到影子?

2. 通过操作观察蝴蝶的影子,初步了解影子产生的条件。

(1)教师出示一张蝴蝶图片,提问:怎样才能看到蝴蝶的影子?

(2)幼儿讨论找蝴蝶的影子需要哪些材料。

(3)教师请幼儿三人一组自由结伴,为其提供手电筒、纸盒、蝴蝶图片,幼儿探索找出蝴蝶的影子。

教师指导重点:三人一组轮流操作,找到蝴蝶的影子,比较蝴蝶图片和影子的特点。

(4)幼儿交流找影子过程中的发现。

师:你找到蝴蝶的影子了吗? 你是用什么方法找到的?(幼:电筒的光要对准蝴蝶图片照。)

师:蝴蝶的图片和影子有什么特点?(幼:图片上有漂亮的花纹,影子是黑黑的,只有蝴蝶的轮廓。)

3. 推测并验证各种蝴蝶的影子,理解影子是物体阻挡光线形成的。

(1)教师出示花纹分别用镂空、绘制、粘贴的形式制作的蝴蝶图片。

师:三只蝴蝶一样吗? 哪里不同? 你觉得它们的影子可能会是什么样的? 把你的猜测记录下来。

(2)幼儿记录三种蝴蝶图片可能会出现的影子图。

(3)实验观察三种蝴蝶的影子。

教师指导重点:三种蝴蝶的影子有什么不同? 和你猜测的一样吗? 哪里不一样? 把你的发现记下来。

(4)分享交流实验的结果。

师:请你介绍自己的猜想和实验的结果。 你把哪种蝴蝶的影子说错了,为什么会错? 你现在知道画上去的、贴上去的和镂空花纹的蝴蝶出现的影子有什么不同吗? 想一想为什么。

4. 师生共同小结每种蝴蝶影子的特征。

活动延伸

关于影子的活动,我们虽然不要求幼儿知道影子形成的原理,但是找影子的过程中有很多有趣的现象可以让幼儿通过操作观察发现。例如:感知光线、物体和影子三者之间的关系。影子活动——会移动的影子,让幼儿通过变化光线的方向,移动影子。

温馨提示

在用手电筒玩找影子游戏时,要教育幼儿不要用手电筒照自己的眼睛,也不要用手电筒照别人,以免伤害到自己或他人。

材料及其性质

影子是生活中一种常见的光学现象，是由于可见光在直线传播中，不能穿过不透明物体而形成的投影。幼儿在生活中发现影子的机会很多，对影子有着各种各样的感受，他们有的喜欢踩影子，有的喜欢找影子，有的喜欢做手影，在玩的过程中幼儿对影子有一些零散的经验。但是影子有什么特点，物体和影子之间有什么不同，幼儿缺乏深入的思考。在影子教学活动中，让幼儿通过具体的操作、发现、交流、讨论，帮助幼儿进行整理，从而对影子有较为清晰的了解。

（案例提供：南京市北京东路小学附属幼儿园　王树芳）

案例　蝴蝶的影子（大班）

活动目标

1. 在了解影子的颜色、形状的基础上，进一步探索并感知影子是由于物体遮住光线而形成的科学原理。

2. 在进行游戏"影子变变变"时，愿意用多种方法大胆尝试，感受影子的变化。

3. 通过同伴合作，体验探究影子的乐趣。

活动准备

1. 经验准备：玩过影子游戏，知道光线和影子之间有密切的关系。

2. 物质准备：（适合剪的）剪刀压花器，（适合贴的）双面贴、胶棒、纸，不同轮廓的蝴蝶 16 个，手电筒 8 个，压花器，空纸篓，剪刀等。教师示范用纸制蝴蝶 2 只，4 只猜测蝴蝶，投影仪、花园背景图等。

活动过程

一、观看影子的视频，了解影子的基本特征。

师：今天老师给你们带来了一段有意思的视频，我们一起来看一看吧！看到小动物了吗？这些小动物都是真的吗？那是什么？（不是，影子）是用什么做出来的？（用手做出来的）

二、观察影子，对应找蝴蝶，感知影子的形成。

师：很多东西都有影子，看看我带来了谁的影子？（出示一只有镂空图案的和一只没有镂空图案的蝴蝶）它们的影子一样吗？

幼：不一样。

师：哪里不一样？

幼：翅膀形状不一样，一个是圆形的翅膀，一个是长方形的翅膀。

幼：一个有洞，一个没有洞。

师：这个洞我们叫作镂空，这个镂空的部分是什么形状？

幼：是圆形。

师：我们把它叫作圆形镂空。这两个影子到底是哪只蝴蝶的呢？老师这里有4只蝴蝶，分别是1号、2号、3号、4号。请你猜一猜，这两个影子是哪两只蝴蝶的，你可以和好朋友一起猜一猜。

师：好了吗？先猜有圆形镂空的影子是几号蝴蝶的？为什么？

师：你们都同意吗？那下面这一个没有镂空图案的影子呢？

幼：它是3号蝴蝶的影子，虽然3号有图案，但是没有镂空，光照不过去，影子还是黑色的。

师：为什么不选择1号呢？因为1号的影子也是黑色的啊。

师：你们为什么不选择4号呢？我觉得4号和这个的影子形状一样啊。

幼：因为它身上有长方形和三角形，而蝴蝶的身上就没有。

师：原来小朋友是从花纹、镂空和外形来观察的。

师：你们猜得对不对呢，我们请小朋友来用投影仪照一照吧！（两位幼儿验证2号和3号，教师拿1号和4号。）

师：原来影子的形状和蝴蝶一样。蝴蝶有镂空，影子也有镂空。

三、玩"影子变变变"的游戏，感知物体遮挡光线形成的影子。

师：你们的桌子上有许多蝴蝶，老师想请你们将它们的影子变一变。把没有镂空的变成有镂空的。如果我想把3号蝴蝶的影子变成有圆形镂空的，怎么办？

幼：在蝴蝶身上剪出圆形的镂空。

师：那有镂空的蝴蝶变成没有镂空的，怎么办？

幼：将其他材料贴在镂空的部分。

师：怎么知道影子有变化呢？老师为你们提供了盒子和手电筒。两个人合作，把盒子拿起来，拿起蝴蝶照一照，看看有没有变化，做法有没有成功？

师：在活动过程中要注意：第一，运用剪刀注意安全；第二，剪下来的废旧材料放在纸篓里面，保持卫生；第三，注意轻拿轻放手电筒。可以先开始设计你们喜欢的蝴蝶图案！

四、交流实验结果，欣赏制作的成果。

师：我刚刚发现了许多美丽的影子。谁愿意和我们分享一下？

幼：我选择的是一只有洞的蝴蝶。我用纸片把它粘住，结果变成黑色的影子了。

幼：因为纸片把光线堵住了，光线就过不去了。

师：谁还愿意与大家分享？（选择一只不镂空的变成镂空的。）

幼：我选择的工具是剪刀，我按设计的数学图形剪裁，影子便出现了数学图形。

师：小朋友都当了一回影子的设计师，变出了美丽的影子。

五、出示彩色的影子。

师：你们刚刚做出了漂亮的影子，我也做了一个。看看我的和你们的一样吗？

材料及其性质

幼：不一样，是红色的。

师：为什么出现红色的呢？你们不是说影子是黑色的吗？到底是怎么回事呢？下次我们再来探秘吧。

活动评价

这是一个关于"影子"的活动，在这个活动进行之前，幼儿已有初步的关于影子的知识经验。活动设计比较巧妙，将幼儿所要习得的知识经验蕴含在有趣的游戏活动中，层层递进，激发幼儿的探索欲望和学习兴趣。幼儿从众多的蝴蝶中找到了和屏幕上的影子一致的蝴蝶，初步了解了蝴蝶的特征和其影子之间的关系。教师提供的蝴蝶在外形、花纹和镂空图案上有所不同，这不仅有助于激发幼儿参与活动的兴趣，同时也有助于幼儿在活动过程中观察和发现不同外形、不同图案的蝴蝶有不同的影子，进一步感知影子是物体遮挡了光线而形成的这一原理。活动中有同伴猜测、集体合作等方式，能够促进幼儿合作能力的提升，同时也使他们体验到合作的快乐，从而观察同伴的影子和自己影子的不同。

（案例提供：南京市第一幼儿园　李金花）

案例　神奇的软镜(中班)

活动目标

1. 探索、发现软镜弯曲后照出的有趣镜像。

2. 通过操作、游戏发现有趣的变化，并用简单的方法记录下来。

3. 积极参加探索活动，敢于表达自己的想法。

活动准备

大的哈哈镜四面、软镜每人一面，记录表每人一份、幼儿有玩过平面镜的经验。

活动过程

一、幼儿照哈哈镜，发现哈哈镜可以照出不一样的自己。

1. 幼儿自由照哈哈镜。

师：你变成什么样子啦？你有什么发现呀？四面镜子都试过了吗？你蹲下，看看有什么变化。

2. 讲述自己在哈哈镜中的变化。

师：刚刚照镜子时你们为什么笑得这么开心啊？镜子里的你怎么了？你有什么发现？

二、自由玩软镜，交流自己的发现。

1. 出示软镜，激发幼儿参与活动的兴趣。

师：我这还有一样宝贝呢！这可不是普通的镜子哦，它是一面神奇的镜子，叫作软镜。

2. 幼儿自由探索、发现。

师:请你们一会儿拿出软镜弯一弯、照一照、看一看,在镜子里会有什么发现? 可以把你发现的和旁边的小朋友说一说哦!

3. 交流自己的发现。

师:谁来说一说自己有什么发现? 谁有不一样的发现呢?

三、画图记录,镜子里的发现。

1. 用绘画的形式记录自己的发现。

师:请你们一边看,一边把自己的发现画下来。有一个发现就画一个,有两个发现就画两个,要把你的发现都画下来哦!

2. 交流自己的记录。

师:我们一起来看看小朋友的发现,这是谁的呀? 跟大家说一说,你画的是什么?

总结:镜子的形状一变里面的东西也会变,弯一弯,会有各种各样的变化。

四、游戏"有趣的哈哈镜"。

进一步感知哈哈镜里的变化,并了解其中的秘密。

师:哈哈镜有没有变化? 你们想不想再去照一照哈哈镜? 这次照的时候请小朋友用小手从上到下轻轻地摸一摸,看看有没有新的发现?

| 活动评价 |

在日常生活中,幼儿大都有过照哈哈镜的经历。有趣的镜像变化很好玩,但其中的成像原理却是十分深奥的。为了让幼儿明白其中的科学现象,本次活动利用软镜可以弯曲的特性,使幼儿通过操作、探索,发现软镜弯曲后的镜像变化,了解哈哈镜的成像原理。

活动开始由哈哈镜导入,最后再由哈哈镜结束,使幼儿知道科学现象来源于生活,又回归生活,只要留心发现,生活中的方方面面都体现着科学。就如同看似深奥的哈哈镜成像原理,其实就和软镜一样,镜面弯一弯、变一变,里面的镜像就会有不同的变化。

(案例提供:南京市第一幼儿园　张灵)

第六节　电

一、基础知识

(一)导体和绝缘体

容易导电的物体叫导体,不容易导电的物体叫绝缘体。日常生活中,我们使

用的铜芯电线，中间的铜是导体，外面的塑料是绝缘体。注意导体和绝缘体具有相对性：其一是导体和绝缘体都是相对的，它们的区别是导电能力的大小，或者说"是否容易导电"，不能认为导体是导电的物体，绝缘体是不能导电的物体；其二是物体的导电能力与它的条件、状态有关，当物体的条件、状态发生变化时，它的导电能力也会发生变化，原来是导体的物体可能变为绝缘体，原来是绝缘体的物体也可能变为导体。

（二）形成电流的条件

在不同阶段所形成电流的条件有所不同。电流形成的条件有两个：一是电路中有电源；二是电路是闭合的。

在电路中，电源起着"能量转换"的作用，它把电路中的其他形式的能量转换为电能，并推动电路中的自由电荷做定向运动，从而形成电流。通常电路中的用电器也起"能量转换"的作用，只不过它是将电能转换为其他形式的能量。

电路在闭合时才能够形成一个电荷运动的通路，自由电荷沿闭合电路运动。如果电路没有闭合，就好像水渠没有连接一样。例如，当开关断开后，电路被"截断"，自由电荷就不能在这个被断开的电路中做定向运动。

图 8-3　断开电路　　　　　　图 8-4　闭合电路

（三）电路的串联和并联

电路的连接方法，主要有串联和并联两种：图 8-5 所示电路中，电源、开关、两个小灯泡串接在一起，这种连接方法称为串联；图 8-6 所示的电路中，两个小灯泡各自与开关串联，然后再并排连接在一起，这种连接方法称为并联。

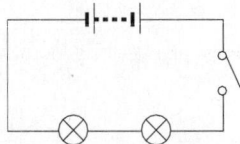

图 8-5　串联电路　　　　　　图 8-6　并联电路

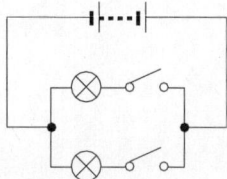

1. 串联电路

串联电路中的各元件是通过导线逐个顺次连接的。该电路的特点是：通过各个元件的电流大小相等。如果电路中的某处被断开，电路就被"截断"，整个电路都没有电流。

　　开关就是利用串联电路的这个特点制作的。当电源关闭，开关断开时，电路处于断开状态，与它串联的各个元件均没有电流通过。

　　2.并联电路

　　并联电路中的各元件是并列连接的，电路的并联部分有两个或多个通路。该电路的特点是：通过并联部分时，电荷沿各支路分开移动，通过各支路的电流之和等于通过干路（没有分开的电路）的电流。如果电路中的某个支路被断开，那么这个支路被"截断"没有电流通过，而其他支路不受影响，该电路仍然能够正常工作。日常生活中，常见家用电器都是并联的关系，它们分别由各自的开关控制。无论是接通还是断开哪个电器的电源，其他电器都不受影响。

二、核心概念

核心概念	基本科学概念或原理	具体的事实性知识	科学活动示例	核心探究能力
电	电池中能够产生电能，在电路中通过电器可以转化为光、热、声和机械能。	把电池放入手电筒里，手电筒就能发出亮光；插上电源，打开开关，就可以看电视、吹空调等。	有用的电	观察
	生活中有各种各样的电池。	有些电池用完了就没用了，有些电池用完了还可以充电继续用（手机电池、蓄电池）。	我们来收集电池	表达交流分类
	电有各种各样的用途。	手机需要电才可以用，家里的电器需要电才可以正常工作。	哪里需要电	观察
	有些物体在相互摩擦的过程中会产生静电现象。	在干燥多风的秋天，晚上脱衣服时能听到噼啪的声响，有时也能看到亮光；用梳子梳头时，头发会被梳子吸住；笔杆在衣服上摩擦一会儿，可以将小纸屑吸住。	身边的静电现象神奇的笔杆	观察表达交流
	电可以通过导线传送。	工人建房子时要安电线；家里的电器上都带有电线。	电线本领真大	表达交流
	电池用完后会产生有毒物质。	废旧电池对环境是有污染的。	做个环保卫士	观察表达交流

三、活动建议

案例　我的手指会放电（大班）

设计意图

　　幼儿通过探索发现不同的东西相互摩擦，就会产生静电，初步了解导体和绝缘体。

材料及其性质

活动准备

玻璃杯、泡沫塑料、金属蛋糕铲、木条、塑料吸管、铁片。

活动过程

1. 小手动一动。

(1)取出一个干燥玻璃杯,在上面放一块摩擦而带电的泡沫塑料。

(2)把金属蛋糕铲放在玻璃杯上面。

(3)用手去接近蛋糕铲的手柄,会出现什么情况。

2. 小眼睛看一看。

(1)用木条替换金属蛋糕铲重复上面的实验,观察变化。

(2)用塑料吸管替换金属蛋糕铲重复上面的实验,观察变化。

(3)用铁片替换金属蛋糕铲重复上面的实验,观察变化。

3. 填写实验记录表。

表 8-1　实验记录表

操作材料	金属蛋糕铲	木　条	塑料吸管	铁　片
猜想结果				
实验结果				

4. 开动脑筋想一想。

只有在手指接触金属蛋糕铲和铁片的实验中,才会冒出微小的火花来。手指之所以能带上电,是因为通过用毛料布摩擦,使泡沫塑料带上了负极电子。同样的电极相互排斥,金属蛋糕铲上和铁片上原有的电流全部集中到手柄尖端,在那里出现向手指放电的现象。

活动延伸

把一张圆盘形铁皮板放置在一个干燥的玻璃杯上,用毛料布使劲摩擦一个吹起的气球,放在铁板上,用手指去接近铁板边缘,就会冒出微小的火花来。

五、案例分析

案例　怎样让小灯珠亮起来(大班)

活动目标

1. 初步认识操作材料(电线、铜丝、铁丝、棉线、塑料线)的特征,了解并能区分它们的导电性。

2. 尝试调动已有经验进行思考和猜测,并能通过实验寻找答案进行记录。

3. 大胆尝试,体验探究的乐趣。

活动准备

1. 经验准备:幼儿玩过接灯珠的游戏,知道电池的基本特征,了解让灯珠亮起来的安装方式。

2. 物质准备:

(1)操作材料每人一份:电池一节(放在椅袋中);灯珠五组。(分别与电线、铜丝、铁丝、棉线、塑料线相连,放在篓子里。)

(2)幼儿记录纸、笔。(放在布袋中)

(3)集体记录用的统计表。

活动过程

一、提供材料,回顾操作方法。

1. 出示材料。

(1)教师出示操作材料,回顾上次实验操作。

师:上一次我们做过让小灯珠亮起来的实验,你们成功了吗?

(2)教师请幼儿介绍方法。

师:怎样做才能让灯珠亮起来?请你说说看。

2. 请个别幼儿示范如何操作。

师:谁愿意给大家做个示范,帮助我们回忆一下实验的方法。

幼儿示范如何接线,帮助大家回忆实验方法。

3. 教师总结操作要领:(1)对好正负极。(2)手要按紧电池的两端。

师:小灯珠和电线要分别对好电池的正负极,而且电池的两端都要按紧,保持良好的接触。

二、提供不同的材料,进行猜测实验。

1. 认识各种材料(电线、铜丝、铁丝、棉线、塑料线),并猜测。

(1)请幼儿拿出材料,仔细观察,教师分组了解幼儿情况。

师:老师收集了一些线,请你看看这些都是什么线。

幼:我找到铁丝了。

(2)明确材料名称,并通过集体验证的方法,检查幼儿是否认识各种材料。

2. 出示记录纸,幼儿记录猜测内容。

师:你们觉得这些线分别与小灯珠相连,小灯珠能亮起来吗?这里有一张记录单,你们每个人也都有一张,请你拿出来看一看。在左边一栏是各种线的名称,在小问号下面记录你猜测的结果。

材料及其性质

3. 交流记录表。

教师集体展示幼儿的记录表，讨论幼儿猜测的结果，肯定幼儿不同的表述方式。

师：我发现小朋友记录的方式都非常有趣，一起来看看。

三、幼儿操作实验，并记录实验的结果。

幼儿尝试使用各种材料进行实验，教师提示幼儿注意：

（1）轻拿轻放，爱惜各种材料。

（2）及时记录，实验一次记录一次。

（3）每种材料都试一试，用过后放回原处。

（4）记录完将记录表交给教师，教师将表格展示在黑板上。

表 8-2　实验记录表

各种线状材料	猜一猜是否导电	试一试并记录结果
1.电线		
2.塑料线		
3.铁丝		
4.线绳		
5.……		

四、交流与讨论。

1. 幼儿介绍自己的发现。

师：请你说说看，在实验中，你发现哪些线可以让小灯珠亮起来？

2. 教师出示集体统计表，进行统计。

师：我们来做个统计，用电线使小灯珠亮起来的一共有几个小朋友？用铜线使小灯珠亮起来的一共有几个小朋友？

师：通过实验，我们发现电线和铜线是可以使小灯珠亮起来的，而塑料线和毛线是不能使小灯珠亮起来的。

3. 师生相互提问、交流。

师：在实验中，你还有什么疑问吗？

活动延伸

在班级的科学区域中，提供电池和灯珠，并请幼儿收集其他各种不同的线进行尝试，拓展幼儿的科学经验。

与电池有关的活动,幼儿一直乐此不疲。在不断的实验中,他们感受到"电"的神奇。活动重点在于探索各种不同的线,哪些线能让小灯珠亮起来。因此,在活动实施的前期,教师要帮助幼儿积累电池和连接小灯珠的经验。如:哪里有电池,电池是什么样子? 怎样让小灯珠亮起来等,帮助幼儿积累经验。在此次活动中,重点在于比较探索,引导幼儿发现不同线的特征。

(案例提供:南京市第一幼儿园 李金花)

第九章 工具及设计技术

在科学探究活动中,通过让幼儿使用简单的工具,可以帮助他们理解工具的用途,逐步掌握使用工具的方法,积累更丰富的知识经验;通过工具的使用,还可以直接促进幼儿视觉、触觉、听觉及感知觉的相互间的协调与发展,在获取直接的操作体验过程中,既提高他们的操作技能,又强化他们对科学经验的认识。

一、核心概念

(一)使用工具对幼儿发展的作用

能够制造和使用工具是人类的重要特征之一。幼儿在很小的时候就对操作和摆弄工具感兴趣了,他们最早接触和使用的工具是小勺、小桶、小铲等。在进入幼儿园以后,教师要给幼儿提供更多与科学探究有关的工具,这样可以帮助幼儿更加精确和细致地认识周围的世界。教师可以为幼儿提供温度计、尺子、天平、起子、锤子、剪子、较粗的针、放大镜、试管,以及各种容器、漏斗、筛子、钉子、小锯等用于帮助幼儿观察、测量和制作的各种工具。幼儿通过了解和使用这些工具可以获得以下认识:

1. 工具可以帮助人们收集更多的、精确的信息,通过它可以更精确地观察细节,更精确地测量,看到肉眼无法看到的东西。

2. 工具可以帮助人们做东西,一些东西没有工具就无法做出来。(如连接车厢或安轮子打眼。)

3. 每一种工具都有其特殊的用途,学着根据探究的需要选择恰当的工具。

幼儿在认识和使用这些工具时,经历了从摆弄到恰当选择的发展过程。在幼儿最初接触这些工具时,他们只是对工具本身感兴趣,他们乐于摆弄和尝试使用各种工具。由于他们对这些工具的用途一无所知,所以他们常常用"非凡"的方式使用这些工具,按自己的需要和想象赋予它们功能。

逐渐地,他们发现了每种工具似乎更适合于做某些事情,但他们还不是很清楚。比如,教师给幼儿提供勺子、漏勺、小筐(有窟窿的和没有窟窿的两种)、鱼虫、沙子,以及一次性饭盒、塑料盆等各种工具,让幼儿把撒在沙子中的黄豆和大米筛分出来。

他们会积极地频繁更换所用的工具,挨个尝试。这表明他们对摆弄、使用这些工具本身产生兴趣和热情,都要经过试误这一过程。随着年龄的增长和经验的丰富,幼儿才能够更精确地了解到这些工具的用途,并能选用恰当的工具探究和解决问题。

(二)工具活动中的科学概念分析

1. 核心概念一

(1)机械和工具能改变用力的大小或方向,方便人们的工作。

(2)不同机械的结构和功能是相适应的。

2. 具体概念

(1)常用的工具

我们广泛使用工具,在生活中不同的工具有不同的用途和使用方法。

(2)打开盖子的工具

能绕着一个固定的支点将物体撬起的简单机械叫作杠杆。

(3)杠杆

杠杆省力与否和杠杆的三个点的位置有关。

不是所有的杠杆都是省力的,但它们仍然在生活中发挥着作用。

(4)螺丝刀里的科学

由较大的"轮"和较小的"轴"组合起来的简单机械叫作轮轴。

(5)动滑轮和定滑轮

滑轮可以分为动滑轮和定滑轮,定滑轮不省力但可以改变用力的方向;动滑轮省力。它们在不同的场合发挥着不同的作用。

(6)起重机

动滑轮和定滑轮组合成滑轮组,广泛运用在起重机上帮助人们提起重物。

(7)斜面

斜面是一种省力的简单机械,可以帮助人们提升重物。

(8)自行车

自行车上组合应用了许多简单机械,是一种比较方便的交通工具。

3. 核心概念二

物体具有可见的形状和结构,不同的形状和结构承受力的效果不同,在人们的生产生活中发挥着不同的作用。

4. 具体概念

(1)抵抗弯曲

材料的抗弯曲能力与厚度有关,材料越厚,抗弯曲能力越强。

(2)增强抗弯曲能力

改变材料的形状,可以改变材料的抗弯曲能力。

（3）拱形的力量

拱形由于可以通过材料向下和向外传递承受的压力，所以能够承受较大的压力。

（4）找拱形

圆顶形和球形是拱形的组合，可以承受更大的压力。

拱形在生活中有广泛的应用，在生物体中也可以找到类似的结构。

（5）框架结构

三角形和四边形是最基本的框架，三角形框架的稳定性最好。

利用三角形，可以增强各种框架结构的稳定性。

（6）塔的研究

上小下大、上轻下重的物体不容易倒。

框架铁塔的结构是上小下大、上轻下重。

（7）桥的研究

现代大桥有各种不同的结构，它们有各自的特点。

有的大桥综合利用了拱形、框架、拉索等各种结构的特点。

（8）"设计建造我们的桥"

桥的设计和建造需要综合考虑许多因素，如材料的特性和数量、形状和结构等。

二、教学策略

（一）工具活动的过程设计

1. 创设问题情境激发幼儿的制作欲望

活动要求教师引导幼儿在制作的过程中发现问题，并尝试用各种方法解决问题。把知识呈现给幼儿或回答幼儿提出的问题并不是制作活动中教师的主要任务，引导幼儿自己发现答案更重要。但幼儿受其生理和心理发展的限制，在制作过程中往往不知道自己有什么问题。因此教师在幼儿制作活动中首要的任务就是引导幼儿提出问题。幼儿在进行感兴趣的活动时必然会遇到一些想探索或需要解决的问题，教师的作用就在于引导幼儿发现问题、明确问题。例如：幼儿对汽车非常感兴趣，但只停留在喜欢的层面上，并不能进一步探索。这时，教师就可以帮助幼儿从研究轮子开始，引导幼儿思考："轮子是什么样的？轮子为什么要做成圆的？"明确问题只是开展探究性活动的第一步，要保持幼儿探究的兴趣，教师还需要引导幼儿积极地解决这些问题。

2. 帮助幼儿明确活动目的

首先，让幼儿与制作材料充分接触。幼儿制作的目的多是在与材料的接触中产生的，为此，教师要多为幼儿提供与制作材料接触的机会。例如：让幼儿在挤、搓、揉、拉、捆、压等活动中，了解材料的可塑性；让幼儿在撕、折、卷、剪等活动中，了解纸的软硬程度和造型易变化等特性。在与材料接触的过程中，让幼儿了解材料的特性，对制作感兴趣，自己愿意主动去制作。其次，帮助幼儿明确制作目的。幼儿制作的目的是借助教师指导逐渐产生的，因此在制作活动时教师应引导幼儿明确制作目的。

3. 鼓励幼儿围绕主题进行设计

例如大班"小车跑起来"活动过程的设计，第一环节是幼儿自由参观汽车展示会，并交流讨论"会跑的汽车是什么样子的？""汽车的轮胎有什么特点？""如何安装上去的？"等问题。第二环节是教师介绍制作材料，引导幼儿看一看、想一想"做一辆会跑的小车要用到哪些材料？怎么做？"第三环节是幼儿自由选择制作材料，尝试制作会跑的小车。教师根据幼儿不同的发展水平，在摆放材料时体现出区别，比如材料中有成品车、半成品的车轮、单一的原材料等。第四环节是汽车作品大检查。先让幼儿检查自己制作的小车是否能跑起来，并与同伴互相欣赏、交流和讨论"你是用什么东西做的小车？""怎样做出一辆轮子会跑的小车？""有的小车跑不起来是什么原因？"等问题。最后一个环节是汽车大检修。教师鼓励幼儿合作修理小车，让跑不动的小车都跑起来，然后组织幼儿进行自制汽车作品展示。在整个过程中，教师围绕主题内容提供了具有多样化、层次性的材料，不断引导幼儿先设计再有目的地选择材料并进行创造性地拼装与制作、展示与交流，教师自己并没有进行示范演示和操作。活动过程富有创造性和启发性，让幼儿成功学会安装轮子，学会制作会平衡滚动的小车。

4. 鼓励幼儿按自己的想法进行尝试

幼儿解决问题的策略常常带有很大的试误性，对于这种试误性特点，必须从两个方面加以分析。

一方面，对于一些做事情目的性、计划性不强，犹豫不定，想到哪里做到哪里，总是反复尝试，始终没有结果的幼儿，教师应帮助他们增强解决问题的目的性、计划性，激励幼儿对所遇到的问题情境进行认真观察、分析和比较，促进他们成功解决问题。

另一方面，我们也必须看到，尝试错误是幼儿发展过程中的必经阶段。大多数幼儿都在尝试错误的过程中寻找问题的解决策略，获得丰富的学习经验。尝试错误是幼儿解决问题的重要手段和特点。同时，随着幼儿年龄的增长，幼儿解决问题的目的性、计划性会逐渐增强，尝试错误将会逐渐被代替。但尝试错误为幼儿今后更加有目的、有计划地解决问题提供了基础和条件。幼儿会在不断尝试错误的过程中，逐渐清晰地把握对问题的理解，丰富解决问题的经验，在头脑中积累更为丰富、复杂而富有成效的解决策略。

因此,对于幼儿的尝试错误,教师必须善于分析,不能因为幼儿一出现尝试错误的现象,就认为幼儿在盲目地、毫无目的地进行尝试,然后横加干预。教师要充分给予幼儿尝试错误的机会,引导幼儿在尝试错误的过程中提出解决问题的办法,从而让幼儿慢慢地获得丰富的学习经验。例如,幼儿在给汽车的"车轮"(圆纸板)扎洞,为能把轴(长吸管)穿进去时,尝试了各种方法,用吸管、大头钉、剪刀、铁丝连续扎洞,然后将吸管戳进去。在这种不断尝试的过程中,幼儿可以从中体会材料的特性、材料和工具之间的关系、如何有效地解决问题,以及怎样坚持克服困难等等,从而获得丰富的学习经验。如果在此期间教师过多干预,急于告诉幼儿该怎样做,那么只会限制幼儿探究学习的思考过程。

5. 引导幼儿积极开展交流和思考

当幼儿在操作中有了自己的发现,无论他们验证的结果与设想的是否一致,教师都应尽可能地为幼儿间的交流创造条件,让每个幼儿都能表达自己的实践过程。同时,教师还应尽量帮助幼儿总结发现,鼓励幼儿在前次活动探索基础上进一步寻求新的发现。幼儿有各种不同的表达方式,他们有不同的优势智能领域,体现出幼儿学习方式的差异。有的幼儿口语表达能力强,教师在"舀水"活动中,让语言表达能力强的幼儿参加讨论。在讨论"水很少时用什么工具?"有的幼儿说:"大的碗、盆不实用,但是大的盆装水多。"另一幼儿认为"用小的工具可以把水舀出来,虽然水装得少,但是会很快舀完"。还有的幼儿说:"可以把装水的大盆倾斜再用其他工具舀。"对于身体运动智能强的幼儿,教师应提供操作材料,让幼儿在操作中感受水在量多、量少时所用的不同工具。他们通过实际操作明白舀水量多的可以用大一些的容器如大碗、盆、水桶等,舀水量少的用小勺、汤匙、棉布、海绵等。有的幼儿自然观察的智能强些,并常有敏锐的观察能力,教师就创造条件开发这些幼儿的自然观察智能。

(二)制作活动中的问题

在制作活动中教师要观察每名幼儿的制作过程,把握幼儿制作过程中遇到的问题。幼儿遇到的问题主要包括:

1. 如何选择适宜的材料

能否选择适宜的材料,是保证手工制作活动成功的前提。在观察中我们发现,幼儿经常会遇到怎样选择适宜材料的问题。比如在制作"汽车"的过程中,幼儿经常遇到车身和车轮之间大小比例不适宜,或者车轴和车轮之间大小比例不适宜等问题。再比如,制作娃娃的时候,各部分的大小不适合,"身体"(大矿泉水瓶)过大,"腿"(小的牙膏盒)太小,等等。

2. 如何连接、组合与固定材料

在幼儿所遇到的问题中,最多的就是各个材料之间的连接和固定问题,也就是怎样将各种不同的材料、制作原型的各个组成部件有机地连接在一起。比如车身和车轮之间的连接,娃娃的头和身子、身子和腿之间的连接。在连接过程中,幼儿常会出现连接工具或材料不合适,连接组合不牢固,多处使用粘贴的工具,致使粘连不牢固,限制发挥功能等现象。

3. 如何处理部分结构之间的空间组合关系

幼儿所制作的物体都是三维立体的,物体各个部分结构之间存在一定的空间关系,活动要求幼儿按照一定的空间结构或重力关系,将这些部分组合在一起。因此,在制作、组合的过程中,幼儿常常会遇到一些组合难题。例如,在制作娃娃的过程中,幼儿做出来的娃娃经常"头重脚轻",无法独自站立,这其中就涉及各个部件的空间组合关系、重力平衡关系以及整体与部分的大小关系等问题。

4. 如何表征作品的结构

在幼儿所遇到的问题中,作品结构的表征问题也比较常见,也就是怎样通过材料,将制作物体的各种结构表征出来。比如,怎样表征汽车窗户的问题。观察中我们发现,幼儿在做汽车窗户的时候,一会儿想用笔画出来,一会儿尝试用彩色记事贴,一会儿又尝试用剪刀把窗户剪开,做一个可以打开的窗户。

5. 如何表现作品的功能

在手工制作活动中,幼儿制作的三维立体的物体原型都具有一定的功能。制作过程,能否将这些功能表现出来是幼儿需要解决的又一个问题。例如,制作"汽车"的时候,怎样使汽车的车轮既连接好,又能转动;制作娃娃的时候,怎样使娃娃的身体和胳膊、腿之间连接好,又能使胳膊、腿自由活动等问题。

三、活动建议

探究主题:木工活动

活动目的

幼儿探索木制品以了解其性质并学习工具的使用。为了进行下一步的工作,幼儿将木头切开,对木头进行加工造型,并根据自己的想法或依照模型组合两块或更多的木头来创造一个物体。

教师准备

1. 研究。

研究如何用木头工作并学会使用工具。寻找木头的来源,寻找一个木匠师傅。

2. 问题。

幼儿对木头和工具的使用感兴趣吗? 小组的幼儿能够安全使用工具吗? 能

否找到足够多的家长保证至少在一天中的某些时段或一周中的某几天来园密切监督和指导活动?

3. 收集材料。

活动所用的都是真实的工具,但相对较轻,因此幼儿能感觉到使用真实工具进行工作的满足感。这些工具包括小锤、小锯子、安全护目镜等。必须有一张至少带有一把老虎钳的工作凳。再加上砂纸、铅笔和直尺以及大的木质螺丝,组成基本的储备物。把小零件放在一个透明的塑料容器中,并在盖子上贴上容器中的实物样品。把木工工具挂在工作凳上面或旁边的插钉板上,按照挂在插钉板上的工具实物画出工具的轮廓。

在堆木场常常能捡到松木片,购买少量的其他软木。与木头一起使用的其他材料有:木制模具如轮子,狭长材料,大的垫圈,瓶盖,织物废料。

4. 制作方法。

为了简化使用锤子的经验以及捶打木头的初次体验,可以让幼儿用一把小木槌反复捶打聚苯乙烯泡沫。

5. 安全问题。

幼儿使用工具时必须有一个对木工较为在行的志愿者或者家长在场监督和指导。教幼儿如何安全、正确地使用工具,并且一次只让两名幼儿使用工具工作。如果幼儿要打磨木料或者黏合木料,则需要在附近一块可供几名幼儿活动的、足够大的空地上进行。无论在室内还是在室外进行活动,要把木工区安排在远离行人往来的地方。因此,幼儿使用锯子时要对着墙,并远离其他幼儿。幼儿在做木工工作时要带安全护目镜。

6. 技术。

为幼儿的工作过程拍照,用特写镜头展示工作的细节;对木匠的工作情况或来访者的木工技巧演示进行拍摄。

活动过程

1. 探索。

幼儿使用工具试验自己力所能及之事。他们锯木头、打磨木料、捶打和拧螺丝,把两块木头钉到一起。

2. 识别。

说出工具的名字,并说出敲击、锯开、打孔、连接以及测量的过程。幼儿可以为制作的木制品命名。教师安排实地考察让幼儿观看木工工作,或者邀请一位木匠或橱窗制作工匠在课堂上展示其工作。幼儿可以通过绘画来记录木工工作,同样,教师也可以把全过程拍摄下来,并在回访时继续拍摄以展示每天的工作的变化。

3. 分类。

储存工具时,将工具按照相应的轮廓进行匹配。钉子和螺丝可以分类放在容器里。

4. 比较和对比。

比较幼儿完成木工工作的技术。对比把木工与另一个任务做比较时的完成情况。对比木块的种类和尺寸,将钉子(或螺丝钉)的长度与木块的(或要钉的、要拧进的木块)长度进行比较。在这些比较活动中可使用非正式或正式的测量方法。

5. 假设。

幼儿会问两个木块如何结合。他们会问做一个木块需要的时间。他们会想弄明白如果把一个钉子钉入两个木块中,钉子是否能把木块连在一起。他们会问如何使木头变滑、变小或者变圆。

6. 归纳。

如果测量钉子的长度和木块的厚度,就能发现是否能把两个木块连在一起,可以改变木块的形状和大小,通过不同的木工工作把木块钉在一起。

7. 拓展经验。

幼儿可以给他们的木工作品粘贴其他的木料,在上面绘画或者涂上油漆。不适合做木工的木头可以成为粘贴活动的材料。

8. 木工与探究主题的结合。

为每个小组的木工方案收集、准备树枝,锯出小的原木。如果小组关于木工方案的想法操作难度太大,超出了幼儿的能力范围,教师可以请一位木匠或木头雕刻师与他们一起来制订计划,或者从网上获取木工计划。

四、案例分析

案例 哪把勺子分得快(小班)

活动目标

1. 知道因为漏勺上的洞比沙子大,比黄豆小,所以能很快地将黄豆与沙子分开。
2. 通过"三种勺子比赛"的游戏,发现漏勺能快速、干净地将黄豆取出。
3. 在集体记录表中,能如实记录自己的猜测与实验的结果。

活动准备

调羹、汤勺、漏勺三种勺子每人一套;黄豆和沙子混合,一组两盆;集体记录表、幼儿标记贴;录音机和一段节奏感较强的音乐。

活动过程

一、导入活动,依次出示三把勺子,让幼儿认识。

师:今天我们班来了几位朋友,我们一起看看是谁?

二、提出比赛内容,幼儿猜测并记录。

1. 出示黄豆与沙子的混合物。

师:老师不小心把黄豆掉到沙子里了,这三种勺子都说自己能把黄豆与沙子分开,你认为哪种勺子能把黄豆又快又干净地从沙子里分出来呢?

2. 幼儿猜测,交流自己的意见。

3. 出示集体记录表,幼儿记录自己的猜测,将自己的标记贴放在指定位置。

(结果选择汤勺的人数最多,其次是选择调羹的人数,选择漏勺的人数最少。)

4. 与幼儿共同观察猜测记录,提出问题。

师:三种勺子都有小朋友选,到底哪把勺子分得快呢? 我们就来让它们比一比吧!

三、了解实验材料,提出比赛要求。

1. 出示实验材料,让幼儿观察了解。

2. 出示规则图示,与幼儿共同讨论,确定比赛的规则。

(1)用勺子将沙子里的黄豆分出来,放在空的碗里,小手不能帮忙。

(2)要听音乐进行,音乐开始才开始,音乐结束时,小手就要把勺子放下。

(3)三种勺子都要试,每次用哪种勺子要听指挥。

3. 游戏比赛"哪把勺子分得快"。

四、幼儿实验操作、观察,集体记录实验结果。

1. 提示幼儿进行集体记录,将自己的发现写在记录表中。

2. 集体观察记录表,引导幼儿讲解自己选择的原因,并对有争议的结果进行集体演示。

五、师生共同小结漏勺分得快的原因。

漏勺的洞比沙子大,但比黄豆小,所以用漏勺可以很快将黄豆从沙子里分出来。

活动评价

"哪把勺子分得快"其实是结合生活中漏勺的使用和作用来设计的活动,活动中选用了三种勺子,一种是幼儿熟知的调羹,另外是幼儿比较了解的汤勺和漏勺。利用幼儿已有的相关经验,帮助幼儿进行有目的的猜测,使幼儿真正带着疑问进行实验。本活动设计力求使实验更具有操作性和趣味性,对实验条件的控制进行了细致的思考,以保证实验的结果是正确、科学的,也让幼儿感受到科学实验中"尊重事实"和"态度严谨"等特点。而且此活动的操作性很强,"把黄豆从沙子里分出来"的动作是小班幼儿能够达到的,其中蕴含的科学道理是小班幼儿能够看到和理解的,所以比较适合小班幼儿进行探究。

(案例提供:南京市第一幼儿园　孙莉)

案例　鸡蛋娃娃站起来(中班)

活动目标

1. 初步尝试使用各种材料,让鸡蛋娃娃站起来。

2. 运用贴小图片的方法,记录操作中使用的材料。

3. 愿意对同伴讲述自己让鸡蛋娃娃站起来的方法。

活动准备

熟鸡蛋(娃娃形象)若干个、记录夹、幼儿活动记录表、展示板、小图片、胶棒若干、油泥等材料。

活动过程

一、引出问题,幼儿进行设想。

1. 出示鸡蛋娃娃,引导幼儿观察外形特征。

师:小朋友看一看,你的鸡蛋娃娃长什么样子?

2. 提出疑问,幼儿讨论。

师:小朋友,你们能不能想一个办法,让鸡蛋娃娃站起来?

3. 幼儿提出自己的设想。

二、幼儿使用各种材料让鸡蛋娃娃站起来,并尝试用贴图片的方法进行记录。

1. 观察各种材料,了解材料的不同。

师:今天,老师带来了一些材料,小朋友们可以请这些材料朋友来帮忙,让鸡蛋娃娃站起来。

材料分类:(1)圆形的材料。(2)带有凹陷的材料。(3)表面是平的材料。

2. 出示幼儿活动记录表,讲解记录的方法。

3. 提出操作要求。

师:选一种材料,想办法让鸡蛋站起来。做好实验后,把实验结果记录在表格上,和旁边的小朋友说一说你的方法。

4. 幼儿操作,教师巡回指导。

5. 集体交流,介绍自己的操作。

师:请小朋友来讲讲自己是怎样让鸡蛋娃娃站起来的。

6. 幼儿再次操作,并进行记录。

师:你可以选择没有用过的材料,试着让鸡蛋娃娃站起来,做一次实验要记录

一次。

三、幼儿展示自己的操作记录，介绍自己的方法，并相互交流。

活动延伸

讨论纸、布能不能帮助鸡蛋娃娃站起来。

活动评价

中班幼儿对事物的认识具有形象性、具体性的特点，喜欢直接参与尝试，对操作体验型的活动很感兴趣。科学活动"鸡蛋娃娃站起来"正符合幼儿好动手、喜探究的心理特点。活动的目的是培养幼儿动手操作的兴趣和创造意识。材料的提供既注意材料的平常性，又充分注意材料的层次性、开放性，幼儿可以尝试用不同的材料、不同的方法主动探索，体验成功的快乐。

（案例提供：南京市第一幼儿园　吴文雅）

案例　降落伞（大班）

活动目标

1. 对降落伞的特征进行感知，了解制作降落伞的材料，并尝试制作。

2. 能够积极探索降落伞的降落特点，大胆猜想和假设降落伞的制作方法，注意观察不同伞面的降落伞降落的异同。

3. 乐于倾听和分享他人的观点，能够感受科学实验的乐趣。

活动准备

制作降落伞的工具：每人一个塑料袋（塑料袋分大小两种），每组一筐相同类型的木夹；关于降落伞的视频和图片。

活动过程

一、教师请幼儿观察降落伞的图片和视频，并大胆讲述。

1. 降落伞的外形特征。（伞面、伞绳、降落物）

2. 几个降落伞降落时的共同之处，为什么是这样？（伞面由于受到空气阻力变成拱形，伞绳在降落时是直直的，降落伞慢慢落地，下面都有降落物。）

二、与幼儿共同制作降落伞。

1. 请幼儿思考如何用塑料袋和夹子制作一个简易的降落伞。

2. 教师讲述制作过程：把塑料袋打开；用夹子在塑料袋的把手处夹好。

3. 讲述正确的玩降落伞的方法：抓住降落伞顶端的中心处，手臂上举，手轻轻放开。

4. 请幼儿选择自己想做实验的降落伞。（不同伞面）

5. 实验完成后,请幼儿猜测大伞面的降落伞和小伞面的降落伞在降落时哪一个先着地,让幼儿带着问题去实验。

三、集体去室外做实验,体验其中的乐趣。

分组观察降落伞:整个实验活动分两组,一组8个人,其中有4个人是小伞面的,有4个人是大伞面的。一组在楼上,一组在楼下分别观察,幼儿每观察一次,教师就请观察的幼儿讲述观察的结果。

四、在室外进行总结,鼓励幼儿大胆地讲述自己的想法,并激发他们进一步探索的兴趣。

1. 大伞面和小伞面的降落伞在降落时有哪些相同点? 有哪些不同点?

2. 你还发现了哪些有趣的现象?

3. 你还有哪些关于降落伞的问题想去了解?

温馨提示:每组幼儿在楼上往楼下放降落伞的时候,要将降落伞在同一高度放,并且要同时。

活动评价

通过运用简易的工具,引导幼儿在观察的基础上制作降落伞,并能观察不同伞面的降落伞降落的异同。鼓励幼儿大胆讲述自己的观察结果,并初步得出一定的结论,同时对科学实验中的现象提出自己的疑问,激发更多的思考和探索。

(案例提供:南京市北京东路小学附属幼儿园　尚蒙妮)

第十章　科学与生活

幼儿科学教育是引导幼儿主动学习、主动探索的过程，是支持幼儿亲身经历探究过程、体验科学精神和探究解决问题策略的过程，是使幼儿获得有关周围物质世界及其关系的感性认识和经验的过程。

幼儿科学教育内容的生活化是我国幼儿园科学教育的一贯传统。然而，在以往和当前的幼儿科学教育实践中，教育内容生活化的目的主要是为了让幼儿更好地理解和掌握教师传授的知识，而教育内容生活化还有更深层的含义——它是引发幼儿主动学习的重要前提和条件。

教育内容贴近幼儿的实际生活，使幼儿体验和感受到这些内容对自己人生有着极其重要的启蒙意义，这为幼儿认识周围物质世界提供了获得直接经验和理解科学对于人们生活实际意义的前提和实际背景，为培养幼儿真正的内在的探究动机，也为使幼儿获得真正内化的科学知识和经验提供了前提和可能。

第一节　天　气

一、基础知识

天气是指经常不断变化着的大气状态，既是一定时间和空间内的大气状态，也是大气状态在一定时间间隔内的连续变化。所以天气可以理解为是天气现象和天气过程的统称。天气现象是指在大气中发生的各种自然现象，即某瞬时内大气中各种气象要素（如气温、气压、湿度、风、云、雾、雨、雪、霜、雷、雹等）空间分布的综合表现；天气过程是指一定地区的天气现象随时间的变化过程。

(一)气温

太阳辐射是大气热力的最主要来源。一天中气温最高的时间并不是正午，而是出现在午后2时左右，究其原因：大气的热力虽然来自太阳辐射，却不是太阳辐射直接晒热，而是先晒热地面，然后地面再把热量辐射到大气中，使大气增温。

气温就是空气的温度。一般生活中所说的气温是指气象观测所用的百叶箱中离地面1.5米高处的温度。这个温度基本上反映了观测地点(当地)的气温。气温是表示空气冷热程度的物理量,是空气分子平均动能大小的一种量度。气温观测一般每天进行三次:8时、14时、20时,最低气温的观测只在20时进行。

(二)风

风是地球上的一种自然现象,它是由太阳辐射引起的。太阳光照射在地球表面上,使地表温度升高,地表的空气受热膨胀变轻而往上升。热空气上升后,低温的冷空气横向流入,上升的空气因逐渐冷却变重而降落,由于地表温度较高又会加热空气使之上升,这种空气的流动就产生了风。

形成风的直接原因,是水平气压梯度力。风受大气环流、地形、水域等不同因素的综合影响,表现形式多种多样,如季风、地方性的海陆风、山谷风、焚风等。简单地说,风是空气分子的运动。要理解风的成因,首先要弄清两个关键的概念:空气和气压。空气的构成包括:氮分子(占空气总体积的78%)、氧分子(约占21%)、水蒸气和其他微量成分。所有空气分子以很快的速度移动着,彼此之间迅速碰撞,并和地平线上任何物体发生碰撞。气压可以定义为:在一个给定的区域内,空气分子在该区域施加的压力大小。一般而言,在某个区域空气分子存在越多,这个区域的气压就越大。相应来说,风是气压梯度力作用的结果。

而气压的变化,有些是风暴引起的,有些是地表受热不均匀引起的,有些是在一定的水平区域上,大气分子被迫从气压相对较高的地带流向低气压地带引起的。大部分显示在气象图上的高压带和低压带,只是形成了伴随我们温和的微风。而产生微风所需的气压差仅占大气压力本身的1%,许多区域范围内都会发生这种气压变化。相对而言,强风暴的形成源于更大、更集中的气压区域的变化。

(三)云

人们对云并不陌生,晴朗天空里那白白的和阴雨天那乌黑的都称作云。它们让天空变化莫测。人们常常看到天空有时碧空无云,有时白云朵朵,有时乌云密布。为什么天上有时有云,有时又没有云呢?云究竟是怎样形成的呢?它又是由什么组成的?

飘浮在天空中的云是由许多细小的水滴或冰晶组成的,有的是由小水滴或小冰晶混合在一起组成的。有时也包含一些较大的雨滴及冰粒、雪粒,云的底部不接触地面,并有一定厚度。

云的形成主要是由水汽凝结造成的。从地面向上十几公里这层大气中,越靠近地面,温度越高,空气也越稠密;越往高空,温度越低,空气也越稀薄。另一方面,江河湖海的水面,以及土壤和动、植物的水分,随时蒸发到空中变成水汽。水汽进入大气后,或成云致雨,或凝聚为霜露,然后又返回地面,渗入土壤或流入江

河湖海。以后再蒸发（汽化），再凝结（凝华）下降，周而复始。水汽从蒸发表面进入低层大气后，近地面温度高，所容纳的水汽较多，如果这些湿热的空气被抬升，温度就会逐渐降低，到了一定高度，空气中的水汽就会达到饱和。如果空气继续被抬升，就会有多余的水汽析出。如果高空的温度高于 0℃，多余的水汽就凝结成小水滴；如果温度低于 0℃，多余的水汽就凝化为小冰晶。在这些小水滴和小冰晶逐渐增多并达到人眼能辨认的程度时，就是云了。

云的形成过程是空气中的水汽经由各种原因达到饱和或过饱和状态而发生凝结的过程。空气中水汽达到饱和是形成云的一个必要条件，其主要方式有：(1)水汽含量不变，空气降温冷却；(2)温度不变，增加水汽含量；(3)既增加水汽含量，又降低温度。对云的形成来说，降温过程是最主要的过程，而降温冷却过程中又以上升运动引起的降温冷却作用最为普遍。

(四)雨

雨是从云中降落的水滴，陆地和海洋表面的水蒸发变成水蒸气，水蒸气上升到一定高度之后遇冷变成小水滴，这些小水滴组成了云，它们在云里互相碰撞，合并成大水滴，当它大到空气托不住的时候，就从云中落了下来，形成了雨。

地球上的水受到太阳光的照射之后，就变成水蒸气被蒸发到空气中去了。水蒸气在高空遇到冷空气便凝聚成小水滴。这些小水滴都很小，直径只有 0.0001 毫米—0.0002 毫米，最大的也只有 0.002 毫米。它们又小又轻，被空气中的上升气流托在空中。就是这些小水滴在空中聚成了云。这些小水滴要变成雨滴降到地面，它的体积大约要增大 100 多万倍。这些小水滴是怎样使自己的体积增大 100 多万倍的呢？它主要依靠两个手段：一是依靠凝结和凝华增大；二是依靠云滴的碰撞增大。

在雨滴形成的初期，云滴主要依靠不断吸收云体四周的水汽来使自己凝结和凝华。如果云体内的水汽能源源不断得到供应和补充，使云滴表面经常处于过饱和状态，那么这种凝结过程将会继续下去，使云滴不断增大，成为雨滴。但有时云内的水汽含量有限，在同一块云里，水汽往往供不应求，这样就不可能使每个云滴都增大为较大的雨滴，有些较小的云滴只好归并到较大的云滴中去。

如果云内出现水滴和冰晶共存的情况，那么这种凝结和凝华增大过程将大大加快。当云中的云滴增大到一定程度时，由于大云滴的体积和重量不断增加，它们在下降过程中不仅能赶上那些速度较慢的小云滴，而且还会"吞并"更多的小云滴使自己壮大起来。当大云滴越长越大，最后大到空气再也托不住它的时候，便从云中直落到地面，成为我们常见的雨水。

(五)雷电

雷电是伴有闪电和雷鸣的一种雄伟壮观而又有点令人生畏的放电现象。产生雷电的条件是雷雨云中有电荷积累并形成极性。雷电分直击雷、电磁脉冲、球形雷、云闪四种。

雷电一般产生于对流发展旺盛的积雨云中,因此常伴有强烈的阵风和暴雨,有时还伴有冰雹和龙卷风。积雨云顶部一般较高,可达 20 千米,云的上部常有冰晶。冰晶的淞附、水滴的破碎以及空气对流等过程,使云中产生电荷。云中电荷的分布较复杂,但总体而言,云的上部以正电荷为主,下部以负电荷为主。因此,云的上部和下部之间形成一个电位差。当电位差达到一定程度后,就会产生放电现象,这就是我们常见的闪电。

闪电的平均电流是 3 万安培,最大电流可达 30 万安培。闪电的电压很高,约为 1 亿—10 亿伏特。一个中等强度雷暴的功率可达一千万瓦,相当于一座小型核电站的输出功率。放电过程中,由于闪电通道中温度骤增,使空气体积急剧膨胀,从而产生冲击波,导致强烈的雷鸣。带有电荷的雷云与地面的突起物接近时,它们之间就发生激烈的放电。在雷电放电地点会出现强烈的闪光和爆炸的轰鸣声。这就是人们见到、听到的闪电、雷鸣。

二、核心概念

(一)天气科学概念系统

1. 核心概念

阴晴、降水、风和温度是天气的主要特征。天气是不断变化着的,天气变化是可以观测和预测的。

2. 具体概念

(1)云和雨

不同的云预示着即将来临的不同天气,云量的多少是区分晴天、多云和阴天的标准。

雨量器是测量降水(降雨)多少的一种工具。

(2)风

空气是不断流动的,流动的空气形成了风。

人类可以根据需要来加快空气流动的速度,制造各种速度的风。

风是一种重要的天气现象,风有风向、风力两个特征,通过事物的变化我们可以感知和观测风的方向和力量。

(3)气温

气温也是一种重要的天气现象,气温随时都在变化着,整理、分析气温记录、制作气温变化折线图可以帮助我们寻找气温变化的规律。

(4)"我们关心天气"

天气变化会造成动植物的行为变化,也与我们的工作和生活密切相关。

天气预报是对天气情况进行的科学预测,可以指导我们的工作与生活。

(二)幼儿对"天气"概念的认知

1. 儿童对天气现象的理解

皮亚杰曾进行过儿童对风的认识的研究。他让儿童参与一些小实验,然后通过与儿童对话的方式,了解儿童的已有认识。皮亚杰发现儿童对风的认识有如下三种情况:

第一,风是人或神引起的,或是由呼吸或机器引起的。

第二,风是由某些物体或这些物体的运动引起的。如儿童认为是云、树、波浪、灰尘等产生了风。

第三,拒绝对这一问题做出回答。

巴尔对5岁到15岁儿童对云及其生产物的理解进行研究,有以下发现:云能打开释放出水,也能关上储存水;当云搅动和融化时,雨就产生了;风把云吹得震动起来就产生雨了;当云碰撞时产生雨;当云变得太重时就产生雨;云和雨是相互独立的;云预示下雨;雨从云的渠道中落下来。[①]

菲利浦的研究发现:幼儿认为云人部分是烟,由棉布、羊毛组成或者是许多包水;云是海绵所以它能容纳水;云是水蒸气;云是灰尘颗粒;云由沸腾的水汽形成——水汽来自水壶或太阳;雨来自云中的很多洞;雨来自冒汗的云;因为我们需要雨,它就出现了;当云搅动和融化时,雨就产生了;风把云吹得震动起来就产生雨了。[②]

国内研究表明:幼儿对天气现象形成的理解类型较多的是不准确的因果论、错误的因果论和未知的因果论;较少的是比较准确的因果论、人造万物论、泛灵论和宗教决定论。幼儿对天气与生活的关系已有相当的了解,但对不同的天气与生活的关系了解的程度不一样,如对雨、雪和闪电的了解比较丰富,对雾的了解比较贫。大部分幼儿对天气预报都有比较丰富的了解,他们发现天气预报的用处包括能告诉人们不同的天气、未来的天气、不同地方的天气以及可以根据天气预报安排日常生活的进程等。大部分幼儿知道班级里有气象角而且都有参与愿望,但是参加过气象角活动的只有少数幼儿。

2. 儿童对空气概念的理解

皮亚杰对4岁以上的儿童进行访谈,发现儿童常用"空气"来解释梦、思考、灵魂等。儿童对空气的理解似乎为非物质,无法解释它,但他们知道空气是存在的,只是看不见也摸不着。有些儿童将空气与冷、热联系在一起;有些儿童认为空气

① Varda Bar. Children's views about the water cycle[J]. Science education,1989,vol 73(4):481−500. 转引自陈丽霞. 大班幼儿对天气现象的理解及其对教学的启示[D]. 上海:华东师范大学,2010:14.

② Philips,William C. Earth Science Misconceptions[J]. Science Teacher,1991,vol 58(2):21−23. 转引自陈丽霞. 大班幼儿对天气现象的理解及其对教学的启示[D]. 上海:华东师范大学,2010:14.

是干的或湿的；大部分儿童认为空气是传送热的一种方法。可见,儿童对"空气本质"的认知深受其自身经验的影响。

台湾周淑惠对5岁幼儿的空气概念进行的访谈研究发现,90%以上的幼儿理解空气的一般性质,如:看不见、无颜色和无形状,但幼儿的解释多以经验或感觉到的空气的特征(如看不见、抓不到)、空气的功能为主。对于空气的存在性,许多幼儿不认为空气是无处不在的,有85%的幼儿认为鼻子里有空气,这是指认率最高的,因为他们认为鼻子是呼吸器官,所以空气存在其中。只有约30%的幼儿指认耳朵里、纸盒里、吸管里有空气,其中耳朵里存在空气的指认率最低,幼儿认为耳朵不是呼吸器官,所以没有空气存在。[①]

3. 儿童对蒸发概念的理解

巴尔对5岁到15岁儿童蒸发概念的研究发现:5－6岁儿童认为水变干时就消失了;7－8岁儿童认为容器里的水渗入容器壁;9－10岁儿童认为在敞开容器里的水变成空气或消失了而且又重新变回空气;11－15岁儿童认为在敞开容器里的水会蒸发,从液体变为气体。[②]

台湾周淑惠通过对大班幼儿蒸发概念的研究发现,幼儿在阳光暴晒下的蒸发情境,表现物质守恒观,认为水是继续存在的,但对水的去向能提出正确解释者有限,仅占一成多,这些答案包括:1.跑到太阳里;2.跑到地面上;3.跑到云里;4.跑到其他(风、烘干机);5.水变成云;6.水变成空气。[③]

三、教学策略

(一)结合幼儿的天气认知特点,制作适合幼儿年龄特点的天气预报栏

在很多幼儿园的墙壁上都有天气预报栏,以往的做法一般是教师做些图片,幼儿根据天气情况选择适宜的图片贴上去就行了,很难与幼儿互动起来。但只要教师努力体现幼儿的天气认知特点,就能使幼儿主动获得有益的经验。

小班幼儿天气预报的形式、内容和材料应该生动形象。软绵绵的材料符合小班幼儿需要安全感、爱操作的特点,如提供娃娃,符合小班幼儿喜欢娃娃、爱摆弄娃娃、爱给娃娃穿衣服的特点。有情节的、拟人化的形式更能激发他们参与"天气预报"活动的兴趣。各种材料用按扣、纽扣、尼龙搭扣等连接,可以使幼儿在预报天气的同时,发展他们穿衣、系扣等生活自理能力。

① 周淑惠.幼儿自然科学概念与思维[M].台北:心理出版社股份有限公司,2003:105－118.

② V. Bar & I. Galili. Stages of children's views about evaporation[J]. International Journal of Science Education,1994,vol 16(2):157－174. 转引自陈丽霞.大班幼儿对天气现象的理解及其对教学的启示[D].上海:华东师范大学,2010:16.

③ 周淑惠.幼儿自然科学概念与思维[M].台北:心理出版社股份有限公司,2003:60－70.

而在中班,幼儿有了责任意识,他们很愿意为班集体做好事,教师可用排值日、自愿报名等方式满足幼儿预报天气的需要。他们可以比小班的幼儿关注更多的信息;了解多种获取信息的渠道;尝试获取较为准确的信息;学着记录和预报天气;清楚地表达自己获得的信息。

大班幼儿还可以增加预报天气与实际天气的对比。幼儿可以观察并记录早晨、中午、晚上的一些变化,还可以记录自己关于天气的发现。

(二)结合幼儿年龄特征和动手能力,和幼儿一起设计形象生动的观察记录表

天气预报几乎是每个幼儿园都会开展的活动。通常的做法是,值日生每天早上来园的前天晚上在家收看电视,或根据报纸中气象预报进行记录,但是这样的天气预报,小朋友不太关心。如何把天气预报这个与幼儿生活密切相关又蕴含了丰富科学内容的活动,变成幼儿发现科学、探索科学的天地呢?幼儿大多喜欢一些软软的、毛茸茸的玩具,经常争着抱它们。为了激发幼儿的兴趣,教师可以制作布的天气预报板,选择一块洁白的盖塑板制作天气预报栏的底衬,再用布和棉花缝制红红的太阳、白云、绿树、小动物等,并在上面绣两种不同的表情,如笑眯眯的太阳和不高兴的太阳、笑眯眯的小草和不高兴的小草等,看上去既生动又有趣。另外,还可以为幼儿准备布娃娃和四季的衣服、鞋帽等,使幼儿能根据天气变化及自身的感受给娃娃增减或换脱衣服,形象地了解天气变化和动植物的关系,感受天气变化对自身的影响。这样的天气预报既像一幅美丽的图画,又像一个个可操作的玩具,非常吸引幼儿。

通过在班里开展的天气预报活动,不仅能激发幼儿观察大自然,记录天气变化的兴趣,使幼儿在玩中了解了大自然,也了解了天气与动植物和我们人类的关系,从而为他们关爱环境、关爱动植物、关爱自己的生活奠定了基础。天气观察记录的过程由简单到复杂,根据孩子的个别差异,进行具体指导。记录的方式由在教师指导下集体记录过渡到幼儿在科学区自主记录,培养幼儿自主观察记录的能力。

(三)用角色游戏表演的方式让值日生播报天气,增加活动的趣味性

一名教师在开展播报天气活动时,将大纸盒做成的电视机框架放在小桌子上,幼儿坐在后面,扮演播音员进行天气播报,幼儿都争着要当播音员。刚开始播报的时候,教师让幼儿依次上去说说话、唱唱歌,激发幼儿的表演热情。以前不愿意开口说话的幼儿也慢慢可以说上几句了。把这小小的"电视机"投放在其他的区角或活动中,也有不小的作用,如表演区、语言区等。

气象观测

在一个刮大风的上午,户外活动前佳佳测完温度迅速跑进教室,一边将温度记录在墙上挂着的本子上,一边擦着小脸。和她一起去观察天气的笑笑

一进教室就抱怨:"今天是阴天,没有太阳,天空中吹来的风都是冷冷的,整个人觉得冷冰冰的,唉,一点也不舒服,真是讨厌。"教师抓住时机问笑笑:"笑笑,那你说等会儿小朋友进行户外活动的时候该注意点什么呢? 小朋友们会不会觉得不舒服呢?"笑笑想了想说:"是的。外面的风有点大,进行户外活动的时候,小朋友最好把围巾带上,外套不要脱掉,不然会感冒的。"

于是在播报天气的时候,笑笑把自己的感受告诉给其他幼儿,并提醒大家不要随意地把外套脱掉。大家都觉得可以在天气预报栏里做一个"爱心小提示"。这样每当天气有什么变化的时候,播报员就会在预告栏里用图画的形式将需要注意的问题提示给大家。比如:下雨天的时候,雨衣、雨鞋、雨伞的图画就会出现在预报栏上;大风天的时候"爱心小提示"又会告诉大家不要忘记戴上帽子等等。

这富有爱心的提示,不仅让幼儿亲身体验到了天气与每日生活的关系,而且也增进了同伴间的友爱。

四、活动建议

主题活动:雨

活动目的

儿童通过短途旅行体验天气,感受并观察降雨刚刚停止后雨水造成的影响。

活动准备

1. 研究。

在幼儿园附近找一块地方,那里的各种材料和植物要能显示出雨后的影响。研究下雨后不同动物和昆虫的行为。查询当月的平均降雨量,以及在你所在地的气候条件下,为植物生长提供充足水分所必需的总降雨量。

2. 问题。

儿童是否注意到下雨或缺雨带来的影响? 他们对这种天气情况感兴趣吗?天气是否足够暖和而无风,以便儿童在外出时感到舒适?

3. 材料。

放在室外的雨量测量器,靴子和夹克(天气比较凉爽时使用),带有纸笔的写字夹板,彩色铅笔、密封塑料袋、剪刀、勺子、照相机。

4. 技术。

在网上查询相关资料,找到天气预报,最近下雨的天数以及总降雨量的记录。

展示天气预报和气象图中用到的天气符号(用荧光笔标记你所在的位置)。

拍摄云的形态并展示照片。天气变化时,拍摄表明下雨征兆的特写照片,稍后回到同一拍摄地点记录下过雨的痕迹。

活动过程

1. 探索。

抬头观察云的存在、运动变化和外观。如果有阳光照射,就找一找彩虹。请儿童闻一闻周围的空气,正在下雨时外面的空气感觉怎么样?现在的空气有什么不同?查看并抚摸汽车、青草、树枝、泥土和人行道,观察水留下了哪些痕迹。在雨后寻找颜色;在泥土中挖坑以发现土壤表面和更深层的湿度情况;聆听并仔细观察小鸟、松鼠、蚯蚓和昆虫。

2. 识别。

请儿童口述一系列因为下雨而发生改变的事物。讨论如何描述水蒸气、湿度、湿气和积水。拍摄幼儿讨论这些词汇的特写照片。

3. 分类。

在雨后寻找颜色。如果幼儿感兴趣,请他们寻找与所观察物体颜色相匹配的彩笔颜色,并把它记录在写字夹板上。对于可以放入袋子里的物体,则收集两个同样的,分别放入两个袋子中带回课堂。

4. 比较和对比。

用心观察人行道上和水坑中的积水,并比较它们在下雨前的干燥程度。测量水坑的大小和深度。在回到室内前,对以上这些内容再进行一次测量。将之与之前的测量进行比较。拍摄两次测量时的照片。

比较清早看到的和雨后看到的云的图片。将其与云的其他照片进行比较。讨论在阴天什么也看不见时云的可能状态。注意雨前和雨后空气的味道。比较雨前、雨时、雨后天空的明亮程度。回到教室后,立即拿出收集的成对物体,把它们放在水中并比较它们的颜色。进一步询问儿童是否愿意把一个湿的物体放在袋子里,同时把另一个相同的物体放在窗台上,待它变得干燥后比较这两个物体。

5. 假设。

在一次实地考察后,和幼儿一起在室内集合,利用照片和口述目录问他们下雨使得每个物体发生了什么变化。和他们一起想想雨停时云会出现什么变化,水坑中的水会怎样。问儿童他们认为在傍晚时水坑会怎样。(如果儿童不能亲自回去看看,教师可在傍晚时再去拍一张照片。)

6. 归纳。

根据散步时归纳出的目录,请儿童口述所提到的这些物体在雨中所发生的故事。把故事读给大家听,使用照片让儿童记住雨天发生的事,帮助儿童创编一场《雨天》的短剧讲述雨的到来、物体在雨中及雨后所发生的变化。记录儿童在剧中的台词并在他们表演时读出来。拍摄儿童表演短剧时的照片,将这些照片和儿童口述的故事及他们表演的短剧结合起来进行使用。

7. 拓展经验。

持续这一研究,继续追踪记录几周的降雨量。计算雨天和不下雨的日子的数量。挖一个洞并往里填满水,测量洞中十分钟后、三十分钟后和一个小时后剩下的水量,将其与雨后水坑的变化记录进行比较。幼儿再次探访雨天散步时曾观察的同一物体在变干燥一段时间后的情况,并记录下所有的变化。在不下雨的日子里寻找同样的昆虫和动物,记录观察到的情况。

五、案例分析

案例 找风(中班)

活动目标

1. 能用多种感官感知风的存在。

2. 能用恰当的语言描述探究的结果。

3. 大胆尝试,体验探究的乐趣。

活动过程

1. 导入"猜谜语"活动,激发幼儿参与活动的愿望。

师:抓不住它的身子,看不见它的影子,小时摇动树枝,大时推动房子。请你猜猜是什么,为什么是风?

师:风摸不到,抓不着,可是我们都能感觉到它的存在,今天就请小朋友在教室外面找找。在哪儿发现了风? 你是怎么知道有风的?

2. 教师交代找风的要求。

师:可以在你想到的幼儿园的操场上、花坛边、滑梯旁等地方找一找。十分钟后听到老师摇铃鼓大家集合一起进教室,交流你的发现。

3. 幼儿在幼儿园的操场上找风,教师巡回观察幼儿运用感官的情况。

师:你在哪儿发现了风? 你是用什么方法找到的? 你能不能再用其他方法找到风?

4. 教师提出再次观察的要求。

师:今天小朋友用不同的方法发现了风,放学后请你们在回家的路上再去找一找,可以试试别人的方法,也可以想其他新的方法来找风。明天中午我们交流的时

候你要向大家介绍用了哪些新的方法发现了风,是自己想的还是学习别人的。

活动延伸

第二天中午集中交流:你在哪里发现了风? 用了什么新方法?

教师反馈:以后如果还有什么新发现请及时地告诉老师、爸爸妈妈和小朋友,大家一起来分享你们的新发现。

活动评价

"找风"的活动内容和幼儿的生活经验密切相关,因此他们敢于想象,乐于实践,在活动中积累了一些关于风的感性体验,并尝试对风进行简单的描绘。通过活动初步培养了幼儿关注生活,关注生活中熟悉的经历和现象的意识。活动目标准确到位,可操作性强,符合中班幼儿的年龄特点,也易于激发幼儿的科学探究欲望。科学活动的目标制订最主要的是指向幼儿对科学现象的观察和探究,"能用多种感官感知风的存在"这一目标指向性非常明确。探究能结合幼儿生活、联系生活,并迁移生活经验,是开展科学活动的最终目的。

(案例提供:南京市北京东路小学附属幼儿园　徐蓓)

第二节　种　植

一、基础知识

(一)植物栽培

1. 小班种植实例

(1)种大豆。大豆为一年生草本植物,株高 60 厘米—100 厘米,种子黄色、绿色、黑色,含丰富的蛋白质和脂肪,各地均可栽种,东北最多。

4月,教师将地整好,和幼儿一起选粒大饱满的种子,用条播或点播的方法播下大豆种子,上面的土不要覆盖得太厚。带领幼儿经常浇水,保持湿润。发芽后及时除草、松土,因豆科植物的根部有根瘤,具有固氮作用,所以不需施肥。教师带领幼儿观察生长过程,让他们发现什么时候开花结果。6月可采收鲜嫩豆粒送到厨房做给幼儿吃。7—8月收种子,教师告诉幼儿,种子可食用或榨油,还可制成各种豆制品。

(2)种大蒜。秋天(9—10月)让幼儿在园地里种植大蒜,或每个幼儿用容器种一瓣大蒜,最好是每人种一瓣。可选用废旧的塑料冰淇淋盒或其他小型的容器,教师将每个盒底剪一个小洞,然后带领幼儿将土装进盒里。教师可帮助幼儿装好,土不要装得太满,然后发给每个幼儿一瓣蒜。在教师的帮助下种下蒜瓣,放在窗台或自然角有阳光的地方,每天浇水。教师应提醒幼儿阴天、雨天不要浇水,而且平时水不必浇得过多,否则会引起烂根。这一种植活动很适合小班,因为大家都可以参加,培养了幼儿爱劳动的好习惯。

2. 中班种植实例

(1)种青菜。春秋季均可种植,除夏季高温天气外,在这一段时间内可以随时种植。教师带领中班幼儿整好地,让幼儿把土中的碎石块、瓦片拣干净(要注意安全)。因菜籽较小,可拌上细土或沙,然后由教师均匀地撒播在地里,保持土面湿润。待出苗后,每天安排幼儿浇水,长成菜秧。如密度过大可拔除一部分,送到厨房煮熟食用;如秋天种植,幼儿可在教师的指导下将菜秧移栽,长成大青菜,成为冬季的主要蔬菜之一。

(2)种辣椒。4月份,教师可在市场上购买辣椒苗,选择阴天带领幼儿移栽到园地,株距、行距各留出一定空间(约50厘米左右)让其生长,栽下后应立即浇水,为防止移栽的苗不能成活,最好每穴栽两棵,成活后只留一株。教师安排幼儿值班管理,除每天浇水外,还要及时拔除杂草、松土,生长过程中需施几次肥,开花前要施足肥料。一个多月就结果了,开花后引导幼儿仔细观察结果时的变化,长大的果实采摘后可食用。辣椒果期较长,一直能延续到夏末。

(3)种牵牛花。牵牛花又名喇叭花,是一年生蔓性草本植物,我国各地均可栽种。牵牛花花大色艳,深受幼儿的喜爱,是幼儿园理想的绿化用花。中班幼儿找到较为合适的地方,如小型花架、长廊等垂直绿化的地方,也可种在墙脚下、篱笆下、铁栅栏等处,还可种在窗台下,只要便于花蔓攀缘就行。牵牛花适应性强,对气候、土壤的要求不高,管理粗放。夏秋季开花,花期较长,花朵一般早晨开放,中午前后逐渐凋萎。

3. 大班种植实例

大班幼儿已掌握了一定的种植技能,除了能种植小、中班种植的品种外,还可种植其他品种。小、中、大班种植的品种最好不要重复。

(1)种黄瓜。黄瓜是蔓性植物,我国各地均可种植。清明前后,教师带领幼儿整好地,开两条浅沟,相距30厘米左右,让幼儿用条播法将黄瓜种子播下,盖薄土,轮流浇水,保持湿润。10天左右出苗,进行第一次间苗,让幼儿将挤在一起的苗拔掉一些。等苗长大些,开始第二次间苗,按株距15厘米—20厘米留下健壮的苗。当长出茎卷须时需搭架子,教师和幼儿一起用竹竿或树枝在瓜苗间搭人字形架子,中间可用绳子网,以利于瓜藤攀缘。为了使果实结得大,可在播种前下肥,也可在生长过程中施几次氮肥,特别是开花结果前要施足肥料。

(2)种番茄。番茄俗称西红柿,含丰富的维生素。番茄有矮性和蔓性两种,幼儿园最好种植矮性的,种蔓性的需搭架子。种植方法与辣椒相同,4月种植,播种

和移栽都行,只是定植后间距应大些,因番茄茎柔软,易倒伏,开花结果时最好用竹竿或棍子支撑一下。果实由绿渐渐变红就可采摘下来当水果吃。

(3)种葫芦。葫芦可以地栽也可以盆栽,种植的时间、方法与黄瓜相同。长到2—3片真叶时留下一株苗,搭好棚架,任其攀缘而上。秋末果实成熟,如不摘下可除去枯叶,给金黄的葫芦粘上眼睛、嘴巴,让它变成葫芦娃也会非常有趣;也可摘下做成玩具布置自然角或送给小、中班的弟弟和妹妹作礼物。

(4)种茑萝。茑萝又名五角星花,是幼儿所喜爱的花卉之一。茑萝为一年生柔弱缠绕草本花卉,茎细长,长达数米,柔软翠绿,花色鲜艳,宛如一个个小五角星在绿叶中闪烁,是幼儿园垂直绿化的好材料。如果幼儿园有篱笆、栅栏,那么种植茑萝最为合适,大班幼儿也可在活动室的窗台下种植,茎爬满窗框,开花期异常漂亮,别有一番情趣。也可用稍大点的花盆种植,搭架攀缘,整理成各种形状,装饰室内环境。

(二)叶脉标本制作

网状叶脉是双子叶植物所具有的,它由主脉、侧脉、细脉组成,它们之间联结成网状,贯穿于叶肉之中,要观察网状叶脉的全貌以及它的分枝和相互连接情况,就要去掉叶的表面和叶肉组织,制成标本。

(1)材料准备。

500毫升的烧杯、酒精灯、吸水纸、染料、镊子、山毛榉科植物或桂花枝叶、15%浓度的氢氧化钠(NaOH)溶液、过氧化氢(H_2O_2)溶液、一块塑料窗纱。

(2)制作过程。

采集的叶子要完整且带叶柄,以1年生以上的叶子为宜。把采来的树叶除掉杂质放在烧杯中,在烧杯中加15%的氢氧化钠溶液腐蚀剂,将树叶浸没在溶液中,然后放在酒精灯上加热至沸腾,沸腾时间为15—20分钟。氢氧化钠溶液浓度的大小和沸腾时间的长短要根据叶子的木质化(老嫩)程度来定,一般老的叶子木质程度高,氢氧化钠溶液的浓度可适当大一点,沸腾时间可长一点;反之浓度要小,沸腾时间要短。否则叶脉与叶肉都会被腐蚀掉。叶子在15%氢氧化钠溶液中沸腾10分钟左右时间时,用镊子轻轻在叶片表面来回摩动,如果发现叶皮被镊子拉毛,说明沸腾时间差不多,可停止加热。然后用镊子把叶片放在塑料窗纱上,用自来水冲洗,把叶的表皮及叶肉都冲洗干净,可用软毛笔或试管刷轻轻刷除。把冲洗干净的叶脉一张一张平展在吸水纸上,再盖上一层吸水纸,使叶脉紧贴吸水纸,便于干燥和展开。

如要染上颜色,可把冲洗干净的叶脉浸放在过氧化氢(H_2O_2)溶液中漂白。浓度大,漂白时间短些,浓度为5%,漂白时间可在1天左右,然后取出,平展放在吸水纸上(或夹在厚书中间),重复上面吸水过程,干燥后取出,叶脉标本就制成了。如在叶柄上系一根彩色绢带就更为美观,成为叶脉书签。

二、教学策略

(一)创设种植探究环境

除班级内常设的自然角外,可在园内开辟一块"种植小基地",专供幼儿进行研究。"小基地"中有大棚、有水源、有多种瓜果蔬菜植株,幼儿对植物的生长过程变化很是敏感好奇。在"小基地"中,教师采取集体、小组、个人等形式,带领幼儿走进植物的世界,通过观察、记录、做实验等让幼儿自主探究、学习。

幼儿园的户外场地栽种了各种植物(乔木、灌木、藤类),且在每种植物的树干上都有一块介绍相关植物的牌子,利于幼儿认识各种植物的名称和生长情况。幼儿可在自由活动时间里自发地去观察、记录、探究。在没有时间和空间的限制下,更利于幼儿思维的清晰、探究的准确。实践证明,这种形式的种植活动,给予幼儿充分探究的空间与时间,排除了大家一起探究时拥挤的干扰,真正发展了幼儿的探究能力。

(二)开展多形式种植活动

在种植活动中,教师通过集体、小组、个人等形式引导幼儿从种植工具、种植过程、植物本身、种植效果分析几方面进行探究,改变以往自然角——值日生、浇水、晒太阳、蒙灰尘的情况,使种植活动过程中可探究的内容更丰富。

1. 菜地的规划

萝卜、土豆、大蒜、青菜、芹菜、丝瓜……这么多蔬菜都要种在田地里,幼儿参观过的田地可都是整齐有序的,种植蔬菜的农田大多是分成一条条的,中间留下小路供农民浇水、施肥,小朋友对此印象都十分深刻。而幼儿园里田地却是有限的,怎么合理规划菜地呢?菜地的规划、分片给幼儿实地测量的机会,怎样才能使得菜田的每一条距离基本相等?怎样才能保证菜地的美观、有序呢?

2. 种植工具

呈现在幼儿面前的蔬菜是大大小小、奇形怪状的。器皿也是丰富多彩的,有玻璃的,有塑料的,有圆形的,有长方形的等等。充足的材料为幼儿提供了多种选择,但植物与器皿的匹配是否适宜?植物种在什么地方?(如:水里、土里)是否利于植物生长?这些问题都给幼儿带来了尝试、探索、改进的机会。

种植活动中,幼儿的探究常常是从制作精美的种植容器开始的。教师可以充分利用身边的自然材料和废旧物品(蛋壳、可乐瓶、废旧皮球、一次性筷子等等),引导幼儿发现这些物品和材料的多种特性和功能。通过教师和幼儿的加工创造,它变成有用别致的种植容器。例如幼儿自制的浇水工具,有能控制浇水量的输液式浇水器,有能一下给四盆植物浇水的淋浴式浇水器、双休日自动输水器等等,这些浇水工具引发了幼儿对浇水的兴趣,也从中发现了各种植物对水的需求量。

3. 种植过程

引导幼儿在种植过程中依次体验平整土地、选种、播种、浇水、施肥、除草除虫、采摘、留种等环节，以及各环节对植物生长的作用。

（三）指导幼儿做好观察记录

"我的萝卜到底有没有长高呀？""青菜的叶子是不是都一样呀？"幼儿在观察中经常提出这样的疑问。幼儿大多习惯用肉眼观察蔬菜，肉眼观察是否能够解决这些疑问？怎样才能使幼儿通过自己的观察解决问题呢？观察的方法其实很多，眼睛看、手触摸、鼻子闻、舌头尝，但这些有时也是有局限的，所以适当地借助辅助物（如放大镜、绳子等）可以帮助幼儿细致地观察蔬菜，收集更多的信息。观察方法的拓展其实也是一种思维的拓展。

与幼儿记录的其他东西相比，种植活动的记录是有其独特之处的，它记录了所开展的活动并被幼儿拥有。它是幼儿自己记录的，而不是教师总结的，是幼儿对自己所做工作的理解。这一点很重要，它表明幼儿由实践本质或直觉感受过渡到有目的地记录。通过记录，幼儿可以学会客观的描述，这是很有价值的延伸。

三、活动建议

· 分别将一些红豆、绿豆、黄豆与大红豆放在湿海绵上（标上名称），请幼儿观察、比较哪一种豆子先发芽，哪一种最慢，发芽后的各类种子有何异同。

· 将两个纸杯底部戳一个小洞，放入栽培土，分别埋入三四粒种子，浇些水，放在窗边接受阳光。等种子长出叶子后，请幼儿将一个纸杯的豆苗轻轻拔出，用放大镜观察豆苗的根部是不是有好多"毛"？请幼儿将毛一根根剪掉，再把豆苗种在纸杯内。几天后观察两个纸杯的豆苗有何不同，剪掉根毛对豆苗的生长有何影响。

· 将白菊花或康乃馨放入加了墨水或食物色素的水杯里，隔天观察花的颜色是不是变了，为什么？

· 将一块海绵或一团纸巾塞入玻璃瓶（杯）内，加少量水，然后将红豆或绿豆夹在海绵与玻璃瓶内壁中间，请幼儿每隔两三天便帮豆子浇水，并用放大镜仔细观察豆子是如何裂开，长出"脚"又冒出"头"来的，鼓励幼儿将整个过程画下来。

· 请每个人带一种蔬菜到科学区来展示（标上名称）。让幼儿分辨哪些蔬菜是让我们吃叶子部分的，哪些是可以吃茎部与根部的。

· 和幼儿一起到公园、路边寻找各种野草，如狗尾草、车前草等。带回后，一一对照图鉴，标上名称，放在桌上展示，用放大镜仔细欣赏它们。风干后，可压在图画书里，做成标本。

· 让每位幼儿认养一盆青菜，如白菜、空心菜或观赏花。教师可以在保丽龙盒（或塑胶盒）底部戳些小洞，铺上一层栽培土，撒上种子，再盖一层土并浇少量的水，最后罩上一个透明的大塑胶袋以保持土壤的湿度。等种子冒出2—4片小叶后,就可移植到大菜园或花缸内。请幼儿定期浇水、除草,并记录需要多久才能拔菜(开花),享受成果。

· 在马铃薯中间插上数根牙签后,架在盛水的玻璃杯内,请幼儿慢慢观察,等它们长出许多须根时,便可移植。在一鱼缸内先铺上半缸土,将马铃薯靠缸壁摆好,再盖上半缸土,浇点水,请幼儿观察马铃薯的小根们如何越变越"胖",然后变出许多小马铃薯的,鼓励他们将整个过程画下来。

· 引导幼儿到公园或学校附近,认识每一种植物。请幼儿观察:哪一种植物最高大,哪一种最矮小? 谁的叶片最大? 谁的叶片最小? 植物一定要种在土里吗? 哪些生长在水里? 叶子一共有几种颜色和形状? 让幼儿捡拾每一种植物的落叶及果子,带回科学区加以分类并做成标本,标上名称。

· 将3盆相同的植物摆在窗边,其中一盆罩上黑纸,不给它浇水;一盆也罩上黑纸,但定时浇水;最后一盆不罩黑纸,而且定时浇水。一周后,请幼儿观察3盆植物的成长状况有何异同,并回答造成不同状况的原因是什么。

四、案例分析

案例 种大蒜(小班)

活动目标

1. 观察大蒜,用简单的语言讲述对大蒜的认识和发现。

2. 尝试用自己的方法种植大蒜,并进行记录。

3. 乐意参加种植活动,愿意照料大蒜并关注大蒜的生长。

活动准备

每人一个供种植用的完整大蒜、每人一个装好松软泥土的废旧小罐子;利用散步时间与幼儿选择好摆放种植大蒜罐子的平台。(平台要便于幼儿观察,又能让大蒜晒到阳光。)

活动过程

一、调动幼儿对大蒜的已有经验,初步感知大蒜。

观察大蒜的结构,认识其外形特征。

师:这是什么? 你认识吗? 你在哪里见过? 大蒜是什么样的? 你认为它像什么? 把大蒜瓣开,看看里面是什么样的? 数一数有几瓣? (丰富词语"蒜瓣")

二、种植大蒜,并进行集体种植记录。

1. 讨论并明确种大蒜的材料和工具。

师:种大蒜需要哪些工具、材料呢?

2. 讨论如何种植大蒜。

师：怎么把大蒜种到土里呢？大蒜哪头朝下埋到土里？

3. 尝试种植大蒜。

幼儿自由种植大蒜，明确自己种植的方法，并在种植罐上贴上相应的标记。

4. 讨论大蒜长大后会是什么样的。

教师引导幼儿自由猜测，大胆说出自己的想法。

| 活动延伸 |

1. 利用早晨入园、中午散步或下午离园前的时间，引导幼儿进行连续的观察与照料，1—2 天浇一次水，让幼儿比一比，看一看，谁的大蒜先发芽，长得好。

2. 等幼儿的大蒜叶已经长得很长很长的时候，可带领幼儿将长叶剪下，送到厨房做材料，让幼儿品尝劳动成果，体验丰收的喜悦。

| 活动评价 |

在整个过程中，幼儿都很兴奋。他们不仅学到了大蒜的相关知识经验，最主要的是通过自己的努力解决了问题。在活动的过程中，大部分幼儿是带着自己的问题参与活动的，并且能够在活动中根据结果和问题不断调整方法、策略以获得新的经验。活动满足了幼儿探究的愿望。大蒜怎么种呢？不同的种植方式会出现怎样的生长现象呢？随着时间的推移，幼儿将观察到更多有趣的现象，整个活动的构思具有连续性和递进性。

（案例提供：南京市第一幼儿园　王超）

第三节　养　殖

一、基础知识

（一）动物饲养

1. 饲养家兔

家兔是由野兔经过长期培养、驯化而来的，所以保留了大量野兔的生活习性，比较明显的如昼伏夜出、胆小、爱干燥、喜清洁、耐寒怕热、性喜穴居和同性好斗等特征。

饲养前的准备工作主要由教师完成，大班的幼儿可参加部分活动。首先要选择冬暖夏凉而又僻静的地方建造兔笼，周围要干燥、通风和清洁。兔笼由老师带领大班幼儿一起建造（如幼儿园场地较大可建兔舍），收集一些木料或竹片，在木工师傅的帮助下制作，笼门最好用铁丝做，笼底用竹条钉成或用水泥砌成斜面，便于冲洗粪便。大班幼儿可轮流值班给兔子喂食,定期打扫兔笼,喂食时要掌握兔子的食性,以青粗料为主,精料为辅,即主要喂食青草、树叶、蔬菜、萝卜、马铃薯等。要定时定量,每天喂3—4次,还要注意给兔子喝水,特别是盛夏,高温季节要保持兔笼通风、周围可洒水降温。大班幼儿可每周将兔子放出兔笼活动1—2次,因为运动可促进兔子的新陈代谢。小班幼儿可从自己家中带来菜叶、萝卜等,在教师的带领下喂兔子,并观察它如何吃食。中班幼儿在教师的带领下拔草或割草喂给兔子吃,有时也可和大班的幼儿一起放兔子出来活动,跟大班幼儿一起打扫兔笼的卫生,使他们通过喂养兔子而认识兔子。另外要教育幼儿,不要经常骚扰小动物,要保持环境安静。

2. 饲养乌龟

乌龟属于爬行类动物,它生命力强,管理方便,不受季节限制,适合长期饲养,是幼儿园自然角较为理想的饲养动物之一。

饲养乌龟的容器可用玻璃缸,也可以用水盆,容器内放浅水,乌龟就养在水里。小班幼儿在教师的带领下观察乌龟怎样吃食物;观察它是怎样爬行的;观察乌龟受到外界刺激后是如何将四肢和头都缩进龟壳里去的。这些有趣的事情给幼儿带来了乐趣,使他们更加热爱小动物。中班幼儿用各种食物去喂乌龟,发现乌龟什么都吃,是杂食性的动物。它吃植物的茎叶,也吃米饭,更喜欢吃昆虫、小鱼等。中班幼儿在观察乌龟爬行时,教师可以引导他们去思考"为什么乌龟爬得那么慢?"引导他们观察乌龟和金鱼在呼吸时有什么不同,幼儿会发现乌龟是将头露出水面呼吸。大班幼儿在饲养乌龟时,教师应引导他们做一些比较,比如将乌龟养在鱼缸的深水中会如何,如果在深水中放一石块呢?幼儿会发现乌龟爬在石块上呼吸,说明乌龟不能像金鱼那样在水中呼吸。另外,在给乌龟喂食时,还会发现它和其他动物不一样:冬天就不吃食了,因为乌龟的食量与温度有关;夏秋是主要的进食季节,需每天或隔天喂一次;10月份食欲开始下降,最后不吃不喝,进入冬眠;5月份开始吃少量食物。

3. 饲养蝌蚪

4月份天气转暖,教师带领小、中、大班幼儿去池塘、沟渠边,用自制的小网捞取蝌蚪或青蛙卵,用大口瓶盛上水带回幼儿园倒入玻璃缸或小盆内放在自然角饲养。幼儿在管理的过程中了解青蛙变态的过程。

小、中班幼儿可直接采集已孵化出的蝌蚪饲养,采集时间可稍迟点,约在4月份下旬。在给小蝌蚪喂金鱼藻和熟蛋黄粉时,观察小蝌蚪吃食物的有趣:蝌蚪的小嘴巴靠近食物,然后很快将食物吞下去。当教师发现蝌蚪长出四肢、尾巴开始萎缩时,组织幼儿观看;当蝌蚪变成青蛙后,教师应带幼儿将青蛙送回池塘,让幼儿形成保护青蛙的意识。

大班幼儿在教师带领下采集青蛙的受精卵进行饲养。当孵化出小蝌蚪时,应提醒幼儿注意观察小蝌蚪先长出外鳃,过几天外鳃消失,然后长出四肢,幼儿通过仔细观察,发现先长出后肢,再长出前肢,尾巴渐渐萎缩。这些过程也可以让幼儿每天记录,再总结出来。当蝌蚪长出四肢时,教师告诉幼儿在水中旋转能露出水面的小石块,让幼儿思考为什么要这么做。蝌蚪变成青蛙后,教师组织幼儿讨论应该怎么做,以提高大家保护环境的意识,知道为什么要保护青蛙。

(二)动物标本制作

1. 浸制标本

生物体用防腐剂、麻醉剂、内吸剂处理后,将材料浸泡在防腐剂中,用这种方法保存的标本叫浸制标本。浸制标本一般用于制作动物、植物的躯体、动物的内脏和植物的果实,它们含水量大,若制成干制标本容易变形,这类标本的缺点是材料经过药物处理容易褪色。

2. 剥制标本

将动物剥离皮毛,除去躯体、内脏及四肢等部位的肌肉,装上假体、义眼,涂上防腐剂,经缝合整形而制成的标本,叫剥制标本。这类标本经过整形,其形象生动。但在保存时要注意防潮、防虫蛀和防止皮肤皲裂。

3. 干制标本

一般适用于经过干燥处理不易变形的动植物,如甲壳纲(虾、蟹、贝类)和昆虫纲等有外骨骼的动物,以及植物的叶子、种子等。

4. 骨骼标本

把脊椎动物的皮肤、肌肉、内脏去掉,按生活姿态保留其完整的骨骼部分,制成骨骼标本,保存时应注意骨骼不散架。

5. 透明标本

适于小型动物,制作这类标本的主要目的是显示动物身体内部的构造,透明标本的特点是,材料经过透明处理后,能显示骨骼在体内的分布和内脏的位置。

6. 浇制标本

动植物经过干制、整形等处理,把它们包埋在有机透明材料中,用这种方法制成的标本叫浇制标本。这类标本保存期长,不会发霉、虫蛀,不易变色,但制作复杂、成本高。

二、教学策略

要让幼儿珍爱生命,就应该让幼儿去感受和了解生命。对幼儿来说,感受和了解生命又是从具体直观的种植和饲养开始的。作为一种感受、了解和关爱生命的活动,饲养活动是符合幼儿天性的,它既是幼儿获得有关动植物经验的重要途径,也是幼儿园课程实施的重要途径。因此,幼儿园课程资源的规划应该包括饲养资源的规划,从幼儿所在的自然资源和生活背景出发,选择符合幼儿兴趣、认知特点和行为特点的资源,有目的、有计划地组织幼儿园饲养活动,以提高幼儿园课程实施的质量。

(一)饲养活动的准备

1. 设置饲养区角。幼儿园开展饲养活动,先要创设良好的饲养环境。根据动物的生活习性,可以在园内设置三个公共饲养区:一个是上方用防护网围起来的区域,里面有房舍和活动场地,用来饲养会飞的动物,如鸽子、野鸡等;一个是笼子状的,用来饲养奔跑能力强或犬齿动物,如猫、狗等;还有一个是用矮矮的栅栏围起来的区域,里面有小屋和草地,适合幼儿和动物接触,用来饲养家禽类动物,如鸡、鸭、鹅等。每个饲养区里的动物由各班分别负责喂养,供全园幼儿观察或开展与动物相关的活动。一段时间后,各班交换喂养动物。

2. 选择适合幼儿园饲养的动物。幼儿园因受到场地、人员、经济条件等多种因素的限制,在选择饲养动物的种类时,应根据各幼儿园的实际情况,考虑幼儿的兴趣以及教学的需要。一般选择本地区常见的、外形美观、动作灵巧、叫声悦耳、性情温顺而又易于管理的小动物。

自然角可饲养一些小型的、适合室内饲养的小动物,最好不要有叫声,以免影响幼儿园其他的教育活动。如蚕、蜗牛、蚂蚁、蝴蝶、金鱼、鲤鱼、鲫鱼、泥鳅、河蚌、乌龟、蝌蚪、蚯蚓、小白鼠等。可根据季节选择几种饲养,过一段时间再换另几种。

幼儿园的饲养角大多建在室外,可选择一些适合室外饲养的小动物,如兔子、鸡、鸭、娇凤鸟(又名虎皮鹦鹉)、鸽子、画眉、刺猬、山羊、松鼠等。

(二)饲养活动的开展

1. 制定动物饲养制度,保证饲养活动顺利进行

制定动物饲养制度是顺利开展饲养活动的保证。根据动物的生活习性,制定各个饲养区角的饲养制度,内容包括对饲养环境的要求、食物的准备、每天喂食的次数和数量、观察的时间和周期、饲养区的打扫等。小班的饲养制度一般由教师引导制定,中、大班的饲养制度一般由教师与幼儿共同商议制定。

2. 把饲养活动融入一日活动,让幼儿更好地了解动物的生长特性

选择好饲养的动物后,教师就要根据动物的生长特征制订饲养活动计划和活动方案,并将饲养活动融入幼儿的一日活动。

3. 指导幼儿饲养和管理方法

照料小动物是一项长期、持续的活动,也是一项耐心、细心的工作。教师必须给予及时的指导,教会幼儿一些基本技能,让幼儿自己照料和管理,不能包办代替,避免幼儿逐渐失去兴趣。小班幼儿年龄小,操作能力差,饲养的动物应少些,

管理要方便,需要教师多照顾,有些活动可由教师带领幼儿一起做,如给金鱼喂食;中班幼儿可在自然角饲养较为丰富的小动物的种类,管理方法不能太复杂,在教师带领下进行,教师在活动中教会他们一些技能,逐步过渡到让幼儿独立完成管理小动物的工作;大班幼儿在小、中班的基础上,已积累了一定的经验,掌握了一些技能,所以管理工作主要由幼儿承担,除自然角饲养的小动物外,主要是对饲养场内的小动物的管理,教师可安排幼儿轮流担任管理小动物的工作。在教师帮助下,使幼儿懂得按动物的生活习性喂养,喂食要定时定量,同时还要学会做清理工作。总之,饲养小动物的活动要求幼儿做到细致耐心、持之以恒、有始有终。

(三)做好饲养活动记录,提高幼儿的表征能力

在饲养动物的过程中,要引导幼儿记录动物的喂养情况、动物外形和行为的观察结果以及动物的生长情况等。让幼儿自己设计饲养记录表,及时捕捉幼儿对动物的兴趣点或争议点,引导幼儿确定记录内容,设计相关记录表。例如在饲养鸽子的初期,幼儿常常会围绕"鸽子喜不喜欢吃自己带来的食物"这一话题争论不休。于是,教师就围绕"怎样知道鸽子到底喜欢吃什么"的话题展开讨论,并确定记录内容、设计记录表:给鸽子喂了哪几种食物,每种食物有几只鸽子来吃,吃哪种食物的鸽子最多等。幼儿根据记录表进行分析,从而了解到鸽子到底喜欢吃什么。

三、活动建议

· 向养鸡(鸭)场购买受过精的鸡(鸭)蛋,放在孵卵器内,让幼儿观察,并记录其成长及最后破壳而出的过程。在这期间,可请幼儿承担翻蛋、检查湿度和温度的工作,同时可鼓励他们画下(记录)小鸡的成长过程。(简易的孵卵器,可用冷藏箱、灯泡、灯泡底座、铁丝网、温度计及温度调节器自己组装而成。)

· 在早春时,和幼儿一起到池塘中寻找青蛙卵。将捞回的蛙卵养在透明的玻璃缸内,每日换水,并避免阳光直接暴晒。请幼儿观察并画下(记录)蛙卵成长过程中每个阶段的特征。例如:如何长出尾巴、眼睛、后脚,如何伸出四肢、消失尾巴后变成青蛙,这期间历时多久等。同样的,也可请幼儿观察、记录毛毛虫和蚕的生命循环过程。

· 在一个大玻璃瓶(或小鱼缸)内放入一个铝罐(底朝上),使铝罐和玻璃瓶内壁间相距约3厘米—4厘米,然后将土填入瓶内。和幼儿一起到户外寻找蚁窝,将蚁窝(包括蚁后)整个铲起,放入瓶内,然后将一块湿海绵放在土上,再用纱布盖住瓶口,用橡皮筋套紧。完成后,请幼儿用方糖、果酱或面包屑定时喂养蚂蚁,并慢慢观察它们如何挖坑道、筑巢。不观察时,要用铝箔纸或黑纸盖起来,以免妨碍蚂蚁筑巢。观察蚂蚁向来是能吸引幼儿的活动。他们可以印证书上所描述的工蚁、蚁王及蚁后间的社会关系,了解它们如何用触角彼此沟通、传递信息,如何搬运食物等等。

• 将土与腐叶混合后,装入小鱼缸内(约满 3/4),然后带领幼儿到户外湿地里挖出蚯蚓,放入缸内,并用一块湿布盖住,以保持湿度。请幼儿定时放入玉米片,观察蚯蚓如何觅食。还可研究它们喜欢光亮还是黑暗的地方,喜欢待在潮湿还是干燥的角落等。

• 6月份雨季时,让幼儿在雨后的林木间找蜗牛。将蜗牛放在铺上湿土的盆内,静静观察:蜗牛如何伸出壳,如何伸出触角? 找找看它的眼睛、嘴巴在哪里? 怎么吃东西? 有几只触角? 用手轻碰它的触角,它会有什么反应? 可在盆里斜放一玻璃板(喷些水),观看它如何慢慢爬行、转弯以及爬行后所留下的白色痕迹。如果将玻璃翻转,蜗牛会掉下来吗?

请幼儿定时用青菜叶喂食蜗牛。到了 6 月底,蜗牛产卵时,将它移到阴暗处,让幼儿发现小蜗牛的诞生。(提醒幼儿摸过蜗牛后,要将手洗干净)

• 将白兔养在铁笼中,放在户外近水沟处,方便清扫;如果养在室内,就要用报纸铺在底盘上,每日清洗。让幼儿定时用红萝卜喂食,观察它是如何咬东西的,牙齿长不长,提醒幼儿不要喂食青草或清水,以免白兔拉肚子而夭折。天气晴朗时,可将白兔放到青草地上,让幼儿抚摸并观察兔子美妙的跑跳动作。教师示范幼儿抱兔子时,应一手托住它的臀部,另一手托住背部或颈部,不要用一只手提拉兔子的双耳。冬天或雨天时应用塑胶布罩住笼子,注意防寒保暖。

• 用白纸裁制每本 8—10 张的记录本。请幼儿每人自选一种动物,每隔 3—4 天,观察并画下(记录)它的成长过程及生活习性。教师可协助幼儿写上封面标题,如《蚕的一生》《毛毛虫变蝴蝶》等,并注明每次的观察时间。

四、案例分析

案例 小动物吃什么(小班)①

活动目标

1. 通过观察,了解不同的动物有不同的食性。

2. 用观察、尝试、探究、讨论的方法客观记录事实。

3. 学会关爱小动物。

活动准备

1. 经验准备:通过平时聊天,了解幼儿目前的生活经验,找到教育目标与幼儿生活经验的契合点,以便提供适宜完成教育目标的喂小动物的食物。

---

① 王鑫.小动物吃什么——小班科学活动[J].学前教育,2000(1).

2. 物质准备：小鸡、小鸭、小兔、小鱼、小虾；小米、玉米面、葱和菜叶；小动物的头饰和图片、食物图片。

活动过程

1. 猜一猜：创设情境，提出问题，激发幼儿观察探究的欲望。

（1）带幼儿分别参观小鸡、小鸭、小兔，引导幼儿观察动物的外形、动作，引起幼儿的兴趣。

（2）通过观察，判断小动物饿不饿，激发幼儿喂动物的愿望。（如小动物叼、舔小朋友的手，可启发幼儿想想小动物饿了怎么办？）

（3）引导幼儿讨论小动物可能吃什么？给幼儿充分讨论的时间，关注与众不同的意见。如有的幼儿认为小兔子吃肉，教师可引导幼儿讨论一下。

2. 试一试：鼓励幼儿主动探究小动物的食性。

（1）提供各种食物，幼儿依自己的意愿选择食物喂小动物。

（2）幼儿分组操作时，教师巡视并询问幼儿："你发现小动物爱吃什么？"

3. 想一想：讨论观察的结果，得出新的认知经验，巩固对小动物食性的认识。

请幼儿自选食物图片，粘贴在小动物的图片下。师幼共同看图小结：小鸡爱吃玉米面和菜叶，小鸭爱吃小鱼、小虾和菜叶，小兔爱吃菜叶和葱。

活动延伸

日常生活中，根据幼儿的兴趣继续让他们探究其他小动物的食性。

活动评价

创设问题情境使幼儿感到了探究活动具有的挑战性，从而使幼儿对探究活动本身产生兴趣。在活动中，每提出一个问题后，教师都要给幼儿充分的时间，让幼儿运用自己已有的知识经验进行猜想，使幼儿明晰自己的猜想和预测。这就为他们通过操作验证自己的想法做了充分的准备，并且幼儿按自己的意愿和想法去操作，通过操作结果的反馈来调整幼儿的认识。科学教育的长远目标是使幼儿乐学、会学、会用。作为教师，不仅要精心设计有组织的集体教育活动，更要将科学教育渗透在幼儿的一日生活中，不断发现和支持幼儿发起的个别的或小组的探究活动，在幼儿的需求和兴趣点上不断生成科学教育。

第四节　环　境

一、基础知识

• 目前处理垃圾的主要方法有填埋和焚烧，简单的填埋和焚烧同样会造成环境污染。

·真正的垃圾填埋场对周围环境的危害：散发恶臭，污染空气；滋生蚊蝇，引发疾病；造成土壤污染，影响农业生产等。

·焚烧垃圾的优点：占地小，使垃圾减量，避免污染地下水。缺点：会消耗大量电能、留下残余物，造成二次污染。

·减少垃圾的数量是从源头上解决垃圾问题的办法。

·日常生活中哪些垃圾是可以减少的：(1)双面打印可以节约纸张。(2)自带喝水杯外出，少买瓶装饮料。(3)尽量少用或不用一次性用品以减少纸和塑料的丢弃。

·过度包装会造成资源浪费且产生大量垃圾，滥用塑料袋也会造成环境的污染。

·垃圾中的一些原材料可以重新回收再利用，包括纸、金属、塑料、玻璃等。回收垃圾中的废旧材料再加以利用，可以节约资源、节约能源、节约成本、减少污染，是有百利而无一害的好事。

·要有效地回收垃圾，必须改变垃圾混装的习惯，对生活垃圾进行分类、分装。

·堆肥法可以有效减少垃圾并形成肥料。

·我国是一个水资源短缺的国家，水资源总量居世界第六位，人均占有量为2300立方米，为世界人均水量的1/4，世界排名第121位，被联合国列为13个贫水国家之一。

·水的污染源可能来自农业的杀虫剂、肥料等；可能来自工业的废水、油污等；可能来自家庭的洗涤剂、人的排泄物，也可能来自动物的尸体等。由此可见，水污染主要是人类活动造成的。

·污水的处理过程是复杂的，一般要通过三种方法(物理方法、生物方法、化学方法)获得净化。物理方法主要就是分离水中的杂物和较大的颗粒，杂物如塑料袋、菜叶杂草等；生物方法是通过细菌分解水中的污物；化学方法主要是消毒，通常的做法是向水中加入化学药剂——氯，通过它来有效杀灭水中的病原微生物。

·当前的环境问题有垃圾污染、水污染、大气污染、白色污染、物种灭绝速度加快等，人类正着力于相应的环境保护行动。

·建立自然保护区是保护生物多样性的有效方法。

二、核心概念

(一)幼儿环保活动的目标

环境保护包括保护大气、保护水资源、保护森林、保护土地资源以及保护野生

动植物资源。对幼儿进行环境保护教育,必须教给幼儿一些粗浅的环境保护知识,可以在幼儿的日常教育活动中进行。幼儿环保活动的主要目标有:

1. 让幼儿意识到人与自然要和谐相处。这可以通过关于"城市绿化、饲养广场鸽、建立野生动物园、从伐木能手到植树英雄、建立自然保护区"等问题的讨论,让幼儿了解人与自然和谐相处的意义,知道人与自然界的所有生物都是地球大家庭中的一员,相互之间存在着十分密切的依赖和互存关系,是平等的,谁也不能把自己凌驾于其他生物之上。尤其是随着科学技术的日益发展,人类驾驭自然的能力越来越强,更加不能为了满足自己的欲望,随心所欲地向自然界无穷地索取。这是通过科学教育希望幼儿能够形成的一条重要价值观。

2. 珍爱生命。这是科学教育中需要关注的又一个情感态度与价值观方面的重要目标。生命是自然界中最宝贵的东西,自然界也因为有了生命而精彩。通过饲养小动物、栽培花草等活动,可以让幼儿从小体验生命的价值。幼儿对小动物有一种先天的喜爱,教师应该充分利用幼儿的这种天性,让他们在饲养小动物的过程中体验生命的可爱。幼儿要注意在对野生小动物如蚂蚁、蚯蚓、蝴蝶等进行观察、研究时,要小心,不要伤害它们。做完研究以后,要把这些小动物放回大自然。对植物的研究也不能随便采摘,要尽可能利用落叶、落花或者直接观察整株植物,让幼儿形成珍爱生命的情感和态度。

3. 体验、欣赏自然美。在对待自然方面,要培养幼儿体验与欣赏自然美的情感。自然界有许多美好的东西,通过科学教育可以让幼儿接触奇花异草、珍稀动物,以及令人惊叹的自然现象。这些自然美景一定会给幼儿留下深刻的印象,使他们产生美好的情感体验。这时候,教师应不失时机地让幼儿通过绘画、唱儿歌等方式抒发他们的情感,表达他们对自然、对家乡的赞美,可以逐渐让幼儿形成欣赏自然美的情感和态度。

环境保护教育应适合幼儿的年龄特点,在幼儿园日常生活和幼儿周围的环境中进行,可以从幼儿园开始。幼儿园像一个美丽的大花园,幼儿在各个丰富多彩的活动角尽情地享受,使他们懂得自己的生活和学习离不开整洁、优美的环境。对幼儿进行科学教育活动,让幼儿在种植、饲养过程中,熟悉、热爱常见的植物和可爱的小动物,引导幼儿开展一系列有关动植物与环境关系的小实验,如种子发芽实验、茎吸水实验、光对植物生长的影响、鱼缸里水弄脏了对鱼的影响等,使幼儿懂得动植物的生长离不开空气、阳光、水、土壤、食物等环境因素,教育幼儿要爱护树木、不乱摘花草、爱护小动物、不要破坏它们生活的环境。

(二)幼儿环保活动的概念分析

1. 核心概念

人类面临多种环境问题,环境问题主要是人为造成的,环境问题的解决要靠人类自己。我们每个人都可以为保护和改善环境做力所能及的事。

解决环境问题要用科学合理的方法,避免产生新的环境问题。每一个环境问题的解决都是一个系统工程。

2. 具体概念

(1)垃圾堆里有什么

垃圾是人们在生产和生活过程产生的,量大,成分复杂。

(2)建一个垃圾填埋场

各种垃圾处理方法都不能完全避免环境污染的问题。

(3)减少丢弃和重新利用

减少垃圾的数量是从源头上解决垃圾问题的有效办法。

(4)垃圾的回收和利用

对可回收材料的再利用不但能减少垃圾的数量,而且可以节省大量的自然资源。

(5)分类其实很简单

科学地对垃圾进行分类和分装,有利于回收和处理。

(6)世界面临的环境问题

人类不仅面临着垃圾问题,而且还有其他的许多环境问题。

(7)考察家乡的环境

家乡的环境问题也是全球环境问题的一部分。

(8)"我们的环保行动"

我们要从日常生活中的每件小事做起,从行动上保护环境。

三、教学策略

(一)组织幼儿开展环保游戏活动

游戏是幼儿的主体性活动,在游戏过程中,幼儿的主动性、积极性得到了真正的发挥,他们在享受自己成功的喜悦和满足的同时,也获得了相应的知识。环境保护教育要寓于各种游戏之中,引导幼儿在活动中学,在玩中受教育。教师和幼儿一起收集无毒无害的废品,利用纸盒、纸筒、饮料罐开展"咖啡屋""小卖部""娃娃家"等角色扮演游戏,使幼儿在游戏中接受环保教育,并懂得如何减少垃圾和利用废物,培养幼儿参与环境保护的自觉性。幼儿园开展游戏需要大量的材料,教师可以与幼儿一起商讨,利用生活中无毒无害的纸盒、饮料罐、胶卷筒、纸板等废物,制作游戏材料,让幼儿懂得"废物的根本出路在于利用"的"可持续发展"的观点。

保护环境的小卫士

春天，我和孩子们来到江海花园参观，发现护城河面上有塑料袋、草地上有狗屎，垃圾桶旁有烟头。于是，我便顺应孩子们的关注点，请他们把看到的垃圾记录下来。回来以后，孩子们一起将记录的情况进行了统计、分析，讨论了乱扔垃圾的危害，纷纷表示要做爱护环境的小卫士。

孩子们的建议被采纳，有的做警示牌，有的做垃圾箱盖，还有的把自己查到的有关环保的小知识用绘画的形式表现出来，布置环保知识宣传园地。在活动中，孩子们不厌其烦地一次次修改自己的作品，直到满意为止。

怎样让更多的人都知道保护环境的重要性呢？大家提出要给全园小朋友写一封信，由我把大家说的话记录下来。小班和中班的弟弟妹妹不认识字，他们就分成几个小组，到各班宣传。最后，孩子们把信张贴在了幼儿园的门口。

（二）带领幼儿参加环保教育活动

在加强对幼儿进行环保教育的基础上，教师积极鼓励幼儿参加保护环境的各项活动，争做环境保护的小卫士，养成不乱扔垃圾、不随地吐痰、不随地大小便等卫生习惯。在游戏中教师组织幼儿打扫卫生，让幼儿体会到环卫工人的工作很重要，要自觉保持环境卫生，并向人们积极宣传环保的重要。特别是每年有关保护的活动日，教师应抓住这一大好时机，组织幼儿开展活动，如3月12日的植树节、4月至5月初的"爱鸟周"、4月22日的"地球日"、6月5日的"国际环境日"等等。让幼儿参加表演、宣传，使环境保护的意识深入人心。大班的幼儿可在教师的带领下参加植树，到树林中挂鸟巢，促进益鸟大量繁殖。有的幼儿还懂得了要保护青蛙，不允许家长买青蛙吃。

一起去种树

"怎样过一个有特别意义的三八节？"争论之中，一个幼儿说："我觉得种树更有意义，而且很开心！"她的话引起了大家的共鸣，大家都觉得这个主意不错，很新颖，既能让妈妈体验节日的快乐，又能让自己学习怎样种树，还能美化环境呢！"种植小树"的主题活动在我与家长们的支持下产生了。

种什么树？怎么种？种树需要什么工具？自己种的树做什么标志？等等。我引导家长和幼儿分组进行讨论，幼儿用自己的表征方式进行记录。通过大家的交流和协商，终于制订出"我们种树去"的活动计划书。

接下来几天，我和幼儿都按计划书积极的准备着，收集工具、制作标志、了解有关种树的方法……

新课程使教师角色在转换,教师要以"观察者、支持者、帮助者、合作者、引导者"的角色参与活动,在关注幼儿成长经验的过程中,把幼儿的需要化成一个活动的整体过程,展现、梳理、提升他们在活动中的各种经验。当幼儿提出"种树"的要求时,我支持他们的探索要求。种什么树?如何种树?当幼儿遇到困难时,我走到他们面前,组织他们在集体中讨论,并提出一些疑问,引发他们更多的思考,挖掘他们的潜在能力,推动活动的开展。在种树的过程中,我又是幼儿的合作伙伴,让他们运用过去的经验与知识,挖坑、选苗、种树、浇水、挂标志牌……通过实践操作,幼儿获得了新的经验。

(三)组织幼儿开展环保小实验探索活动

根据儿童认知发展的规律,幼儿只能在具体的层面上认识事物及事物之间的关系,而无法理解抽象的事物及事物之间的关系。因此,这就决定了幼儿环保教育必须寓教于乐,采用幼儿喜闻乐见的直观形象和生动活泼的形象让幼儿在玩中学,学中做,加深对环境保护的理解,进而激发他们保护环境的欲望。

幼儿园除了对幼儿进行一系列环境保护的教育外,还可开展一些生态小实验。如向鱼缸里倒入污水,观察金鱼在污水中的反应,了解环境污染对动物的生长发育有很大影响;捕捉一些害虫和益虫,用杀虫剂喷洒,发现害虫杀死了,益虫也被杀死了,让幼儿认识到杀虫剂的危害。在种植园选一小块地,掺入塑料碎块等杂物,然后种上植物,观察其生长情况,从而使幼儿懂得土壤质量不同对植物的生长影响很大。如果有条件,幼儿园可建一座小型生态园,可设池塘,在朝阳地、背阴地、干旱地、潮湿地、小土坡等区域,分别种上植物,引导幼儿观察、记录植物的生长情况,再加以比较,了解环境因素对植物生长的影响。

四、案例分析

案例　垃圾分类(大班)[①]

活动目标

1.给生活中的垃圾分类,让幼儿了解垃圾分类的方法,并运用到一日活动中。

2.设计垃圾桶的分类标志,增强幼儿对垃圾进行分类的意识。

3.让幼儿懂得"垃圾分类"的意义,树立幼儿的环保意识。

---

① 节选刘权永的《大班环保活动案例"垃圾分类"》。

活动准备

1.经验准备：

(1)幼儿有初步的垃圾分类的知识，了解"可回收""不可回收"的意义。

(2)初步感受到垃圾分类的重要性。

2.物质准备：

(1)班级里的三个垃圾桶、三种垃圾桶的图片、勾线笔。

(2)"可回收的垃圾""厨余垃圾""其他垃圾"的字条及白纸若干。

(3)实物垃圾(易拉罐、牛奶袋、树叶、铅笔头等)。

活动过程

一、结合生活经验，导入活动。

1.幼儿回忆生活中看见过哪些类型的垃圾桶。根据幼儿的回答，教师逐一出示垃圾桶的标志(可回收、厨余垃圾、其他垃圾、电池垃圾桶)

师：我们为什么要进行垃圾分类？

2.幼儿讨论：活动室每天都会产生许多垃圾，如果把活动室的垃圾进行分类，应该用几个垃圾桶？

分析：这一环节结合幼儿的生活经验和前期准备的经验，使很多对垃圾桶的种类不了解的幼儿得到启发，知道垃圾有可回收垃圾和不可回收垃圾。分析进行垃圾分类的原因，使幼儿认识到垃圾分类的重要性，从而培养幼儿的环保意识。

二、设计垃圾桶标志。

1.利用墙饰中展示的分类垃圾桶图片引出问题：如何区分不同类型的垃圾桶？

教师小结：共有三种类型的垃圾桶，分别是：厨余垃圾(水果皮、骨头、鱼刺等)；可回收垃圾(废纸张等)；其他垃圾(厕纸、擦鼻涕纸等)。它们的颜色不一样，红色的是厨余垃圾桶、绿色的是可回收垃圾桶、蓝色的是其他垃圾桶。

2.教师引导幼儿绘制垃圾桶标志。

师：颜色可以区别，可幼儿园其他的小朋友不知道垃圾中有哪些是可回收垃圾，我们怎样让他们一看就明白呢？

3.教师小结设计垃圾桶标志的方法。

4.幼儿设计垃圾桶标志。

(1)介绍材料，合理分工。

(2)教师引导幼儿讨论如何分工设计垃圾桶分类标志。

(3)幼儿动手设计垃圾桶标志。

分析：引导幼儿根据幼儿园生活中常见的垃圾，对垃圾桶标志进行有目的的设计,进一步巩固垃圾分类的知识。幼儿在设计标志的过程中,有的剪纸,有的绘画,一边做一边讨论活动室经常会产生的不同垃圾种类的画法。在培养环保意识的同时,幼儿的想象力和动手能力也得到了发展。

三、开展"垃圾分类"小游戏。

让幼儿把从家中带来的废旧物品放在分类垃圾箱里,并逐一解决游戏中碰到的问题,如易拉罐是否要扔?

分析:在游戏中幼儿自己动手将垃圾分类,活动的积极性高,教师先引导幼儿从探究更多的、分类明确的垃圾材料出发,然后探讨生活中没有定论的材料,再逐渐过渡到生活中常见的而又不仅仅局限于教室中的物品。

四、延伸活动。

给幼儿园其他班级的小朋友进行"垃圾分类"知识宣传,鼓励幼儿将活动中学到的知识带回家里,在生活中运用。

分析:这一环节,让幼儿把"垃圾分类"活动辐射到其他班级和家庭,让环保生活的理念有了更多的承载方式,也让更多的人参与到快乐的环保生活中来。

| 活动评价 |

目标明确,围绕环保教育层层展开。活动过程的展开从前期铺垫,到设计标志以及在生活中的运用很有层次性。活动符合大班幼儿的兴趣,幼儿通过自己动手设计垃圾桶分类标志,充分调动幼儿的积极性,让他们愉快地参与到学习中,轻松地认识到垃圾分类的重要性并掌握垃圾分类的知识,培养幼儿的环保意识。同时,教师发挥环境教育作用,将幼儿收集到的材料以及在每次活动中积累的经验呈现出来,帮助幼儿梳理学习经验,而且可以将有益的学习经验传递给其他幼儿,发挥幼儿学习的主动性。

参考文献

[1]夏力.学前儿童科学教育[M].上海:复旦大学出版社,2005.

[2]刘占兰.学前儿童科学教育[M].北京:北京师范大学出版社,2008.

[3]施燕.学前儿童科学教育[M].上海:华东师范大学出版社,2006.

[4]张俊.幼儿园科学教育[M].北京:人民教育出版社,2004.

[5]戴文青.学习环境的规划与运用[M].南京:南京师范大学出版社,2005.

[6]普莱瑞.幼儿园科学探究教学:科学、数学与技术的融合[M].北京:教育科学出版社,2009.

[7]郦燕君.幼儿科技活动设计与指导[M].上海:上海科技教育出版社,2000.

[8]袁宗金.回归与拯救:儿童提问与早期教育[M].北京:高等教育出版社,2008.

[9]袁宗金.儿童科学实验变量的确定与控制[J].上海教育科研,2010(6).

[10]俞芳.幼儿科学教育内容框架的分析与展望[D].上海:华东师范大学,2010.

[11]李金珍.大班幼儿物理科学教学领域中的核心科学概念研究[D].上海:华东师范大学,2011.

[12]曾珍.3—6岁幼儿浮力的前概念及其对幼儿科学教育的启示[D].成都:四川师范大学,2011.

[13]张晶.美国各州早期学习标准的内容分析及启示[D].上海:华东师范大学,2011.

[14]唐敬芬.幼儿科学教育中的生命科学教育研究[D].上海:华东师范大学,2001.

[15]林德宏.儿童的哲学世界[J].南京大学学报(哲学社会科学版),1999(4).

[16]马修斯.哲学与幼童[M].陈国容,译.北京:三联书店,1989.

后　记

本套教材的编写集合了 20 世纪末至 21 世纪初从南京师范大学学前教育专业毕业的一大批年轻的大学教师和长期在幼儿教育第一线工作成绩斐然的优秀幼儿园教师。

南京师范大学教授、博士生导师许卓娅担任主编，并与严仲连、袁宗金、田燕、王银玲、吴巍莹和张玉敏六位博士分别承担各分册的编写工作。科学分册的编者是袁宗金博士。

参与本册案例编写的教师有：南京市北京东路小学附属幼儿园教师王树芳、张琴、马骏、徐蓓、尚蒙妮；南京市第一幼儿园教师李金花、许茹、孙莉、张灵、吴文雅、王超。

在此一并表示感谢！

南京师范大学教育科学学院

许卓娅

2013 年 8 月 31 日

261

后
记